哲蚌寺對話錄

The Monastery and the Microscope

達賴喇嘛與科學家談心智、
正念覺察力和實在的本質

Conversations with the Dalai Lama on Mind,
Mindfulness, and the Nature of Reality

溫蒂·哈森坎普（Wendy Hasenkamp）、賈娜·懷特（Janna R. White）編著

丁一夫 譯　　李江琳 審訂

ཆོས་རང་ཕྱི་ལོ་ ༡༥༩༠ལོར་རྒྱ་ནག་པེ་ཅིན་དུ་སྐྱོད་སྐབས། རྒྱ་མི་དཔོན་ཉེ་རེ་ཟུང་གིས་ནང་ཆོས་ནི་ལྟོངས་དང་ཡིན་པ་དང་། ཚན་རིག་དང་ནང་རིག་གིས་ནང་ཆོས་ཉམས་ལེན་འགྲོ་རྒྱ་ཡིན་པར་ཏོན་འཇིན་བྱེད། བོད་ཀྱི་ནུབ་རབས་འཁའང་ཡིན་རབས་ཚན་རིག་ལ་དཔོགས་ཐོབ་ཡོད་པ་མ་ཟད། ཆོས་ནས་ཚན་རིག་པར་ཕྱབ་འཇལ་བྱེད་པར་སྐྱོང་བྱེད་མཁན་ཡང་བྱུང་ཡོད། ཆོས་ནས་སྟོབ་པ་རང་གི་གསུང་ སྒྲིག་བརྩད་བརྡ་བའི་གསེར་བཞིན་དུ། །ལེགས་པར་བརྟག་ལ་ཡི་བཀའ། །ཞེས་པའི་དགོངས་དོན་ལྟར། ཚན་རིག་པར་ཕྱབ་འཇལ་བྱ་རྒྱར་འཇིམ་དོགས་མ་བྱུང་པར་འདས་པའི་ལོ་བཞི་བཅུར་ཉེ་བའི་རིང་བགྲོ་གྲེང་ཐེངས་མང་པོ་བྱས། ཆོས་ནས་སངས་རྒྱས་ཀྱི་བཀའ་བསྟན་ཡོངས་ཏོགས་ཀྱི་བརྗོད་བྱ་ལ་ནང་པའི་ཚན་རིག་གི་རྣམ་གཞག་དང་། ནང་པའི་ལྟ་གྲུབ་ཀྱི་རྣམ་གཞག ནང་ཆོས་ཉམས་ལེན་ཀྱི་རྣམ་གཞག་བཅས་གསུམ་དུ་ཕྱེ་ནས་འབྲེལ་བརྗོད་བྱས་ན་ཕན་ཐོགས་ཆེན་པོ་ཡོད་པར་མཐོང་ཞིང་། ནང་པའི་ཚན་རིག་དང་དེ་རབས་ཚན་རིག་གཞིས་ཀྱི་བར་ལ་སྟོན་སྟོང་བྱེད་ཐོབ་པ་ལ་ང་པོ་ཡོད་པ་མ་ཟད། ཐན་ཚན་གཅིག་ཐན་གཅིག་ཕྱོགས་ཀྱི་སྟོ་ནས་ཡར་རྒྱས་གཏོང་ཐུབ་པར་ཡིན་ཞེས་ཡོད།

ཆོས་ནས་ཐུན་ཕྱོགས་ཚན་རིག་པ་མཉམ་བགྲོ་སྟེང་རབས་དང་རི་བར་བྱས་པའི་གྲོང་ ཕྱི་ལོ་ ༢༠༡༣ལོར་རྒྱ་གར་སྦྱོ་ཕྱོགས་འབྲས་སྤུངས་དགོན་དུ། ༠སེམས་དང་སྲོག་གི །་བགྲོ་སྟེང་འཚོགས་པ་དེ་ནི། ཆོས་དང་དེ་རབས་ཚན་རིག་པ་སྤུན་བོ་ཀྱི་དགོན་སྡེའི་ནང་བགྲོ་སྟེང་འཚོགས་པ་ཐེངས་དང་པོ་ཡིན་ལ། སྣབས་དེར་ཆོས་ནས་ཚན་རིག་པ་གནས་ཅན་བཅུ་ཕྲག་འཁའང་དང་ལྷན་དུ་བགྲོ་སྟེང་བྱས་ལ་མ་ཟད། གནས་ཁའ་ནས་སྟོན་གཞིར་བ་སྟོབ་ཕྱག་གསུམ་ལྔག་མཉམ་ལྷགས་བྱས་ཏེ། བདུན་ཕྲག་གཅིག་ཙམ་ལ་ཆོས་རིག་པ་རྣམས་དང་མཉམ་དུ་ཕན་ཚུན་དེ་བ་ཉེས་ཞེན་བྱས་ཡིང་། ང་ཚོས་དགོན་སྡེའི་སྟོབ་གཞིར་ནང་དེ་དུས་ཆོས་རིག་གི་སྟོབ་ཚན་གསར་འཇུག་བྱེད་རྒྱབང་དེ་དུས་ཐབ་ལ་གཏོང་ཐུམ། སྣབས་དེའི་བགྲོ་སྟེང་ལ་མཉམ་ལྷགས་བྱེད་མཁན་ཐུན་ཕྱོགས་ཚན་རིག་པ་གཞིར་ཀྱིས། ཕ་རྒྱལ་རང་བཞིན་ཤུན་པའི་བོད་ཀྱི་དགོན་སྡེའི་ནང་དེ་རབས་ཚན་རིག་པ་མཉམ་བགྲོ་བྱེད་པའི་དོ་མཚར་ཀྱི་གནས་སྟངས་ཟིན་ཐིས་ཡིག་འཇོག་བྱས་པར་བསྡགས་བརྗོད་དང་། དཔལ་རྒྱ་རིགས་ཤེས་སྤན་བྱུང་གིས་དེ་རྒྱ་ཡིག་ཏུ་བསྒྱུར་ནས་དཔར་བསྐྲུན་འགྲེམས་སྤེལ་བྱས་པར། རྒྱ་རིགས་ཤེས་ཡོན་ཅན་དང་ལྷག་པར་རྒྱ་ཡི་ནང་པ་ཚོ་ལ་ཕན་ཐོགས་ངེས་ཅན་ཡོད་བས་རྗེས་སུ་ཡི་རངས་བྱེད། བོད་ཀྱི་ཤུགཔའི་དགེ་སྟོང་ དུ་བའི་ལྷ་བསྐུར་འཇིན་རྒྱ་མཚོས། བོད་རྒྱལ་ལོ་ ༢༡༣༩ རབ་གནས་ལྕགས་སྟག་དང་། ཕྱི་ལོ་ ༢༠༡༡ ཟླ་༥ ཚེས་ ༣ ལ།

　　1954年我去中國北京的時候，有些認識的漢人說宗教是迷信，他們認為隨著科學的發展，宗教就會逐漸衰亡。同時，部分老一輩藏人不僅對現代科學產生疑惑，對我會晤科學家也表示憂慮。而我秉持佛祖之教言宗旨：金匠需要透過燃燒、切割和打磨來檢驗真金。近四十年來我毫無顧慮的不斷與科學家們舉行了多次研討會，透過佛祖經論教言中的佛教科學論述、佛教觀點論述、佛教修持論述三個方面作闡述，事實證明這是十分有益的。佛教科學與現代科學之間有著許多相互間可以學習的地方，我相信雙方可以透過互利互助共同發展。

　　我與西方科學家們舉行過多次對話，2013年在印度南部哲蚌寺召開的「心智與生命」對話會，是我與現代科學家們首次在西藏僧院裡召開研討會。當時我和數十位科學家舉行了對話，各僧院的幾千位修行者也出席了研討會，還在為期一週的會議中向科學家們提問。我們在會上宣佈，我們決定在西藏僧院修習課程中新增科學課程。出席研討會的兩位西方科學家就首次在西藏僧院舉辦科學研討會的歷史性意義，做了全程實況的詳細記錄，並且出版了專著，我對此十分讚揚。近來兩名漢人知識份子又把此書翻譯成中文，我相信這對中國知識界、特別是中國佛教徒俾益良多，我對此表示讚賞。

　　　　　　　　西藏佛教比丘僧　達賴喇嘛丹增嘉措
　　　　　　　　藏曆2148 鐵牛年，公曆2021 年4 月2 日

目　次

第一部：物質和心智

量子物理學與實在的本質

意識研究與心智本質

第二部：轉化

神經科學與神經可塑性

~~~~ 致謝 ~~~~

在許多人的幫助下，第二十六屆心智與生命研討會和本書得以成真。我們對此深表感激。

首先，我們向達賴喇嘛尊者深深鞠躬致謝。從心智與生命研究所建立之初，尊者始終不渝地提供支援、鼓勵和指導。他是本書的核心，也是我們和許多其他人的深切希望和靈感來源。

我們感謝所有發言人和主持人在本屆研討會，以及在完成本書時慷慨地給予他們的時間、智慧和善意。透過分享他們的見解和聯絡人，許多朋友，特別是安妮・哈靈頓（Anne Harrington, 1960-）和理查・戴維森（Richard Davidson, 1951-），協助制定了會議的內容。特別感謝土登晉巴（Thupten Jinpa, 1958-），他協助設計了將心智與生命研討會帶入僧院環境的模式，他非凡的翻譯技巧和奉獻精神是研討會不可或缺的。感謝心智與生命研究所的全部工作人員，特別是阿瑟・查恩茨（Arthur Zajonc, 1949-）的卓越指導和希瑟・李・洛爾（Heather Lee Lohr）的精心策劃和在孟古德（Mundgod）的現場支持。

沒有好時家族基金會（Hershey Family Foundation）和印度達賴喇嘛信託基金（Dalai Lama Trust India），第二十六屆心智與生命研討會不可能舉辦。我們向共同主辦者，印度達賴喇嘛信託基金和西藏檔案文獻圖書館，表示感謝，特別感謝格西拉多爾（Lhakdor）在印度境內協調處理無數具體細節。「科學會見佛法」、「僧侶學科學」和艾莫利－西藏科學計劃（Emory-Tibet

Science Initiative, 簡稱ETSI）的重要工作給我們極大的激勵。如果沒有這些團體的多年努力，我們永遠不可能指望在僧院裡舉辦這樣的對話會。感謝達賴喇嘛尊者的私人辦公室和哲蚌寺的全體人員對我們的款待，感謝甘丹寺夏孜扎倉將他們可愛的賓館作為發言者和工作人員的住所，並感謝孟古德優秀的僧尼。

我們感謝林達‧洛文特爾（Linda Loewenthal）協助本書的出版事宜，以及耶魯大學出版社的優秀團隊，特別是珍妮佛‧班克斯（Jennifer Banks）、凱特‧戴維斯（Kate Davis）、西瑟‧戈爾德（Heather Gold）和瑪格麗特‧奧茲爾（Margaret Otzel）。

康斯坦斯‧卡索（Constance Kassor）調整了本書的藏文和梵文，並且為我們釐清了藏傳佛教哲學的一些細節（若仍有任何錯誤責任完全在我們）。安迪‧羅特曼（Andy Rotman）就本書的導言提供了寶貴的反饋，並且全程提供支援。大衛‧帕薩克（David Pasek）和內德‧鄧恩（Ned Dunn）幫忙設計了本書漂亮的封面（英文版）。北安普頓咖啡和乾草市場咖啡館為我們許多次的長時間工作提供了動力。火雞地灣基金會（Turkey Land Cove Foundation）提供了重要的時間、寧靜的空間讓本書導言得以完成。

最後，對於在我們編著本書期間給予我們幫助的許多人，特別是迪亞哥‧漢加特尼（Diego Hangartner）、大衛‧基特斯瓊（David Kittelstorm）、薩麗‧奈特（Sally Knight），阿列克斯‧菲力浦斯（Alex Phillips）、布倫丹‧塔伯萊（Brendan Tapley）、B.艾倫‧華萊士（B. Alan Wallace）、大衛‧懷特（David White）、華納‧懷特（Warner White）、詹姆斯‧威爾遜（James Wilson），以及麻薩諸塞州佛羅倫斯作家磨坊（Writers' Mill in Florence）的全體工作人員——我們向你們致謝。

溫蒂・哈森坎普、賈娜・懷特

　　清晨鬧鐘響起的時候，我早就已經起床了，清醒且興奮。在經過一年多策劃準備後，簡直無法相信我們最終到了這兒。我匆匆洗了把臉就站到了藏式賓館的水泥陽台上，我將在此住一個星期。昨夜僧人們辯經的叫喊聲一直持續到很晚，由於時差，我依然睡得很好。我倚著欄杆遠眺，長著玉米和豆子的田野伸展到地平線，偶爾可見正在吃草的牛隻點綴其間，暖風中傳來附近學校孩子們的喧鬧聲。太陽在霧靄中緩緩升起，雖然是一月份，但是這兒的冬天就像美國的夏末一樣宜人。

　　這裡是位於偏遠的南印度卡納塔卡邦孟古德的定居點。這個邦有六千萬人口，其中85%是印度教，但孟古德例外。這個西藏佛教徒的社區，是印度政府 1960 年代為西藏難民建立的定居點，難民們在中國人占領了他們的家鄉後逃到了印度。孟古德也是哲蚌寺和甘丹寺的所在地，兩座僧院十五世紀時初建於西藏，原來的僧院被毀後在印度重建[1]。今天，有五千名僧尼在定居點的七座僧院裡學習，還有幾百個藏人家庭生活在此，組成了一個獨特的藏人飛地[*]。

　　我和一組科學家、哲學家來此，和達賴喇嘛及其他佛學學者探索西方科學思想與藏傳佛教思想的交流。作為神經科學家，技

編注

[*]　飛地，一種人文地理概念，是指在某個國家境內有一塊主權屬於他國的領土。

術上我是西方科學的代表之一，但是近年來佛教哲學對我的世界觀產生了越來越大的影響，部分原因正是由於跨領域的交流。

吃過烤麵包和茶的簡單早餐，我從坐落在定居點邊緣的賓館前往僧院。在空曠的田野裡步行幾分鐘後，田地消失，面前出現一簇簇房屋。最後我穿過哲蚌寺大門，進入僧院。當中的街道兩邊有一排小店和一家小市場。時間尚早，但是多數店主已經拉起了捲簾門，開始清掃門前的塵土。每家店好像都賣一樣的商品，讓我好生奇怪他們的生意怎麼維持。

到了會場大院門口，我把自己的參加證給守衛殿堂後門入口的員警看。他面無表情地豎起步槍讓我通過。接著我把背包的拉鍊打開，讓一位女性安全官員檢查，她職業化的翻了一下包裡的物品，然後放行。印度政府為達賴喇嘛提供最高級別的維安，所有來訪者都必須經過同樣的安檢。雖然沒有什麼違禁品，通過檢查仍然讓我輕輕鬆了一口氣。

進入會議大廳，我跨過一堆用膠帶固定在地板上的電線電纜，走到房間中央。那兒有兩排高背椅圍著一張長條桌，桌子的一端是為達賴喇嘛保留的椅子，它比別的椅子稍大、略高一點，以示尊重。椅子後面是一座裝飾美麗的佛龕，高大的金色佛像盤坐在蓮花座上，兩側排列著眾多較小的佛教大師、法脈傳承者和護法神的塑像。佛龕裝飾著鮮豔的紅、金、藍色法幢[*]，彩色小燈閃閃發光。

我的同事們和其他觀摩者陸續進場，準備工作開始了，電腦連接到了大螢幕顯示裝置上，會議議程再度確認，藏語翻譯測試音響設備。人們互相微笑，房間裡充滿興奮的低語聲。一隻鳥兒

---

[*] 法幢，寫有佛教經文的長筒形綢傘，或刻有佛教經文、佛像等的石柱。

飛進大廳，在頂層天窗間飛來飛去。金色大佛俯視著這番景象，唇邊掛著讚許的微笑。

人群漸漸安定下來，大家各就各位，等待達賴喇嘛到來。他進來的時候並沒有特別的排場，我們看到入口處的人都站了起來才意識到達賴喇嘛來了。達賴喇嘛走向他的座位，人們起立致敬，很多人雙手合十，有些人在他經過時躬身行禮。他微笑著，慢慢穿過人群，用觸額的傳統禮節與高階喇嘛互相行禮。

他走到中央的長條桌邊，向對話的參加者們熱情招手，跟近旁的人握手，向隔著長條桌的人揮手致意，細心地跟每個人都打了招呼。然後他在椅子上盤腿而坐，整理了一下袈裟，示意大家都坐下。你可以感覺到，達賴喇嘛希望大家不要拘於禮節，他對即將展開的對話交流更有興趣。

佛教和西方科學：一條中間道路

他對科學和工程入迷由來已久，有很多關於他童年在拉薩布達拉宮探索新知識，修理外國訪問者帶來的手錶和其他稀有工具器械的故事。他一生都保持這種興趣和資質，時常接受個別指導，參與各種學習科學知識的場合，不斷學習。

這種學習機會中，最正式且持續最久的是一系列心智與生命對話會。從1987年開始，心智與生命研究所開始安排達賴喇嘛與傑出科學家、哲學家的深度對話，對話經常長達一週，話題包括物理學、神經科學、情緒、意識、生態學、經濟學和人類健康等[2]。在這些對話中，達賴喇嘛以及其他佛教學者與社會科學、自然科學的專家在一起，從西方科學和藏傳佛教這兩大研究體系的角度，對重要的議題展開具有創造性和批判性的討論，希望這

種跨文化學科之間的對話可以互相啟迪，讓我們能夠更深刻洞察實在的本質，更加理解人類的心智、行為。事實上，因為對話的啟發，有幾個重要的研究項目已經啟動，包括對冥想注意力的研究，對知覺、慈悲心與利他心、神經可塑性和冥想、培養情緒平衡等的研究，甚至涉及量子物理學的實驗基礎。這些努力反過來又為正在浮現的冥想科學領域奠定了基礎。

我們必須理解佛教和西方科學是怎樣開始對話的，理解交流的範圍、方法和難題，這很重要[3]。在現代的早期，西方科學傳統主要集中在探索我們周圍的世界，促進諸如物理學、化學、生物學和天文學的學科發展。只是到了十九世紀，科學才開始轉向人的內在世界，探索人類心智，產生了諸如心理學、認知科學和神經科學。與此相反，佛教和早期印度傳統系統化地研究人類心智已有千年之久。透過精深的冥想修行和哲學探討，佛教發展出了對人類心智豐富而複雜的理解。在很多方面，它遠遠超越了現代心理學，特別是對心理經驗複雜性的描述方面。

由於佛教在解釋心智如何運作方面的成功，有時候更像是科學或哲學，而不只是一種宗教，在西方人看來尤其如此。當佛教在十九世紀和西方發生接觸時，它以一種在根本上能和科學相容的傳統出現。有些人認為這是故意的但其實是文化、政治和社會因素混合作用的結果[4]。作為對西方國家殖民化亞洲的回應，也出於因應科學革命帶來的基督教信仰危機，佛教被推出來成為連接科學與靈性之間的橋梁，以證明東方思想的複雜性。這一觀點的倡導者指出佛教強調倫理、因果律和對感官數據的驗證，以此證明佛教傳統具有實證性[5]。

這種描述持續至今，雖然包含了一定的道理，但是也因而貶低了這個複雜的世界觀與修行體系，抹掉了它的很多宗教內容。

佛教包含聖物崇拜、圖像崇敬和其他信仰與靈性對象的豐富歷史，這些並不能安置於「理性」的模式。所以有些學者批評佛教自然契合於科學的說法是選擇性和簡單化的[6]，他們警告說，以這種方式來總結一個傳統會有極大的風險，有可能如佛教學者唐納德・洛佩斯（Donald Lopez，1952-）所說的，會使得佛教失去了那些「對佛教而言本來就是，現在依然是根本性的東西。」[7]

西方科學經歷了本身的轉變過程，其對象、範圍和有關真理的主張隨著多重典範轉換和先進技術的出現而改變，它本身也在抵禦本質主義。西方科學和佛教都包含大量的內部多樣性；例如，古典物理學和量子物理學之間、藏傳密宗和斯里蘭卡小乘佛教之間有巨大差異。所以很難把「佛教」和「西方科學」作為單一的東西來討論。儘管如此，這些術語用來泛指這兩個內部都在演變，同時正在展開對話的傳統還是有用的（事實上，本書一直在使用這兩個術語）。

達賴喇嘛的口譯者、心智與生命對話會的參與者土登晉巴曾說，在藏傳佛教徒中，對待西方科學有常見的兩種態度。第一種認為西方科學支持一種不正確的世界觀，所以研究西方科學是為了要否定這些觀點。第二種態度是想證明西方科學的方法和觀點與佛教相似，都是在探索同樣的問題，最終也得出了同樣的答案。心智與生命對話會和本書，是第三種態度，一種中間道路的態度，認為兩大傳統是平等的，都在挑戰和激發對方[8]。它們的匯合之處是有限而至關緊要的，提供給我們一條道路，如荷西・卡貝松（José Cabezón, 1956-）所說：「用認識論的全部可能性來接觸實在……這是瞭解一個共同對象的更完整的方式。」[9]這個共同對象就是我們內在世界和外在世界的本質。

科學探討的模式

很多讀者熟悉西方科學的基本系統、方法和價值觀。整體而言，科學研究就是觀察世界，在觀察的基礎上形成假設，然後進行實驗、收集數據以驗證假設。人們以數據為基礎，判斷一個假設是否成立，再根據所得結論產生新的假設，如此周而復始。

重要的是，這樣的科學是基於一個連續不斷的思想轉變過程。大學四年級時，我的心理學教授開學第一堂課時說：「我將要教你們的所有東西有一天將會被證明是錯的。」我聽到時非常吃驚，但是最終我認識到，他只是在講解科學的進程。理論是根據可重複驗證的可靠證據發展的，可是當新的研究產生和原有理論衝突的數據，那麼原有理論就要修正或拋棄[10]。事實上，這是科學工作的核心部分。如果一切都得到了證明，不再有改變的空間，就沒有進一步研究的可能性，科學的發展就到盡頭了。

以達爾文建立在物競天擇基礎上的進化論為例。在一百多年的時間裡，進化論被認為是生物學的信條：基因從父母傳給後代，而基因與環境結合，塑造了後代的發展。基因的隨機突變造成了個體的不同特性或顯性。那些更能適應環境的個體有更好的機會生存、繁衍，從而將他們的基因傳遞下去。根據達爾文的觀點，父母的經驗不能傳給下一代，只有遺傳物質可以轉移。幾乎沒有生物學家會反駁這一點，有無數發現可以用進化論解釋，進化論也似乎都得到支持。可是，最近幾十年，新證據出現，進化論開始受到質疑。日益發展的表觀遺傳學（epigenetics）*領域的發

---

* 表觀遺傳學，意指在基因的 DNA 序列沒有發生改變的情況下，基因功能發生了可遺傳的變化，並最終導致了表型的變化。

現開始證明，的確有一些方式，使得DNA序列之外的父母經驗可以轉移給後代。這些新知識造成生物學知識的革命，對人類的發展和健康有重大的影響[11]。

西方科學總是以這種方式在演進，它的知識體系並非固定不變。現有的資訊只是最近似真理，我們都知道現有資訊是隨著條件、技術進步、文化模式等其他因素而改變的。正如理查‧費曼（Richard Feynman, 1918-1988）所說：「所有科學知識都是不確定的……所以我們經常說的科學知識只是一些不同確定度的陳述。有些陳述是最不肯定的；另外一些是基本肯定的；但是沒有什麼是絕對肯定的。」[12]

西方科學還對什麼是可以探索的，什麼可以作為證據，做出了限定。例如，一個假設可以成立的條件是它必須是可以證偽的，就是說，可以收集證據來推翻假設陳述。在科學哲學中，常用的例子是「所有天鵝都是白色的」，這個陳述是可以證偽的，因為只要看到一隻黑天鵝就可以推翻它。換言之，和流行的想法相反，科學是透過推翻假設而不是證明假設發展的。

另外一個限定是，科學證據必須是可觀察的。這個限定給心智的研究造成了明顯的難度。我們怎麼「觀察」思想和感覺之類不可觸摸的現象？科學研究經常要測定它們的代表物（例如認知表現、行為、生理學、自我報告），然後對它們和我們感興趣的現象之間的關係做出假設。證據必須可觀察的要求也和數據收集的方式有關。西方科學通常依賴於從第三人稱角度收集的客觀測定。例如，一個人的高度、重量或腦波圖模式就是第三人稱的資訊。另外一個很重要的要求，是證據要用無偏差的方式收集，不受實驗者本身觀點或意見的影響，結果可以由其他人驗證和重複[13]。

有些人認為，透過這些方法最終將企及所有一切現存事物的

完備知識。這種科學唯物主義的觀點，建立在假設的基礎上，即所有現象最終可簡化為透過科學方式研究的物質及過程。抱持批評態度的人認為，這種觀點沒有保留探索經驗、倫理或靈性本質等議題的空間，因為這些是無法輕易觀察和定量的。而正是在這些人類經驗的內在領域中，佛教及其方法可以做出許多貢獻。

佛教的研究方式

為了澄清西方科學和佛教對話中使用的概念，達賴喇嘛將藏傳佛教傳統分為三個層面：佛教科學、佛教哲學和佛教宗教。佛教科學關注現象的基本運作。例如，它研究心智是如何運作，研究觀念、情緒和意識，以及如何透過修行改變我們體驗中的這些元素。佛教也提供關於能量、物質的詳細描述，對宇宙的產生和發展有自己的一套觀念[14]。 佛教哲學更是形而上，用邏輯和科學知識的實際運用來闡述實在的本質，以及在我們的日常經驗中，實在的本質是如何被扭曲的。它也思考普遍的因果法則和倫理問題。最後，佛教的宗教部分包括佛教的信仰和靈性修行，包含業力、轉世、開悟、冥想、儀式、念咒、追隨上師、觀想和神靈崇拜等觀念。

雖然這三大部分密切相關，但是在佛教和西方科學對話的時候，分別討論是比較有利的。達賴喇嘛多次強調，佛教和西方科學的交流主要涉及佛教科學 —— 儘管佛教科學和佛教哲學高度重合 —— 任何人都可從中學習而有所獲益。在心智與生命對話中，他經常注意不要讓談話滑向佛教宗教的領域，經常親切地提醒對話者，眼下的話題是「佛教徒自己的事」。

在佛教科學和佛教哲學中，用於判斷真理的證據有時候劃

分為三大類。第一類是明確的事實，即透過官感認知而得到的資訊。例如，當我寫作時，面前的電腦就是一個明確的事實；我可以用視覺和觸覺驗證這個事實。第二類證據是輕度隱蔽的事實。這是必須透過邏輯判斷的事實，不能直接感覺到。例如，當你聽到有人在敲門時，你可以推斷有人站在門外。最後，有一類知識無法透過直接觀察也不能透過推理而獲得，這類完全隱蔽的事實必須依賴專家的證明。佛教中這類證據的例子中，包括業力和轉世的法則。

根據這個分類系統，大部分科學數據都可以看作是明確或輕度隱蔽的事實。除了透過感官直接收集的證據之外，大量科學資訊是透過技術手段，結合既有物理過程的知識而推理獲得的。就此而言，西方科學和佛教在方法論上有強烈的匯合趨勢。可是，深度隱蔽的事實在西方科學中，一般不認可是有效的證據：某個人的證詞本身不是可觀察的證據[15]。西方科學家不因為愛因斯坦說相對論是對的就接受了相對論；他們接受相對論是根據大量重複的實驗研究得出的數據，符合他的相對論假設。

西方科學通常依賴於對外在世界實施的實驗，而佛教的研究一般集中在內在世界，以內省來分析心智[16]。這種方法涉及各種形式的冥想，例如修練主動控制和維持集中注意力於某個目標的能力，將此能力延展到整個冥想體驗過程中，或者是培養某種情緒，如慈悲心和善心。

這類研究屬於第一人稱的探索，非常依賴主觀經驗。可是，雖然佛教的主要研究方式不同於西方科學（第一人稱和第三人稱之別），它的實證主義本質是相似的。它們都要尋找可以成立的可靠數據。正如達賴喇嘛解釋：「佛教所發展出的冥想方法，是經驗主義地使用透過技術和實驗可靠性的大量試驗而獲得的內

省。冥想所獲得的所有主觀經驗都要透過同一修行者的重複而驗證，也要透過其他人能夠用同樣的修行而獲得同樣的結果，從而得以驗證。若結果得以驗證，這種狀態就可以視為至少對人類是普遍成立的。」[17]

正是以實證來考察我們世界和我們自身本質的共同興趣，再加上希望利用就此而獲得的知識來減少世間痛苦的願望，使得佛教和西方科學成為對話的夥伴。本書講述哲學家、科學家、僧院僧侶和教育家之間一次歷史性會面的故事，為讀者提供了觀察世紀對話的獨特視窗。對話探討了西方科學與藏傳佛教在洞察、研究和理解方面令人興奮、有時出乎意料的重合，也提出了一系列挑戰性的問題：科學實踐的目標是什麼？大自然有沒有所謂的本質？人類必須有大腦才會有意識嗎？我們能不能轉化心智？科學能為修行者做些什麼？修行者又能為科學做什麼？

西方科學和僧院

達賴喇嘛多年來大力倡導將西方科學引入佛教僧院教育。在現實層面上，他認識到僧院教育不能安於隱居狀態，必須和僧院外的世界接觸才能發展、興盛。更深入地說，他從自己的學習得知，佛教和西方科學有很多共同點，特別是二者都注重以實證研究作為揭示真理的途徑。為了讓這兩大傳統在共同的目標上取得成就，這些正在展開的對話不應該只限於學院，只提供給少數享有特權的人，而應該服務所有能從共同學習與修行中獲益的人。

為了保障系列對話能延續到未來世代，年輕學者需要熟悉兩大傳統的方法和觀點。因此，為印度的藏傳佛教僧院僧尼提供科學教育的扎根工作已經進行了十多年。主事的機構是幾個小型組

織——「科學會見佛法」（Science Meets Dharma），「僧侶學科學」（Science for Monks）和「艾莫利－西藏科學計劃」，以及致力於保存和促進西藏文化的西藏檔案文獻圖書館。在本書末，你可以找到這些組織的歷史與活動相關詳細資料。

我在艾莫利大學從事冥想的認知神經科學研究時，有幸和ETSI小組一起工作。我們為僧院僧侶編寫了神經科學方面的教材，包括神經元的細胞生物學和潛在作用、基礎大腦解剖學、情緒和壓力系統、身心交互作用，甚至還有冥想的神經效果。我加入這個小組六次暑期活動中的兩次，前往印度，為一群對西方科學有興趣的僧尼講授科學。

ETSI夏季學校活動在北印度的佛教辯經學院舉辦，學院坐落於小村莊莎拉（Sarah），附近的蜿蜒山路通向達蘭薩拉鎮（Dharamsala）和近郊的麥克列奧甘吉（McLeod Ganj），達賴喇嘛1959年出走西藏流亡後就定居於此。我的學生大多在20到40歲之間。他們學習時高度專注，求知欲很強。對我所說的有關神經科學的每一個結論，都會有人舉手提問。問題經常是有關方法論的：「你怎麼知道是這樣？證據是什麼？」

仔細檢查知識立論的習慣，是藏傳佛教僧院獨特的哲學辯論訓練養成的。他們的學習集中於佛教哲學經典和論述，同時在一個高度分級、課程設計的法典系統中透過記憶、背誦和辯論學習，達到一定的程度和學位。例如，佛教格魯派的最高學位格西，常常被視為博士學位，常常需要很長的時間才能獲得，學習課程多半要持續10年以上。現在的僧院教育體系是中世紀的西藏發展出來的，之後就一直沒有改變過，直到最近決定將西方科學引入[18]。

西藏佛教傳統中，大多數僧侶進入僧院開始訓練的年齡是在

6到20歲之間。他們受教育的最初幾年是學習各種雜事和儀式，花很多時間記憶和背誦佛教經典。將背誦當作教學法是出於一種信念，相信知識必須在心裡隨時可取，而不是只在筆記本上。他們認為記筆記然後放在一邊，或者只是閱讀書本記下要點，是膚淺的學習法，因為當需要知識的時候可能拿不出來。一則梵文寓言說：「書本裡的知識就像別人手裡的錢財：當你要用時，你沒有知識，就像手裡沒錢一樣。」[19]

除了極為強調記憶和背誦，僧侶還要接受經文解釋和批判性分析的訓練，這是透過辯經的練習進行的。我們這組人有幸在到達孟古德的第一晚就觀摩了甘丹寺的傳統辯經。僧院的入口美輪美奐，無數小燈裝飾著通向內院的拱道。在大經堂內，幾百名僧尼在成排的坐墊上並肩盤腿而坐。

當晚的辯經是僧院之間的活動，那景象就像兩個大學之間的體育賽事，觀眾們擠來擠去搶占好位子。我們這些特別來賓被引到前排的座位，可以清楚看到全部過程。我在ETSI的很多僧侶朋友也在場，我運氣較好，其中一位僧人是我以前的學生，他坐在我旁邊為我們翻譯。

藏傳佛教的辯經是一種高度結構性、儀式性的過程[20]。在房間前面坐著的是答辯者，他的知識將受到檢驗。一名或幾名提問者站在答辯者前面，他們站著的位置使他們有種居高臨下的力量。在幾番問答之後，答辯者提出一個主題，他或她將就此題目答辯。然後提問者開始提出一連串的問題，以檢驗答辯者的知識，以及對佛教關鍵性思想的解釋，試圖讓答辯者的回答前後矛盾或者違反常識。

智力的辯論對西方傳統而言顯然並不陌生，從蘇格拉底時代就有辯論的探討方式，也可能更早。但是，西藏僧侶的辯經在

動作和形式方面是獨一無二的，看起來就像法庭辯論、舞蹈、話劇和運動的混合。提問者的動作是舞蹈般程式化的，他們在提出問題的同時跨步向前，像投球一樣揮動手臂，最後再滑動式地擊掌，以強調他們的問題。因為部分問題是照本宣科的，所有提問者趨向於合起來一起提問，增加了辯經氣氛的強度。

我們觀摩的辯經一開始挺正常，但是五分鐘之內嗓音就提高了，很快就有更多僧人從觀眾席跳到辯經場，加入了人數逐漸增多的提問者，迫不及待地要給出智慧的一擊。辯經情況白熱化時，把袈裟撕破的情況也並非少見。雖然緊張激烈，整個辯經過程卻又是友好的，參與者一會兒嚴肅得大喊大叫，手舞足蹈，過一會兒卻一同放聲大笑。

我們觀摩的那一晚，答辯者在捍衛他的議題上輸掉了。由於緊張交流的情緒化性質，人們也許會認為在同儕和老師面前被推到邏輯失敗的地步很丟臉。可是多數僧人都習慣於身處辯經的兩邊，都很友好地理解，每個人都可能在辯經中被擊敗，這並不可恥。相反的，每次辯經都是促進批判性思考能力的工具。

第二天，神經科學家理查·戴維森在他的對話開幕講話中說，他好奇在不久的將來，僧侶辯經時是不是會引用科學發現作為他們辯論的證據。在佛教歷史上，這似乎首次成為一種可能性。隨著僧院科學教育的推進，有些學僧已經把科學題目引入了正式的辯經，如進化論，視覺感覺、光線的本質等。僧院中引入西方科學的前景確實令人鼓舞。事實上，就在我們來孟古德開會之前，西藏流亡社區的僧院堪布和高階領袖開會決定，正式把西方科學引入僧院教育課程。這是六百多年來僧院課程的第一個重大變革。

第二十六屆心智與生命對話：心智、物質和大腦

第二十六屆心智與生命研討會和達賴喇嘛對話，是2013年1月在印度孟古德舉行的六天會議。這次會議和以往心智與生命對話會的目的、範圍不同。以前的對話大多是在達蘭薩拉山裡達賴喇嘛住所的私下範圍舉行。我們這次在孟古德的對話會，除了同以往一樣有一百多位西方和西藏的客人旁聽以外，還有五千多名僧侶和僧尼旁聽。整個會議過程也在網上直播，全世界有一萬多人同時觀看[21]。這次會議不是集中在單一主題，而是涵蓋了以往對話會思考過的多個主題，如物理實在的本質、意識和人類心智的本質，以及冥想和科學的應用。這樣的計劃也是為了能夠和更廣大的聽眾分享精彩的跨學科對話，幫助西藏佛教僧院展開他們新的科學課程。

第一天的幾位主講人講述了心智與生命對話的基本框架，描繪了西方科學與佛教相互交叉的簡史。隨後的四天，每天集中在一個特定學科：物理學、神經科學、意識研究、冥想的應用。第六天，也就是最後一天的對話，報告了僧院科學教育的現行計劃和未來規劃，達賴喇嘛最後做了總結報告。

對於來自僧院的眾多僧侶聽眾來說，這六天是他們第一次接觸到西方科學，而對於很多西方來賓來說，這是他們第一次接觸到佛教哲學，整個過程充滿了開放的學習熱情。大家感覺到我們都在分享一種新的、重要的東西，一種意義重大的嚴肅混合著發現的快樂，形成一種激動人心的氣氛。這是一場最高水準的集體學習活動，對很多人來說，這是真正改變了自己的經歷。

本書說明

回到美國後，我仍然想著這次在孟古德舉行的高水準對話，得益匪淺。恰如心智與生命從小範圍的對話轉向幾千聽眾，我現在想把這次對話帶到更大的講台上。為此，我開始和賈娜・懷特一同編纂本書。賈娜・懷特是以佛教研究為專題的編輯，她以前就和心智與生命研究所合作過。這本書不僅僅面對修行者、科學家，而且也面對一般讀者。

我從會議的錄音紀錄、六百多頁的原始資料開始。為了匯整多種多樣的講解與意見，我們大略將資料以專業和範圍分類。架構建立以後，我們核對檢查資料，以保證最大程度的清晰和準確。我們綜合各演講主題，重組、分段、刪除重複部分，更新圖表，還直接和18位供稿人一起修訂原始資料，並獲得他們的最終認可。因為這是一次現場直播的會議，每位演講者的時間有限，所以有些話題和提問沒有得到充分的說明。為了補充不足，我提供了自己的評論和思考，這些文字將以不同的字體標明。

全書分成兩大部分。第一部是「物質和心智」，討論現代物理學和意識研究。這些領域中，西方科學和佛教長期以來各自進行著相似的探索，在很多問題上得出了相容的結論。這幾章回顧了雙方的研究，探討雙方在哪些問題上是重合的，在哪些地方是不一樣的。我們物質世界的本質是什麼？它的組成元素是什麼，這些元素如何互動？同樣的，對人類心智、經驗的本質、我們的心智與外在世界之間的關係，我們到底知道什麼？第1至第3章談論實在的本質，第4至第8章討論心智的本質。

第二部是「轉化」，主要討論神經科學和心理學、冥想效果的科學研究，及各種冥想修行的應用。正是透過這些領域，佛教

對西方科學和西方社會產生了直接的影響。這幾章探討佛教和西方科學的對話如何影響了我們提出的問題、提問題的方式，以及對這些問題的回答所產生的影響。在我們對物質世界和精神世界現有的瞭解背景下，我們如何才能轉化我們的心智、大腦和我們自己？我們如何利用佛教所提供的冥想方法減輕痛苦，促進人類福祉？如何對這些問題進行科學研究，以及對這些問題的研究如何協助冥想修習者？第9至第11章討論目前對冥想的神經科學研究，第12至第15章講述把冥想修習推廣給社會大眾的各種計劃。

在孟古德研討會期間，每天都有提問和回答的議程，來自僧院的聽眾可以直接向與會者提問，提出澄清某些問題或某些發現的意義。書末附錄即其中的一些交流。

達賴喇嘛參與了幾乎所有主題的討論。當他選擇用藏語而不是英語發言時，土登晉巴擔任口譯。我們這裡記錄的譯文就當作達賴喇嘛說的話不另外註記，除非土登晉巴以自己的觀點參與討論。在對話過程中，其他參與者偶然會用一兩個藏語詞彙或短語描述某個特定現象。我們會用威利（Wylie）轉寫系統標明這些藏語（Tib.）詞彙，並用注釋說明。同樣的，我們選擇用梵文（Skt.）音譯來標注梵文的詞彙。

很多主講人使用了幻燈片作為輔助。我們在書中採用了部分圖片以幫助說明。所有圖片都獲得了該章節作者的許可，除非另有使用說明。

發展方向

對話結束幾個星期後，心智與生命研究所的同事們接到了土登晉巴從孟古德發來的郵件：「很多以前對科學沒興趣的僧院學

者告訴我，他們現在理解了為什麼達賴喇嘛尊者倡導將科學引入寺院教育……曾經身為僧人的我體會到這次對話的一個重要貢獻——幫助僧院僧團開拓創造性的模式，使得原有寺院教育體系既富有生命力，又和今天的年輕世代休戚相關。」

佛教和西方科學的對話不斷，進入了新的領域。從2010到2015年，有關冥想的科學出版物數量達到了以前所有相關出版物的總合[22]。雖然其中很多發現仍然處於初步階段，需要重複進行更為深入的研究，冥想在神經、行為，和精神方面轉化的可能性已經取得令人興奮的早期結果。在心智與生命研究所，我們繼續支持冥想科學的研究，舉辦達賴喇嘛和各領域學術研究領導人物的對話。2015年11月，我們再次在藏傳佛教的大僧院舉行了對話會，討論的題目是「感覺、概念，和自我」，地點是印度巴拉庫毗的色拉寺。和孟古德會議一樣，有幾千名西藏僧侶參加，我們看到色拉傑學院（色拉寺的兩大學院之一）建立了科學中心以促進僧院科學教育，真是非常令人鼓舞。為了把這種合作延續到下一代，我們還在色拉寺會議期間舉辦了西方科學和佛教僧院僧團中青年成員之間的對話，隨著冥想科學領域的擴展，隨著西方科學被引進藏傳佛教僧院教育，全新的對話夥伴非常可能出現。

藏文中現在還沒有足夠的西方科學術語，因此各方非常努力發展用於僧院教科書和課堂的新詞彙。與此同時，致力於僧院科學教育的組織有了很大的發展。「僧侶學科學」的計畫在僧院領袖配合下正在促進科學學習，也幫助把佛教智慧帶給更廣大的民眾。ETSI科學課程已經在許多藏傳佛教僧院展開，為很多僧院學僧提供了第一次接觸西方科學正規訓練的機會。長遠的目標是要使得這個訓練體制能夠自行運作；現在在這個計劃下學習西方科學的學僧將成為未來的教師和領袖。

西方科學家則繼續加緊步伐研究物理相關性與應用，以及冥想對健康與人類福祉的作用。我們在慢慢理解大腦的哪些網絡涉及了各種冥想過程，能夠透過冥想得以改變，以及這樣的知識如何應用於臨床實務。隨著冥想被引入越來越廣泛的領域，從教育、醫療到商界，全世界的人們開始學習各種內省技巧，更理解自己的精神與情緒狀態。

這些知識和理解的線索如何編織在一起而影響我們的文化？我們能不能從對話的雙方獲得一些深刻的教誨，從而建立更健康、更慈悲的社會？這些問題仍然有待回答，然而我們有足夠的理由保持樂觀，透過這些持續不斷的交流，我們會走向更為整體性的世界觀，有助於我們迎接內在和外在世界向我們提出的挑戰。

我們誠摯希望，本書的內容能夠啟發和鼓舞讀者將對話從孟古德伸展到新的夥伴、新的知識領域。祝願這兩個豐富的知識傳統之間的交流永遠充滿溫暖、尊重和好奇心，向著未來繼續前進。

第一部

物質和心智

第1章

潛入因陀羅之網：量子的整體性和相對性

阿瑟・查恩茨

我們的對話從現代物理學開始，討論這個領域的革命性觀點及其對實在本質的意義。阿瑟・查恩茨是物理學家，也是神秘信仰傳統的修行者；他在安赫斯特學院教授和研究了三十五年，2012 到 2015 年間任心智與生命研究所的所長。在本章中，阿瑟介紹了現代物理學理論基礎的關鍵性概念，以及真實世界研究這些概念的實驗。其結果之一是指向「量子整體性」，或者說是一種可能性，即我們所知的實在在更深層面上是互相聯繫的。他探討了相對論的一些意義，挑戰了定域對象（localized objects）具備固有性質的觀點，提出了涉及因果本質的其他重要問題。這個討論為更大的議題提供了一個美麗的入口，顯示了認真對待兩個不相容的觀點，並在意料之外的地方發現協調性的意義。

約翰・杜蘭（John Durant，主持人）：獲得諾貝爾獎的物理學家理查・費曼生前是物理學領域的權威，他有一個很有名的評論。他說，聲稱自己懂得量子力學的任何人都是不懂量子力學的。

我現在這麼說是要給我們當中對這個話題備感挑戰的人一個鼓勵，也許我們所有人都包括在內。另一方面，我們知道這個話題對於我們更大範圍的對話是非常有意義，非常重要的。

阿瑟・查恩茨：尊者早安。約翰，謝謝你。你的評論介紹把我放到了一個尷尬的位置，因為，如果我說我懂量子力學，那麼顯然

我其實不懂；可是如果我說我不懂量子力學，那麼我在這裡幹什麼呢？

量子力學對我們的實在觀意味著什麼？是我們眼前的問題。在以前的對話中，我們已經花了一些時間在更為普通的古典物理學基礎上談論實在觀[1]。想像一下伽利略（Galileo Galilei, 1564-1642），他用望遠鏡進行非常仔細的觀察，然後根據邏輯作推理；我們用這樣的方式進行了許多工作。在一百至一百二十年前，用觀察、實驗、邏輯和推理進行工作的物理學家們覺得，他們基本上已經把他們的對象研究透徹了。

現在，全世界的物理學家團體約有幾千個，都贊同量子力學，但是在1900到1927年，也就是量子物理學誕生的階段，只有為數不多的人有這樣奇怪的想法，並且研究一種新的物理學。

其中一位英國物理學家克耳文勳爵（Lord Kelvin, 1824-1907）說，我們幾乎已經弄清楚物理學的一切，只是在地平線上還剩下兩朵小烏雲[2]。意思是，我們已經知道物理學中的一切，除了兩朵「小小的烏雲」，物理學是一片藍天。

第一朵烏雲是蠟燭光的顏色。當你點亮一根蠟燭，火焰有特定的顏色。你可以問為什麼它的顏色是那樣？在古典物理學中，你可以用我們對熱、光等的理解回答這個簡單的問題。問題在於，你不能恰當地解釋這個顏色。你可以測定、可以讓光穿過透鏡看到它的顏色。但是你不能預測蠟燭光顏色的分佈。依照克耳文的說法，這是一個問題。為什麼我們不能預言燭光顏色這個簡單的現象？

第二朵「烏雲」更複雜。我們知道聲音必須靠空氣傳播。現在想像一下把房間裡的空氣全部抽掉，會發生什麼情況？我們都會死掉，但是我們在死亡的過程中一定會互相呼喚，卻什麼也聽

不到，因為沒有空氣無法傳播聲音。

　　現在想像我在月球上。想像一下，那是十分奇怪的現象，那裡沒有空氣，但是我可以看到另一個太空人。我可以拍照，因為光線能穿過沒有空氣的空間，而聲音不能穿過真空。在1900年時，物理學家認為月球上必定有什麼東西存在著，儘管沒有空氣。

達賴喇嘛：那是因為光線是一種波。

阿瑟・查恩茨：沒錯。光是一種波，就像聲音一樣。科學家認為一定有什麼東西在波動。

達賴喇嘛：在有波的地方，需要有空氣，是不是？

阿瑟・查恩茨：需要有一種媒介，比如空氣，空氣在波動。這才符合邏輯。

　　波的概念，聲波或光波看起來非常符合邏輯，所以人們要找到光的媒介，稱之為乙太，乙太負載著光波。他們覺得一定能發現這種媒介，但是，最終仍然沒有找到。至今也沒有找到，所以我們現在認為乙太不存在。負載光波的媒介並不存在。

　　所以，就有兩條至關緊要的研究線索：第一，我們如何研究和理解燭光的顏色？第二，是什麼媒介使得光線能通過？為了解決這些問題，發展出了兩種新理論。第一種是量子物理學，這和燭光的顏色有關；第二種是愛因斯坦的相對論，它和尋找乙太有關。

　　如果你接受量子力學這種新物理學的假設和運算，燭光的顏色就可以完美地予以預測。如果你理解愛因斯坦的相對論並運用於空間與時間，你就會發現，並不需要乙太這個媒介，光線沒有乙太也會通過空間。於是，從那兩朵小小的烏雲誕生了兩個偉大的理論，從根本上改變了我們對實在的理解。今天我要簡單講解

一下這兩個理論，看看它們所代表的意義。

量子力學中的不可分辨性和疊加

阿瑟・查恩茨：正如費曼和其他科學家所指出的，量子力學非常難以理解。量子力學的思想非常違反人的直覺，我們有不同的理解途徑。我將介紹一個概念，我的朋友和同事米歇爾・比特波爾（Michel Bitbol, 1954-）將介紹其他方法[3]，我們將逐漸建立起理解這些新理論及其涵義的必要關鍵元素。

我現在手上有兩個硬幣。有這樣一個問題，看起來很愚蠢：你怎麼知道這裡有兩個硬幣？你可以說它們在兩個不同的地方，可以把它們分開，所以是兩個硬幣，我的右手有一個，左手有一個。此外，一個硬幣有一點劃痕，它和另一個硬幣稍有不同。它們很像，但並非一模一樣。如果你想把它們放置在同一個位置上是不可能的。它們不可能占據相同的空間。

但是，如果這兩個東西不是硬幣而是原子或電子，那會怎麼樣？你面對的將會是非常不同的情況。同一物質的原子A和原子B是絕對相同的。其中之一的表面沒有劃痕，沒有任何東西可以告訴你這是原子A，那是原子B，它們一摸一樣。你或許說，好吧，雖然如此，它倆仍然是一在左一在右。可是在量子物理學中的情況是，這兩個分離的原子事實上可以重合（overlap）。

達賴喇嘛：在原子的層面上，微小的粒子總是在運動，但不一定朝相同方向運動。其中一個往這個方向，另一個往別的方向。所以兩個硬幣有相同的本質，它們由相同的粒子組成，而每個原子卻有不同的運動方式，所以它們不是完全相同的。

阿瑟・查恩茨：結果就是，假如你有一個氫原子，還有另一個氫

原子，這是兩個非常簡單的原子，你卻沒有任何辦法區別它們。它們是完全的雙胞胎。

達賴喇嘛： 那麼它們的旋轉方向呢？旋轉方向也完全相同嗎？

阿瑟・查恩茨： 我們就說是相同的吧。

達賴喇嘛： 那意思是？

阿瑟・查恩茨： 問題是你在運用古典的概念，也就是認為電子在一個特定軌跡上運動。但是電子本身並沒有特定的位置，沒有特定的軌跡，沒有運動的路徑，這是難以想像的情景。

　　你想像的圖像和大部分人一樣，原子的結構就像一個行星系統，行星圍繞著太陽在運動。這是一種近似的描述，但其實是錯的。關鍵是，它們是不可分辨的。原子A和原子B完全一樣。

達賴喇嘛： 那麼它們的位置呢？

阿瑟・查恩茨： 在古典物理學中，你不可能將兩個物體重合。兩個硬幣不可能重合，但是兩個原子不僅可以重合，還可以占據同一個空間。我們必須有一種不同的原子概念。原子不是我們原來想像的那樣是實心的。

達賴喇嘛： 只要我們開始使用運動這個概念，不管在什麼框架之下，在此框架內，我們就可以討論相對方向問題。

阿瑟・查恩茨： 所以一個或許朝這個方向運動，另一個可能朝另外的方向運動。

達賴喇嘛： 因此，對任何有方向的東西，即使這個方向是相對的，我們仍然可以說它有前面和後面。

阿瑟・查恩茨： 是的。但是在量子力學中，一切不僅依賴於這些東西自身，而且還依賴於觀察。如果你觀察一個特定的原子，它就成為一個特定的對象。但是如果你不去觀察它，那麼就出現了一種模糊性：缺乏關於它的知識[4]。所以，當你說什麼東西在運

動的時候，我們假定你正在觀察。

土登晉巴：你是說，當我們從量子的層面思考時，如果我們把古典物理學的概念和想法帶進來，就會遭遇這些矛盾？

阿瑟・查恩茨：正是如此。

土登晉巴：所以我們需要全新的思考方法。

阿瑟・查恩茨：是的。這些原子中的每一個，比如說氫原子A和氫原子B，都一模一樣。它們完全相同，這和硬幣是不一樣的情況。

它們可以互相滲透、可以重合、可以占據同一個空間體積。這在古典物理學和日常生活中都是不可能的，當然，除非你有特異功能。

達賴喇嘛：但是，既然量子力學仍然稱為物理學，那就說明你仍然是在談論物理的實在，是這樣嗎？

阿瑟・查恩茨：是的，不過是在非常細微的層面上。

達賴喇嘛：你可以逐步深入更細微的層面，但是，你是不是說其中有分離狀態？

阿瑟・查恩茨：這是量子物理學面對的一個巨大挑戰。我們知道當你有數以億計的原子時，量子力學是對的；我們所做的測量證明了這一點。但是，世界什麼時候變成這個樣子，變成了完全不同的法則和原理？這是一個大問題，這個問題至今仍然存在於量子物理學中，對於如何理解這種轉變，仍然有爭論和分歧。

我要再進一步。我們在討論的這個概念稱為不可分辨性。原子A和B是不可分辨的。這個圖像上左邊的尊者照片和右邊的照片是不可分辨的（圖1.1，上）。這兩張照片可以重合，就像原子一樣，然後它們可以再分離。

但是這裡有一個模稜兩可的地方，因為它們再分離的時候可

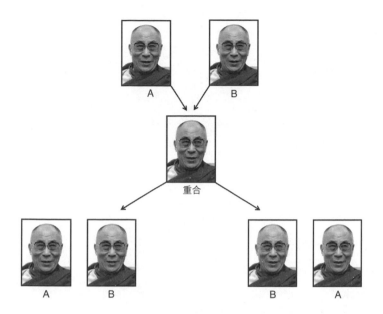

圖1.1　量子力學中不可分辨性的簡單示範。兩張一模一樣的照片可以按照一種方式排列（AB，上）。設想這兩張照片可以占據同一空間，即重合（中），然後再分開。分開後，這兩張照片可以重新回到原先的位置（AB，下左）或相反的位置（BA，下右）。然而，由於照片A和照片B是不可分辨的，當它們被分開後，無法得知它們是AB還是BA的組合：結果是隱蔽的。（達賴喇嘛照片©Ned Dunn。除另行註明之外，所有照片由本章作者允許使用。）

以有兩種方式：左邊的照片A可以回到左邊，右邊的照片B回到右邊，或者，左邊的照片去了右邊，右邊的照片去了左邊。這裡就有了兩個方案。先是A在左邊B在右邊。我們將A和B重合。然後它們分離，我們回到開始時的A和B（圖1.1，下左），或者我們最後得到的是B在左邊而A在右邊（圖1.1下右），於是我們得到的是BA而不是AB。

達賴喇嘛： 在什麼範圍內，這樣的區別純粹是在概念層面上，或者它們確實存在於實在的客觀物理層面？

阿瑟・查恩茨：約翰，我們站起來示範一下。約翰和我的穿著幾乎一樣。我們現在開始互動。我不能和他占用同一個空間，但是我們可以互動。

這時阿瑟和約翰從椅子上站起來互相走近。他們都是白髮，都穿著卡其布外套；他們假設他們是兩個完全相同的原子。當然，因為我們人類的日常活動是以「古典物理學」的模式發生的，所以亞瑟和約翰不能同時占據同樣的空間。他們碰撞在一起，轉了一圈後重新回到了原來的座位上。

阿瑟・查恩茨：如果我們重合，就會有兩個選擇。約翰回到他原來的位子上，這是一個方案。另一個方案是我們經歷碰撞後，彼此經過對方，然後都坐到了對方的座位上。

達賴喇嘛：我仍然在琢磨你們到底想說明什麼。（大笑）

阿瑟・查恩茨：您很有耐心。我們想要說明的是：很明顯的事實是您看到兩個大男人非常愚蠢的運動，看來您完全可以看出誰到了什麼位置上。但是在量子力學中，在不可分辨原則下，第一個方案和第二個方案是分辨不出來的。在這裡你可以看到約翰在那把椅子上，我在這把椅子上。可是在量子力學中，這結果是隱蔽看不出來的。

當結果隱蔽不可知時，一個新的可能性出現了，這個新概念叫做疊加（superposition），你有了 A，再把 B 疊加上去。你有了兩種可能性，雖然它們在邏輯上不一樣，你把它們放到了新的關係中，一種新的物質狀態，這種狀態無法用古典理論理解。

這是愛因斯坦抱怨的部分，也是費曼所說，如果你認為你懂了，那就說明你不懂，因為這是一個新概念，這個概念表示「既

圖1.2　一種相干疊加狀態。從量子力學的角度來看，圖1.1顯示的兩張照片經過互動和分離之後，兩個結果（AB 和BA）被認為可以同時存在。（達賴喇嘛照片©Ned Dunn）

非彼又非此」，但在某種意義上「既是彼又是此」。在這裡，當尊者您的兩張照片放在一起又分開時，你事實上必須將方案1，即A左B右，加到方案2，即B左A右上（圖1.2）。這叫做相干疊加狀態（coherent superposition state）。

糾纏的整體性和量子模糊性

阿瑟・查恩茨： 現在你會說，「你怎麼知道這是真的？這有什麼不同？這到底只是物理學家不合邏輯地胡思亂想玩弄理論，還是事實是真實的、重要的？」

我先用幾個例子說明。化學必須要有這種模糊性。氫並不只是單為氫原子而出現；它是作為氫分子而出現在自然界，一個氫分子含有兩個氫原子（H_2）。將兩個氫原子捆綁在一起的力來自於所謂的模糊性，這是量子疊加狀態，叫做共價鍵（covalent bond）（圖1.3）。

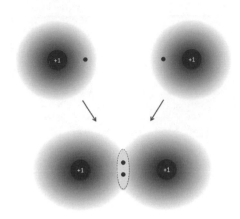

圖1.3　共價鍵中量子模糊的示意圖

圖1.3當兩個原子共用一對電子時，就形成了一個共價鍵。在孤立狀態下，氫原子有一個電子在其外層（圖1.3，上）。當這些原子放在一起，作為氫分子H_2時，兩個電子進入疊加狀態，他們同時共用一個空間（圖下）。按照古典物理學的理論，我們會把兩個電子想像為繞著原子核軌道運動的粒子，在一定時刻存在於原子的兩個重合外殼上。但是從量子力學的觀點來看，電子就像波一樣，可以互相滲透。當兩個電子在同一時間存在於同一地方時，分子達到其最低能量（最穩定）狀態。數學證明支持這一想法，現在普遍認為化學鍵是建立在疊加基礎上的。

阿瑟・查恩茨： 你可以說，我們周圍的一切之所以結合在一起是因為量子力學的不確定性。它如此強大，是它將我們四周的一切物質組織起來。

　　它也創造了我們現在所謂的量子整體性。我知道佛教有個概念「因陀羅之網」，在那裡面，每個地方都有其他所有地方的形

象。就好像一顆寶石的切面反射出其他寶石，所以你只要看到一個物體，就能看到所有的物體。

當約翰和我碰撞時，我們進入所謂「糾纏」的狀態。我們連結了起來。然後，如果您和我碰撞，那麼這個網絡的另一部分就建立了起來，約翰和我現在都和你互相糾纏。您和我及約翰現在都成為關係的一部分，然後同樣的事情發生於晉巴和這房間裡的所有人。從一個單一原子開始，另一個原子相連結、互動、糾纏，建立起一套整體關係，只要不可分辨性仍然成立。

這樣的整體性現在應用於科技目的。我們可以以此概念創造出電腦。如果這概念是錯的，那麼電腦就不能運作，如果概念是對的就能運作。對某些問題，某些非常重要的計算問題，這類電腦可以極快速運算。當你在一次安全交易刷卡時，機器將你的詳細付款資訊編碼成秘密數學表達式，並輸送到另一台機器，然後在那裡解碼。如果用人工運算，那需要很多世紀，甚至幾十億年，才能解碼、完成交易。而量子電腦可以瞬間完成這一切，只需幾秒鐘的時間。

它們非常強大，因為它們將整體性作為計算能力的一部分，而非各別運算。就像這間大廳裡的所有人，都把自己的智力整體放進了電腦。

我們假設你要做個加法或者非常難的運算，如果獨自做需要花很長的時間。如果你能夠把運算劃分成幾個部分，讓土登晉巴、克里斯多夫、理查、這房間裡的每個人都各做一部分，你就可以運算得快多了，因為你分工運算。

現在，想像一下這個可能性，他們所有人的智力能夠放進你的大腦，你把他們的所有能力都收納到一個地方。它們不再分佈於眾多的個人中；此即一般的平行計算。在量子計算中，所有能

力現在都可以聚集在一個地方。於是，你一個人就有了很多人的智力。

然後，當計算開始時，它是量子力學式地運作，所有一切是糾纏的，它可以非常迅速得出結果。這是一種全新的可能性，現在已經證明是可行的[5]。

疊加概念非常重要，也很難理解。例如，從物理學的觀點來說，顏色是波的一種性質。光線可以用不同波長發出，在一定的波長範圍內，我們可以看到不同的顏色。光子（photon）*是光的最小能量單位，一個光子是一種顏色，或者可以是兩、三種，或四種顏色？實驗證明，是的，它可以是兩種甚至更多的顏色。所以單個光量子可以發出不同顏色。

達賴喇嘛：光源和光本身，是不是像原子一樣由同樣的物質構成？

阿瑟・查恩茨：光源是一種原子，有實體（substance）、質量（mass）。光自身沒有質量。

達賴喇嘛：那麼，光源，也就是原子，用古典的概念來說，應該有空間阻擋性的性質。

阿瑟・查恩茨：是的，它有空間阻擋性的性質。你可以讓那些原子發生碰撞，而兩個光波或光子可以互相穿越。

達賴喇嘛：既然如此，如果它們可以碰撞，而且各個原子都有空間阻擋性的性質，因為它們是如此微小所以它們看起來是占用了同一空間，也許實際上並非如此……

---

* 光子，一種基本粒子，是電磁輻射的量子，具有波粒二象性，能夠展現出波動性與粒子性，在量子場論中是負責傳遞電磁力的力載子。它的靜止質量為零，可以移動至很遠距離，在真空中的傳播速度是光速。

阿瑟・查恩茨：我們現在對這些粒子的瞭解是，以最簡單的粒子為例，那就是電子，它擁有非常微小的質量。它具有我們所謂的電荷，電荷使得電子之間產生互相作用的力。如果你要問它的尺寸、有多大，我們現在認為，它最好沒有尺寸。

換句話說，有一種位置（location）圍繞著它，它的質量和電磁性質在那裡形成了一個力場。現在有第二個電子，如果你讓它靠近第一個電子，它們之間的力將使得它們相斥，但是它們也可以重合。若有足夠大的能量，它們可以完全重合。

土登晉巴：換句話說，用直白的英語來說，我們會說「沒有形狀」？

阿瑟・查恩茨：在某些情況下，原子是有形狀的，但是輕柔的結構。它們不是固定的，不是堅硬的結構，而更像雲霧。想像一下人的身體，人體本身有熱量，但是靠近人體，在人體之外也有熱量。這是一種熱量構成的形狀，沒有阻擋性。如果你靠得更近，你就會碰到肉體，而肉體有阻擋性。原子更像是能量體或圍繞我們的熱量體。

在基本物理學裡有兩種粒子。一種像電子，更為堅實、有阻擋性；一種像光子，能夠互相穿透，根本沒有阻擋性。

這些粒子的另一個奇怪性質是可以同時走兩條路。當你走到一個岔路口，你要嘛走右邊的路，要嘛走左邊的路。但是單個量子、光子或電子可以同時走兩條路。

在圖1.4的左側，你看到一個灰點。當這個灰點是一個光子時，它可以順著箭頭走兩條路。單一物體並沒有分裂為兩半，而是進入了一種疊加狀態。

達賴喇嘛：它們同時走兩條路徑？

阿瑟・查恩茨：是的。它進入了一種新狀態。你不應該真的把它

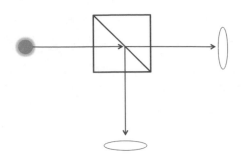

圖1.4　在沒有觀察的時候，一個光子可以同時朝兩個方向
運動。灰點代表一個光子，盒子代表一個將光一分為二的分
束器，如箭頭所示。如果在任一圓圈處放置探測器（即觀
察），將會顯示光子朝一個方向或另一個方向運動。然而，
如果沒有進行觀察，光子會像波一樣，同時走兩條路徑。

想像為沿著軌跡運動，而是它進入了一種新的模糊狀態，對應著
兩種可能性。

達賴喇嘛：這是從路徑的角度談論不確定性，這種狀態是可以理
解的。但是你怎麼能跳到結論說它實際上穿過了兩條路徑？

阿瑟・查恩茨：是啊。證據是什麼呢？

達賴喇嘛：我們早已說過這是一個單一的粒子，它沒有分裂為
二。這裡，它們坍縮成一個了嗎？我們能不能想像它分裂為二而
穿過了兩條路徑，然後又坍縮為一個粒子的可能性？

阿瑟・查恩茨：這是波粒二像性。如果你拿一個單一粒子，將它
放進所謂分束器的裝置中，那麼有一半的時候它會往右邊走，另
一半的時候則往前直走。

　　如果你加以測定，你總是會發現它不是走這邊就是走那邊。
但是如果你不問「走哪一邊」的問題，讓它模糊著，那麼你會看
到一種現象，這現象只能用走了兩個方向來理解，也就是波干
涉（wavelike interference effect）的現象。所以說，粒子是在運動

中，但是方向卻是模糊的。

　　如果我拿兩個硬幣，一個是五盧比，一個是一盧比，如果你閉上眼睛，我給你其中一個硬幣。你別看，千萬不能偷看。如果不看，那麼你就不知道手裡拿的是哪個硬幣。

達賴喇嘛：不能憑感覺嗎？

阿瑟・查恩茨：這就要用你的手指來看了。（笑）你拿到了哪個硬幣？現在你可以看了。

達賴喇嘛：五盧比的。

阿瑟・查恩茨：五盧比的？好，如果本來是一個五盧比和一個一盧比的硬幣，那麼現在我有哪個硬幣呢？我有一盧比的硬幣。這是邏輯告訴我們的。

　　在量子力學裡，只要你不去看，那麼就存在著模糊性。在古典物理學中，那裡有一個五盧比硬幣，這裡就有一個一盧比硬幣，永遠都很明確。但是，就像約翰和椅子一樣，也可能你有一盧比硬幣而我有五盧比硬幣。在量子力學中，模糊性成為強大的實在。它不只是蒙昧，而事實上是一種確定的狀態，一種疊加狀態。

達賴喇嘛：事實上，在佛教哲學中，唯識學派的結論是，最終存在（ultimately existence）要根據是否對其有認知而決定[6]。 如果對它有所認知，它就存在；如果沒有認知，它就不存在。

阿瑟・查恩茨：一些非常有名的物理學家，如尤金・維格納（Eugene Wigner, 1902-1995），說了完全一樣的話。我的認知必然與你以後的認知有同樣的效果。在認知之間一定有一種一致性。

　　重要的是，必須認識到如果你不看，那麼就存在著新的可能現象。只要你不去看那是一個五盧比和一盧比，還是一盧比和五盧比，那麼就存在著疊加或糾纏的狀態。就是這種相互關聯性的

存在，影響了未來的新機器、新型態的電腦。新的保密通訊可以用量子密碼傳遞。這看起來好像是非常哲學的觀點，實際上有廣泛的實用意義。

我來總結一下到現在為止所介紹的主要觀點。古典意義的模糊性實際上可以成為相當確定的東西，我們稱之為量子疊加。在古典物理學中，你選擇這個或那個路徑，你有這個或那個目標。但是如果它們是不可分辨的，那麼二者就有了同時存在的可能性，實在（reality）的一個新層面就昭然若揭。

於是，它成為大自然強而有力的因素。我們可以將它應用於實用的裝置。它不是遠在天邊不可捉摸的東西，而是現實世界和現代科技所依恃的原則。比方，你的手機沒有它們就無法運作。

在非常細微的層面上也有一種隱蔽的關聯，或者如我們所說的，糾纏，或量子整體性。事物在某個層面上顯然不是連續的，但是在更為細微的層面上，它們相互之間都有關聯。

達賴喇嘛：從量子觀點來看，你能不能在宇宙層面上，說明銀河系之間的關聯？

阿瑟・查恩茨：這個問題更有待深思熟慮，但是我們可以開始思考，每個粒子都和另一個粒子互相作用，和其他粒子的關聯衍生得越來越遠，發展出越來越多的分支。從邏輯上而言，宇宙的許許多多部分以我們難以想像的方式相關聯，是可能的。在簡單的例子中，我們可以透過實驗證明這種關聯。

達賴喇嘛：如果從物質對象或物質現象的角度來看因果的時間序列，在物質構成的層面上，你認為組成原因的原子和組成結果的原子完全相同嗎？

阿瑟・查恩茨：在量子力學中，因與果相當有意思。我可以舉個例子。有些粒子互相作用會發出光線。通常你會說它們必須先互

相碰撞，然後發出光線。碰撞是原因，發光是結果。

　　但是，如果你認為有因才有果，你對事件的預測細節就會是錯的。如果你假設在碰撞之前就發生了一次發光，緊接著碰撞之後又有一次發光，那麼在暫時的疊加中，你接收到了兩種可能性，於是你就得到了正確的預測。換句話說，原因與結果的時間序列又變得模糊了。

　　這就是「之前」和「之後」的模糊性。時間模糊性、空間和方向模糊性、能量模糊性，它們都能夠導向新的量子疊加以及量子關聯。不過，這是在非常細微的層面上呈現的。

討論：碰撞和眾多粒子

達賴喇嘛： 在非常微小的粒子層次，一個粒子能不能變成眾多粒子？

阿瑟・查恩茨： 如果有能量的話，一個粒子就可以變成眾多粒子。如果你有兩個粒子，使它們碰撞，你就可以獲得眾多粒子，即使這兩個粒子是基本粒子，就像兩個電子那樣，是不可分的。

達賴喇嘛： 那麼當兩個粒子碰撞而變成眾多粒子，眾多粒子產生的地方就不可能和原來的來源完全一樣了。

阿瑟・查恩茨： 我們說它們是產生於碰撞的能量。這和愛因斯坦對質能關係的理解有關，他說，能量可以用來產生有質量的粒子。某種意義上說，質量是濃縮形式的能量；微小的質量能產生非常巨大的能量。

達賴喇嘛： 這樣的話，我們可以說，在因的階段可能有兩個原子，但是在果的階段可能有眾多原子？

阿瑟・查恩茨： 沒錯。可能會有眾多原子。在歐洲核子研究組織

CERN，有一台粒子碰撞機，它能證明這一點很平常。你拿兩個電子或兩個質子，使它們以非常高的能量碰撞，就能得到大量粒子，幾百、幾千個粒子。

達賴喇嘛：當兩個粒子碰撞而變成眾多粒子時，那眾多的粒子是從哪兒來的呢？它們不是從原來的兩個粒子分裂而來。

阿瑟・查恩茨：是的，它們不是來自分裂。它們是新產生的，是由能量產生的。如果你重複多次拍手，手掌會發熱。這熱量是從哪裡來的？就某種意義而言，熱量來自於拍手的能量。同樣的，讓兩個粒子碰撞，它們不僅會發熱，而且會從相互作用的熱量中產生新的粒子，也就是從碰撞的能量中產生新的粒子。

達賴喇嘛：為什麼會產生高能熱量和眾多粒子呢？有理論依據嗎？

阿瑟・查恩茨：當然有，就是「量子色動力學」（quantum chromodynamics），是非常複雜的理論，簡單地說，它能預測將會出現多少個粒子，隨後又有多少粒子將會衰滅。

這種相互作用的所有細節，現在都能預測出來了。這就是發現希格斯玻色子（Higgs boson，又稱上帝粒子）是如此重要的原因[7]。它完成了我們現在理解相當一致的電磁力、弱作用力和強作用力的理論。它們都統合在一起，產生的新粒子可以用夸克（quark）*及其與膠子（gluon）**的相互作用來理解。這是非常複雜的理論，但是它非常強而有力，非常精確，也具備預測性。

---

* 夸克，一種基本粒子，也是構成物質的基本單元。夸克互相結合，形成複合粒子「強子」，強子中最穩定的是質子和中子，它們是構成原子核的單元。

**膠子，是負責在兩個夸克之間傳遞強作用力的基本粒子，類似光子負責在兩個帶電粒子之間傳遞電磁力一般。用科學術語來說，膠子是量子色動力學用來在兩個夸克之間傳遞強交互作用的向量規範玻色子。

現在仍然有很多神秘未知之處。引力還沒有被涵蓋在這個理論之中而仍然停留在這美麗的理論之外。另外，仍然有百分之九十六的宇宙不知所蹤，我們以暗物質和暗能量的形式稱之，它們是怎麼形成的？我們怎樣理解？仍然有很多未知待探索。

帶著這些浩瀚的疑問，會議暫停，午餐時間到了，大家的腦袋也迫切需要休息一下。下午繼續開會，阿瑟持續對話，集中講解現代物理學中其他難解的概念。接下來，他和達賴喇嘛討論佛教和相對論之間的關聯。

相對性和第一性質研究

阿瑟・查恩茨：量子物理學有一個最基本也最有力的概念，是關於情境脈絡（context）或者關係（relationship）的概念。圖1.5有

©Wendy Hasenkamp

圖1.5　情境脈絡在感知中的重要作用。圖中的三個人像其實一樣大，但中間和最後的人像顯得較大，因為周邊的線條和人像在這些線條中所處的位置造成的視角所致。

三個人的圖像，哪個人最大？最上面的人看起來最大，對不對？由於背景的線條，因此你是依你所見及認知判斷的，而不是實體大小的正確表象，是一種主觀印象。三個人的大小其實一樣，只是所處的情境脈絡不同。線條不同，所以我們看一個人小一些，其他人大一些，因為他們處於不同的關係之中。

現代物理學的危險，是試圖把世界客觀化，就像我們在古典物理學中所做的；也就是說，我們試圖把世界看成是和我們分開、沒有關係的對象。我們認為世界是由彼此不相干的物體組成的。

我們一次又一次地發現，這一點在新物理學中不再成立了，世界其實充滿了關係。我們必須時時記住自己，以及我們在現實世界的構成中所扮演的角色。所有呈現的事物都呈現在關係之中，都有一個情境脈絡。

我現在要和您一起在相對論的領域探討，但是在此之前，我不由得想起尊者您童年時拆裝手錶的事。您喜愛手錶、機械，您把它們拆開，思考不同的零件以及運作的方式。然後您把它們裝回去，有時候它們仍然能走動。

達賴喇嘛：只是有些時候還能走動。

阿瑟・查恩茨：我有同樣的感受，小時候我也很喜歡把東西拆開、再裝回去。

在某種形式上，手錶相當於老舊的古典物理學的原型。思考手錶運作的方式也適用於肉眼可見的世界。這是一種非常強而有力的思考方式。

我們在量子力學中的思想方式，尤其是在量子力學基礎上建立的新機器的運作方式，和老舊鐘錶的運作方式大不相同。那是全新的概念，一種新的思考方式，因此非常難以理解。我想當我

們下次轉世再來的時候，就必須以新機器的運作方式思考了。老舊的機器將有如古董店裡的玩具。

我們眼前面對的是嶄新大膽的挑戰。挑戰有兩個層面，一是我們之前提到的量子力學，另一個是相對論。我想說一些相對論，關於它怎麼說明實在的本質，以及情境脈絡與關係的重要性。

愛因斯坦希望按照世界的真實存在理解世界。在此我感到而且我知道米歇爾也有同感，愛因斯坦期望一個老式的世界——一個所謂「真實存在」的世界是不對的。他是一個站在新的實在、新物理學十字路口的人。他說：「研究者不懈努力的背後隱藏著一種更強烈、更神秘的動力——他想要理解的存在和現實。」[8]我們的內心深處都有理解實在的想望，但是在我們的希望中，實在究竟是什麼呢？

我現在要從相對論的立場，談談實在的固有性質。尊者，我不知道您是否一樣，但大多數外國人到美國時都要留下指紋和照片。未來，他們可能會開始取樣DNA。他們要尋找的是所謂生物標記，一組獨特且經久不變的性質，可以用來辨認您或我，這樣就能夠知道每一個對象的區別。

生物標記可以是高度、體重，可是這些標記會變化。眼睛的顏色、性別等都不是獨特的，很多人都有棕色的眼睛。但是指紋和DNA多少是獨特的，可以說其間的差異區分了我們每一個人。找到了這些獨特的固有標記，我們就認為我們可以辨識對象了。

這些標記通常是什麼呢？身體根本的固有性質是什麼？我要引用伽利略的話，因為他是我最喜歡的哲學家和科學家之一。他對我們現在所謂的第一性質（primary quality）和第二性質

（Secondary quality）做了區分（圖1.6）。

伽利略在幾百年前寫道：「我認為味道、氣味、顏色等都只是名稱而已……它們只存在於意識中。因此，如果生物不見了，所有這些性質就被抹去而消失了。」[9]

達賴喇嘛： 你所說的是第二性質自身的實在，而不是辨別事物和其性質的整個架構，對嗎？因為將事物和其性質區分是一種心智的創造。

在佛教認識論的經文中，比如法稱論師的經典討論了這個問題，我們可以賦予單一事物很多性質，但是其中有些性質可能是事物本身固有的。例如，某個特定東西的性質可能是它是一個產品，是暫時的、可變的。這些都是這個東西的自然性質。但是我們也可以從功能的觀點羅列它的很多性質，我們日常語言中用到的很多性質其實是這樣編造出來的。

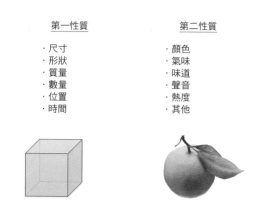

圖1.6　物體的第一性質和第二性質。古典物理學將第一性質描述為獨立於觀察者而存在的性質，第二性質取決於觀察者對被觀察對象所產生的主觀經驗。相對論則認為事實上物體並沒有自身固有的第一性質。

阿瑟・查恩茨：但是它們沒有真正的實在。

達賴喇嘛：但是還有其他性質是由於某個事物的存在而存在的。

阿瑟・查恩茨：如果根據我的理解說明你的意思，您有一件東西和它的性質。當您把性質去除，您可以問，是不是有一件沒有任何性質的事物，性質的承載者可以承載性質但是本身沒有任何性質？那麼還有所謂的事物嗎？

您說，有一些內在固有的性質，如可變性和暫時性等，它們依附於「性質承載者」，還有其他一些性質是可以去除的，那是概念上的命名嗎？

達賴喇嘛：正是如此。

阿瑟・查恩茨：在我剛才唸的伽利略的話中，有些十分相似的說法。他說，諸如彩虹的顏色、飯菜的香味及滋味，甚至您現在聽到的聲音，都是概念上的命名，都是第二性質。

但是某些所謂的第一性質真的都是第一的嗎？形狀、重量，甚至數量是第一性質，或者有些部分也是第二性質？如果確實有真正根本的、第一性質的性質，這種性質是怎麼樣的？我們將要以物理學家，而非哲學家的觀點提出問題。

古典物理學家傾向於對諸如顏色的第二性質，以諸如尺寸、形狀的第一性質來加以解釋。以我們現在正在經驗的事情為例——傾聽我的聲音，身處這個美麗的大廳——這些都是第二性質。從伽利略的觀點來看，在這些第二性質的經驗背後，是第一性質的物質對象，如光波等，它們產生了聲音、光線、顏色，以及我們的經驗等。他要用第一性質來解釋第二性質。我們要做的是嚴格的加以驗證。

達賴喇嘛：當你把這兩者連結起來時，第二性質可以說是從第一性質產生的嗎？

阿瑟・查恩茨：沒錯。第二性質是由第一性質引發或刺激而產生的。聲波衝擊耳朵，造成了耳膜的振動，聲波變成電波後傳至大腦，於是我們聽到了您的聲音和我的聲音。

神秘的是，從量子物理學和相對論的觀點來看，這些第一性質真的都是第一的嗎？是否存在著本質上是客觀對象與性質的世界，還是說世界本質上是主觀的？經驗的世界是不是唯一的世界？經驗世界總是帶有主觀的特質。這並不是說它因此而缺少真實性，但是是否有一條途徑，讓我可以藉此透過經驗而獲得別的什麼東西？

我們不要從研究非常微小對象的量子力學，而是從相對論的角度來看這個問題。相對論是我們理解時空與同時性的革命性理論，是所有科學最根本、最重要的觀念之一[10]。

一個相對性思想的實驗：木棍和穀倉

阿瑟・查恩茨：我要做一個愛因斯坦喜歡的思想實驗。這裡有一個穀倉的圖片（圖1.7）。它有兩個門，一個在前、一個在後。穀倉下面是一支長棍。在我們的思想實驗中，長棍是25公尺，是一支很長的棍子，穀倉只有20公尺長。教授給學生提出的「相對性」挑戰是把長棍放進較小的穀倉裡，可以同時把兩邊的門都關起來，拍一張照片，然後打開後門，讓長棍伸出來。

按照古典物理學，長棍太長了，不可能裝進穀倉。但是，難以置信的是，工程學可以證明，當長棍相對於穀倉的運動速度越來越快時，它就縮短了（圖1.8），如果你使它達到一定的速度，比如達到光速的70%，它就事實上收縮到一定程度。那是每秒13萬英里的速度，非常快，相當於每秒繞地球5圈。

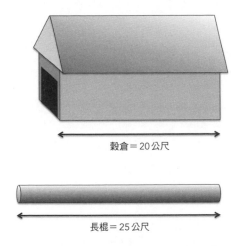

穀倉＝20公尺

長棍＝25公尺

圖1.7　探討相對論對存在第一性質的含義。在此例中，停止不動的棍子太長，不可能正好放進穀倉。記住，長度可視為第一性質。這個思想試驗提出的問題是：是否可以運用相對論把長棍正好放進穀倉。

從穀倉的角度來看

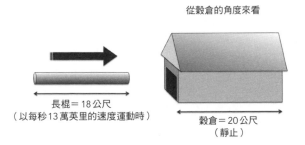

長棍＝18公尺
（以每秒13萬英里的速度運動時）

穀倉＝20公尺
（靜止）

圖1.8　運用相對論將棍子放進穀倉。如果以光速70%（每秒13萬英里）的速度將棍子送進穀倉，棍子的長度會縮至18公尺。這樣一來，它就能（在極短的時間內）恰好裝進穀倉。此圖以靜止的穀倉角度呈現。

但是沒有關係，這是原理的問題，對吧？你能同時關上兩道門嗎？同時關上兩道門就意味著長棍裝到了穀倉裡面，即使只在裡面停留了一瞬間。也或許後門是關著的、前門開著，長棍飛速而來，你關上前門，只需要一瞬間，你拍下照片然後打開後門，長棍從後門飛出。

達賴喇嘛：但是這是個思想實驗。

阿瑟・查恩茨：是的，但是您可以在真實世界裡用小粒子做同樣的實驗，並且證明有效。當您在實驗室做類似實驗時，您為確定長棍是否在穀倉裡面而做的一切都證明，長棍確實是裝進了穀倉，儘管只是非常短促的瞬間，因為它的移動飛快。這是一個非常奇怪的狀態，因為長棍比穀倉長，而現在似乎證明它可以比穀倉短。

現在來做思想實驗的第二部分，這部分更難。如果我有一支長棍，它以我所要求的速度穿過穀倉，長棍將變得較短，所以當它進入穀倉時，兩邊的門都能關上。然後它從後面打開的門出來。

相對而言，穀倉向長棍運動是一樣的，對吧？移動可以有兩個方式：讓長棍向穀倉運動，或者讓穀倉向著長棍運動。兩種方式看起來一樣，對吧？但是也許運動的是穀倉而不是長棍。我假設是穀倉在運動。現在問題來了，這種情況下長棍還會縮短嗎？還是運動著的穀倉會變得更短？

愛因斯坦的理論是透過純粹思索而發現的，未經實驗，只是純粹的邏輯和思考。這個理論說，任何運動中的物體將在運動的方向上變得更短。如果是長棍在運動，長棍就會變得更短。如果是穀倉在運動，則穀倉將變得更短。長棍仍然保持25公尺的長度，而原來是20公尺的穀倉，現在變成14公尺了（圖1.9）。那

麼長棍還能裝進穀倉嗎？不行，一定不行。你不可能把兩道門都關起來，因為穀倉太小了。長棍的長度是25公尺，而穀倉的長度只有14公尺。

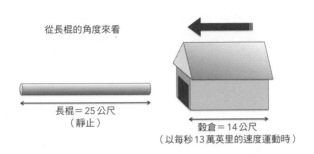

圖 1.9　運用相對論把穀倉往長棍推進。如果以光速70%（每秒13萬英里）的速度移動穀倉，穀倉的長度會縮至14公尺。在這實驗中，長棍無法裝進穀倉並把門關上。此圖從靜止的長棍角度呈現。

現在，如果有兩位科學家，第一位做了我們的第一個思想實驗，另一位做了第二個思想實驗，他們將獲得完全不同的見解。一位科學家會說：「我看到了，我還拍了照。穀倉裝下了長棍。長棍就在裡面。」另一位會說：「不，我的照片上，長棍露在穀倉之外。」然後他們一起來到這裡，在哲蚌寺展開了一場友好討論，結果卻為到底是誰瞭解事實的真相而爭論起來。長棍穿過穀倉時的狀態如何，真相到底為何？

愛因斯坦會說他們都對。因為你的探究總是在一個情境脈絡、關係之中。當你問到底什麼是事實的真正狀態，你就在假設有一個客觀的觀點存在，這個觀點沒有出處、情境脈絡，是一種終極真理，不是與我或者你有關的真理，而是單純絕對的真理。

當我們忘記了關係決定性的重要性，就陷入了極大的困境。如果還記得情境脈絡，那麼當我們會面的時候，我們會說：「當

然啦。在您的參考架構中,長棍在運動,所以您看到它變短了。我是在不同的參考架構中,穀倉在運動,所以我看到的是穀倉變短的情形。」我們可以互相理解,因為我們理解各個觀察者處於不同的情境脈絡。

對我而言,這是一個非常深刻的結論,因為伽利略說過長度是客觀的、是第一性質,它不應該依賴於我的感官,不應該依賴於我。「我」應該是可以消失的。但是在此例中,我們要說的是,觀察點對於長度、尺寸之類的第一性質絕對非常重要。所有第一性質都以類似的形式受到相對性的某種影響(見圖1.6)。在你測量時,必須永遠記住一個事實:所有受測的東西都是在情境脈絡、關係之中。

在很多情況下,量子力學也提供了同樣的結論。你永遠都必須把情境脈絡和觀察者放進被觀測對象的關係之中。如果你想尋找絕對的根據、實際的尺寸,你會失敗;因為只有相對於某個觀察者的尺寸,沒有所謂確實絕對的尺寸或重量、質量等,它們總是和觀察點相關。

總而言之,我們有兩個典型的互不相容的觀察結果。一個從穀倉的位置觀察,顯示長棍裝進了穀倉。一個從長棍的位置觀察穀倉的運動,結果是長棍太長而無法裝進穀倉。哪個是事情的真相?兩個都是真相,只是相對於兩個不同的觀察者,兩個不同的參考架構。

我認為這個結論意義重大:每個主觀敘述,每個人提出的陳述,都完全和物理學律則相容,雖然他們的陳述彼此不同。我們發現我們必須將自己考量進去,或者考量到觀察者的參考架構問題。

您可能會問,是否有什麼地方、什麼架構,是具有特權的參

考架構。這就是在尋找乙太：早期的理論希望，或許乙太可以提供這樣的參考架構。但是現在我們認為乙太並不存在，所以不存在期望中的參考架構。每個人都可以聲稱找到真理了，儘管他們的觀點似乎是對立的。

深入情境脈絡問題

阿瑟・查恩茨：在相對論中，不僅長度會縮短，時間也會慢下來。這也就是同時性的相對性。

阿瑟在此提供了一個簡單的示範證明。他雙手同時打響指，然後解釋說，這兩個事件對我們這些和他一起坐在房間裡的人來說，是同時發生的，但是如果有一個觀察者正在飛快地經過他，她會先聽到一個響指聲，然後聽到另一個。而且，如果觀察者是在相反方向上飛速運動，她聽到的響指聲順序正好相反。可見，這些事件的同時性事實上和觀察者相關。

阿瑟・查恩茨：如果你弄懂了這三個法則，即長度縮短、時間變慢，以及同時性的相對性，那麼你就有了理解新物理學的概念架構。

現在我想引用戴維・鮑姆（David Bohm, 1917-1992）的話。您的老朋友戴維・鮑姆，我也很熟悉，他是偉大的物理學家，才華卓越。我真希望他在這裡，他會是非常出色的對話夥伴。

鮑姆說：「對世界的分析，已經從分析其組成部分轉變成分析其事件和過程。」[11]我們非常希望世界由一系列物體組成，像杯子、碗、紙巾盒和電腦等，然後在顯微鏡下有細胞、神經、原

子和分子等。鮑姆強力聲明說這是錯誤的觀點。我們真正有的是「事件」，即發生的現象，還有「過程」，或它們隨著時間發展的方式。它們表面上似乎是有持久本質的物體，但是更為原初的是事件、現象，以及它們的發展。而對於這些，你總是必須考慮到主觀因素的作用。

我想強調，這個世界不是一個混亂的世界。事實上，這是一個有秩序的宇宙。人們認為「噢，天哪，夾在量子物理和相對論之間，簡直令人發瘋！」但是為了有一個物理學律則在其中運作的宇宙，愛因斯坦演繹出這些顯然為真的理論。然後我們就在實驗室裡加以研究，結果我們找到了。是的，沒錯，它們果然成立。

這些律則實際上非常美麗，非常和諧，充滿可能性。然而它是和參考架構、觀察者的位置，被探索的事物聯繫在一起的，所以世界是從兩方面不斷產生的現象。

這個觀點意味著什麼？我認為去觀看、尋找事件的單一客觀狀態是錯誤的。正如鮑姆所說，對象現在已經被取代了。認為事件只有單一狀態，而且所有人的看法一致的想法已經不符事實了。我們必須理解和情境脈絡相關聯的變化。

還有一個依賴於觀察者的根本問題。觀察點總是存在。你要嘛有一個真實觀察者，要嘛有一個想像的觀察者為你提供情境脈絡。忘記觀察者則一切皆錯。

現在，我相信另一個重要的事是：我剛才所說的，在每個層次都是成立的。並不是說你到了某個地方，你就闖入了客觀實在，或進入了絕對性。這些有關情境脈絡和關係的思考在所有層次上都有效。

古希臘有一個故事。他們想理解地球的支撐是什麼？他們說

地球必定是在一頭大象的背上，但是當有人問到：「那麼，是什麼支撐著大象呢？」有人回答，支撐著大象的是一隻大海龜。

　　於是，地球在大象的背上，你可以問大象站在什麼地方，答案是站在海龜背上。然後有人問：「海龜站在什麼上面？」這之後的回答是：「海龜的下面是海龜，以下比照。」之後都一樣，更多的海龜，無數的海龜。

達賴喇嘛： 在古典印度傳統中也有類似的創世神話。地球也是由海龜馱在背上。所以，按照這個觀點，地震的發生，是因為海龜在動。

阿瑟・查恩茨： 我說這個故事的原因不是因為它有趣，而是因為我們總是在經驗背後尋找客觀的實在。支持經驗的是什麼？我們總是在尋找不同於經驗的東西來支持經驗。但是，根據愛因斯坦的相對論和量子力學，這不是一個好辦法。

　　事實上，當你看得更深，你會發現是依賴於情境脈絡的關係，引發了現象。它們可能變得越來越細微，越來越微妙，越來越細小，甚至秘不可見。但是，運用更精密的儀器，或者更精緻的知覺，你可以在各個層次上探索這些關係。然後，你發覺的將不再是海龜接著海龜，而是依賴於情境脈絡的經驗的不斷延續。而且，不需要其他任何基礎來支撐。

　　這意味著我們不應該被卡在某個視點上。如果你被卡在穀倉的觀察點，你從你的世界觀來看待一切，你就會捍衛這個真理。但是我們需要不同的觀念，你可以從中學會用別人的觀點和位置來觀察。即使我不是佛教徒，但是佛教哲學很有意思，因為它給我一些以前從沒想到過的思想，一種新的觀察方式、新的理解方式。也許尊者您對物理學或神經科學產生興趣，是因為這些和您成長的背景大不相同，它提供了嶄新的實在觀。我們不再試圖繞

圈圈尋找絕對實在的基礎，而是從各個可能層次研究我們的存在這個大問題。

達賴喇嘛：我們需要一種綜合性的整體觀。

阿瑟・查恩茨：沒錯。您非常熟悉的朋友佛朗西斯科・瓦瑞拉（Francisco Varela, 1946-2001）曾指出，這就是第一人稱－第三人稱的問題，是內在科學和外在科學的問題。現在有些人在以第二人稱探討，以及我們現在如何以不同哲學觀作跨文化對話。我們又如何真正進入他人的世界觀，從而透過想像力和同情心改變這個情境脈絡？

我不必生於西藏才能研究藏傳佛教。您不必到我就讀的大學學習才能理解這些問題。我們能夠教學相長，透過不同的視點觀察以更加臻至共同的理解。

~~~~ 第2章 ~~~~

為什麼月亮跟著我走：觀察和現象的相對性

米歇爾・比特波爾

米歇爾・比特波爾（Michel Bitbol）受過物理學、醫學、哲學的訓練，他的研究強調現象學，或者對主觀經驗的研究。在本章中，米歇爾討論了量子物理學中產生的一些悖論，及它們對我們的實在觀念的哲學意義。他探討了物理學中一些科學理論的基礎問題，追問關於這個世界，有哪些是科學能夠（和無法）告訴我們的。概述了一些典型的觀察以後，他提供了對量子理論傳統解釋之外的想法，包括放棄完整表述（representation）世界的想法，並且解釋了從這個視角我們可以得到什麼。

米歇爾・比特波爾：尊者，我非常高興，也備感榮幸在此與您談論量子力學的哲學問題。這對我也是一個挑戰，因為我知道您知識廣博。

達賴喇嘛：我常說，在量子力學方面我是一個不可救藥的學生。我曾經有一些機會認真聽已故戴維・鮑姆和馮・魏柴克的說明，後來還聽過其他人的講解。當我聽著的時候，好像理解了一些什麼，但是聽完以後卻什麼也沒留下（大笑）。所以我們的對話主持人約翰說的關於懂不懂量子物理學的話，確實是真的。

約翰・杜蘭：我們在這裡都面對挑戰！

米歇爾・比特波爾：我希望我不會把問題弄得更糟糕。……

用關係來替換性質

米歇爾·比特波爾：我們面對的挑戰是要深入量子力學的哲學，從而理解古典物理學與量子物理學之間一些非常重要的差異。

古典物理學假設物體都具有固有存在（intrinsic existence）和一些固有性質，比如質量。但是在量子物理學中，物體具有固有存在，以及性質是物體之粒子所固有的想法，受到了挑戰。雖然一些物理學家仍然非常熱切地固守古典概念，卻遇到了許多困難，有時候他們不得不放棄那些概念。在此，我要批判物體固有存在和固有性質的理念。

為了方便說明，我想舉一個非常簡單的例子，證明放棄固有性質的思想能夠增進我們的理解。這個例子來自於我的早年生活。在我還是孩子時，大概六歲或八歲吧，夜裡在路上騎自行車，在我的右邊，我看到月亮和一排樹。當我騎著車走的時候，奇怪的現象發生了：我看到月亮在跟著我，當我停下來時，月亮也跟著我停了下來。我大為驚訝。我想，我有什麼了不起啊，月亮竟然要跟著我？而月亮好了不起啊，怎麼知道我在幹什麼？我那時就是在思考月亮和我的固有性質，試圖解釋奇怪的現象。

等我稍微長大一些，大概十二歲吧，我開始理解這不是我或月亮的事，而是涉及我和月亮以及樹之間的關係。月亮離我非常遙遠，所以當我移動時，我看月亮的角度變化非常微小，於是產生月亮一直跟著我的印象。相反的，那排樹離我很近，所以產生我移動時它們在後退的印象。一旦我把思路從固有性質轉變為相互關係，這一切解釋便一清二楚。

再舉一個例子，這個例子不是關於我的童年，而是關於天文學。希臘－埃及天文學家托勒密（Claudius Ptolemaeus，約85-

165）說過，太陽和其他行星圍繞著地球轉。現在，在這個觀點中，你怎麼理解行星在星空中的運行呢？您可以從圖中看到火星在一年裡的運行軌跡，它一會兒往左向前運行，然後往右倒退，然後再次往左向前（圖2.1.A）。

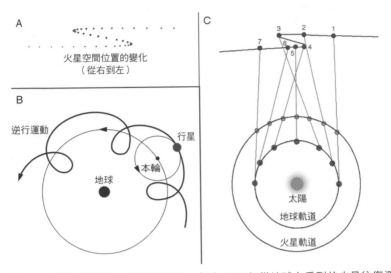

圖2.1 相對性質和固有性質的對比。（A）2005年從地球上看到的火星往復運動的現象（根據大約一週拍攝一次得到的35個圖像合成）。為了解釋這個明顯的「往復」運動，托勒密提出了火星運動的一種複合軌跡，由一組均輪和本輪組成（B）。這個模型（不正確地）假設地球是固定不動的，火星的往復運動模式是火星的固有性質。哥白尼後來提出，地球和火星都在圍繞太陽的軌道上運動，於是把我們從地球上看到的相對視角考慮在內了（C）。圖A由Tunc Tenzel所提供許可使用的圖像修改而成。圖B改自M. L. Watts所撰 "Epicycle and deferent"（https://commons. wikimedia.org/wiki/File:Epicycle_and_deferent.svg）中的圖像。圖C改 自Brian Brondel所 撰 "Retrograde Motion"（https://commons.wikimedia.org/wiki/File:Retrograde_Motion.bjb.svg），根據版權法CC-BY3.0使用。

為了解釋這種奇怪的現象，托勒密把它歸因於火星的一種固有運行方式，它是由兩個循環構成的。照他的說法，火星是繞著

地球沿一個大圓圈運動，在這個大圓圈上有一個小圓圈，他稱之為本輪（epicycle），當火星在本輪上轉時，這個本輪的圓心在大圓圈上轉。於是，你從圖中看到，出現一些封閉的迴路，在星空中就顯現一種奇怪的運行方式，一會兒往前一會兒往後，然後再往前（圖2.1.B）。

但是，當托勒密更深入研究這個問題，他發現，為了要解釋火星在星空中運行方式的諸多細節，他不只需要加一個本輪，而是需要加很多本輪，越加越多。這是一個問題，因為本輪的數量完全是人為的。沒人知道是不是應該，也不知道為什麼，需要十個還是二十個還是兩百個本輪。可見這個解釋沒什麼道理。

然後，十六世紀出現了哥白尼（Nicolaus Copernicus, 1473-1543）。他說，讓我們假設地球和火星都繞著太陽轉；再讓我們假設地球在較小的軌跡上轉得比較快，而火星在較大的軌跡上轉得比較慢（圖2.1，C）。這個假設解釋了火星為什麼看起來一會兒向前一會兒向後。那不是因為火星本身在向後運動，而是因為地球和火星的相互關係使得我們看來它是如此運動。

這是一個非常重要的改變。一旦我們理解了必須從關係的角度而不是用絕對性質來作出某些解釋，科學就走出了極其重要的一步。

關係性和薛丁格的貓

米歇爾・比特波爾：這個想法的歸納，是對量子力學最好的理解。在古典力學中，只有兩個性質被認為是相對於觀察者的：速度和位置，其他一切都是絕對的。而在量子力學中，任何性質都與觀察行為有關，旋轉、角動量、電磁場強度、奇和粲[1]的

特質、能量、粒子數量、速度、位置，所有一切都與觀察行為有關。我們說，一切性質都是可觀察的，即都具有關係性的特性。

回到約翰・杜蘭引用理查・費曼的那句精彩的話：「沒有人真正理解量子力學。」既然費曼是世界上最優秀的物理學家之一，他的話應該認真對待。可是他可能錯了，也許波耳（Niels Bohr, 1885-1962）是對的。波耳說，所有這些量子概念確實看起來很古怪，也許為了將它們轉變得不那麼古怪，我們必須改變我們的理解概念本身。波耳的意思是說，我們要把我們在理解這個世界的想法，變成我們在理解我們和世界的關係的想法。

波耳說：「在偉大的存在戲劇中，我們既是觀眾又是演員。」[2] 我們不能把自己排除在外。我們不能把世界描繪成獨立於我們之外；我們必須理解我們是世界這齣戲中的演員和參與者。維爾納・海森堡（Werner Heisenberg, 1901-1976）也表達過同樣的意思。他說，量子理論給予我們的不是自然的圖像（image），而是我們和自然的關係的圖像。一旦你理解了這一點，之前對量子力學的疑惑一下子就豁然明白了。

當然你可以抱怨說這是一種退步。你可以說：「古典物理學給了我關於世界的完整圖像（picture），而現在量子力學只給了我和世界的關係、我們和世界的集體關係的圖像。我想要更多，我想回到古典物理學時代的美好時光。」很多物理學家也有同感。我得說，連愛因斯坦都抱持相同的想法。他想要發現符合古典理想的更好的理論。

不過，如果接受並且充分利用波耳和海森堡的觀點，我們可以澄清量子力學中很多所謂的悖論。這是我現在想要做的：我要向您證明，如果以我們作為觀察者和微觀環境之間的關係的角度來理解每個量子特性，很多明顯的悖論的似是而非程度就會減

少。

　　第一個例子是薛丁格貓的實驗（圖2.2）。實驗中有一個盒子，盒子裡有一隻貓。盒子裡還有一個放射性物質的原子，在下一個小時裡它有百分之五十的機率產生裂變（disintegrating）。按照量子力學的奇怪規則，我們說在這期間存在著疊加：原子是處於裂變和不裂變的疊加狀態。就像阿瑟的解釋，這兩種狀態同時存在。原子是以裂變和不裂變兩種狀態存在著。

　　如果放射性原子發生了裂變，有一個放射性計數器能探測到裂變，然後向一台電腦發送一個訊號。電腦控制著一個錘子，如果探測器測到了裂變，錘子就會落到一個瓶子上，瓶子被打破。瓶子裡裝著毒氣，一旦瓶子破了，毒氣洩漏，貓就會被毒死。

　　這時問題來了，就是著名的薛丁格的貓的問題。我說過放

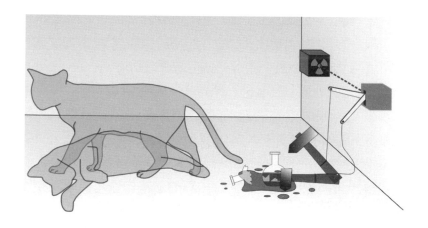

圖2.2　在所謂薛丁格的貓的思想實驗中，因為沒有觀察者，放射性原子處於疊加狀態，既是衰變的，也是沒有衰變的。由於事件鏈的作用，這就意味著貓也處於疊加狀態，既是死的，也是活的。圖片來源：Dhatfield的 "Schrödinger's cat"，（https://commons.wikimedia.org/wiki/File:Schrodingers_cat.svg），根據版權法CC-BY-SA3.0使用。

射性物質是處於一半可能裂變和一半不裂變的疊加狀態。觀察這一事件鏈，貓必定是一半死了一半沒死，因為如果放射性物質裂變，貓就死了，如果沒裂變，貓仍然活著。那麼，根據量子力學，貓應該是在疊加狀態，半死半活！

但是這很荒謬，因為當你打開盒子往裡面看時，你看到的將是一隻死貓，或是活貓。你能夠接受放射性物質的狀態，卻不能接受同樣的狀態在一隻貓身上發生。你怎麼能接受貓是半死半活的呢？這就是薛丁格的貓的悖論。

約翰‧杜蘭：也許我們應該補充說明一下，實驗過程並未涉及虐待動物的問題；這只是一個思想實驗。

米歇爾‧比特波爾：是的。幸運的是，這是一個思想實驗。薛丁格在真實生活中養貓而且喜歡貓。

現在我們處於糟糕的悖論之中，或者有嗎？一方面，我們預測在薛丁格的裝置中，「原子+貓」系統是處於一種疊加狀態，也就是說，貓的狀態是半死半活。另一方面，當你打開盒子時，發現貓是活的或死了的狀態。所以矛盾產生了：貓的狀態是半死半活，或者是活的或死的。

這裡真的有矛盾嗎？我要說明，如果不把「狀態」這個詞當作物理系統的固有特性，那麼前述兩句話並不矛盾。如果你理解這兩句陳述是我們關於貓的狀態的訊息表達，是我們和貓之間的認知關係的表達，那麼這兩句陳述就沒有矛盾。在前一種情況下，我們所具有的關於貓的訊息是不完備的，我們是在實驗前得到了這些訊息。在另一種情況下，我們所具有的貓的訊息是完備的，因為我們已經打開了盒子，我們看到了實驗結束後盒子裡的情況。

然後我們就必須接受，所謂量子狀態表達的不是貓的狀態，

而是表達了我們和貓之間關係的訊息狀態。前述兩種陳述之間並沒有矛盾，而是在我們打開盒子看到結果時，我們跟貓的關係改變了。

這個例子中唯一難以理解的是，正如阿瑟所指出的，這不是純粹無知的問題。在我們打開盒子之前，沒有一個洞察一切的人可以說，事實上貓是死的，或者說事實上貓還活著。在觀察者－參與者立場之外，並沒有客觀判斷存在的可能性。

所以，我們能有的只是我們和事物的關係，並沒有所謂待「發現」的絕對性質。一旦你瞭解這一點，你就能理解我們在此面對著兩種不同的關係：一種是相對不確定性，另一種是相對確定性。絕對不確定性或絕對確定性並不存在。

達賴喇嘛： 我們的太陽已經存在五十億年了，那個時候並沒有觀察者。

米歇爾·比特波爾： 沒錯，確實如此。但是，尊者，是誰說太陽有五十億年了？是科學根據現在的觀察者的研究而這麼說的。

達賴喇嘛： 那麼我們就沒有標準可區分真實知識和錯以為是知識的構成要素了。

米歇爾·比特波爾： 這是一個很精彩的質疑。但是，什麼是真理？

達賴喇嘛： 這麼說來，就不需要教育，也不用做這類研究了。（笑）

米歇爾·比特波爾： 事實上，做這類研究的我們必須是受過高等教育的觀察者，受過訓練的觀察者，懂得在堅實標準基礎上尋找共識。當我說桌上有一副眼鏡，晉巴說是的，是有一副眼鏡，克里斯多夫說是的，是有一副眼鏡，如此等，那麼我們就感到可以說這裡肯定有一副眼鏡。這就是主觀之間的一致。

可是，這並不是說眼鏡有某種固有的存在；我們只是需要受過教育的觀測者們對我們與眼鏡之間的關係有一致意見。如果我們都同意這種關係，那麼我們就有了主觀之間的真理，主觀之間的知識。物理學是一種令人驚奇、有效的工具，它能產生大家都能觀察、大家都能同意的效果。

因此，我們並不需要絕對的立場。我們不需要西方哲學中所謂「上帝之眼」的觀念。

達賴喇嘛：你的思路似乎和佛教研究這些問題的方法很合拍。例如，構成存在的要素的定義是知識所能辨識之物。

可是，我們需要理解這並不表示，如果一個人看著一副眼鏡，然後他把視線轉移開，這副眼鏡就不再存在了。所以，我們也需要找到一種方式避免這種結果發生。

米歇爾・比特波爾：是的，當然。古典物理的對象的行為方式都是連續的、可預測的，沒有什麼東西能阻止我們說，當我們走出房間眼鏡仍然在那裡。但是微觀的對象，如電子、光子等，情況就不是如此了。

達賴喇嘛：沒錯。

米歇爾・比特波爾：微觀的對象的行為方式就不同了，我們無法聲稱，當我們沒觀察時，什麼變化也沒發生。當我們沒觀察時，非常不同尋常的事情發生了，例如，發生了疊加效應。而當我們觀察時，疊加狀態崩潰了。

現象的呈現

米歇爾・比特波爾：現在我來談談波粒二象性的問題，這是愛因斯坦發現的。阿瑟在講到光表現得既像波又像粒子時，討論過波

粒二象性。當愛因斯坦發現這個現象時，極為困惑，因為這似乎是不可能的，但是卻真實存在。我們得到了兩個互相矛盾的過程，然而它們同時存在：一個是波，它在空間延伸；另一個是粒子，它是一個點。

波粒二象性的概念可以用著名的「雙縫」實驗來證明（圖 2.3）。在實驗中，向一道堅實的板子發射電子，板子上開有兩道縫。板子的另一邊是一個探測螢幕，能夠顯示電子撞擊螢幕的位置。

在實驗開始前，人們可以預測電子撞擊螢幕的模式。一方面，如果電子是堅實的粒子，它們將穿過雙縫中的一個，打在探測螢幕上，一次打擊一個地方，於是在雙縫對面形成兩個電子撞擊的區域（圖 2.3，A）。另一方面，如果電子是波，它們就會同時越過雙縫。在這種情況下，從雙縫出來的兩個波就會互相干涉，從而形成所謂干涉或衍射條紋（圖 2.3，B）。

可是，當實驗真的進行時，結果令人驚奇，而且是矛盾的。電子穿過雙縫以後，在探測螢幕上形成的模式既是粒子形式的，也是波形式的（圖 2.3，C）。也就是說，它們撞擊目標，每次都在特定的區域，就像粒子那樣，但是它們也形成干涉條紋，就像波一樣。干涉條紋只能在電子一次穿過兩個縫的時候才能形成。

於是，物理學家們得出結論，儘管這結論看起來很古怪，電子的運動既像波又像粒子（圖 2.3，D），這就是所謂波粒二象性。米歇爾卻對此提出反駁，他主張電子既不是波也不是粒子。

米歇爾·比特波爾：微觀的對象的固有特性既是波又是粒子，是真的嗎？如果我們假設不是這樣，量子力學才能獲得充分的理解。事實上，我將說明，它們既不是波也不是粒子。

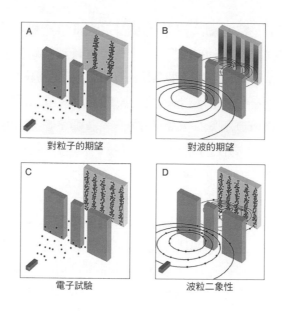

圖2.3　雙縫實驗的期望結果和實際結果。根據 Randall Mills
提供的圖片修改。

　　例如，當我們看到干涉或衍射模式時，我們就斷定存在著
波，因為通常波會產生這種模式（例如，圖2.3，B）。波會產生
衍射或干涉條紋，但是，相反的，任何衍射和干涉的出現是否就
意味著波的確存在呢？根據邏輯，並非如此。如果A需要B，並
不一定意味著B必然會需要A[3]。如果沒有別的解釋可說明衍射和
干涉的存在，那麼衍射和干涉將證明波的存在，但是事實並非如
此。有些物理學家發現了其他的解釋，可說明在沒有波的情況下
可以得到干涉或衍射模式。

　　粒子的情形也一樣。在氣泡室實驗中，我們在一個盒子裡充
滿不穩定的液體，當帶電物體穿過液體，液體就會沸騰而產生大
量小氣泡。於是我們可以看到帶電物體穿過氣泡室的軌跡。這是

不是就證明了在特定範圍裡存在著固定的細小物體叫做粒子，氣泡室的痕跡就是它的軌跡？不見得。因為有其他解釋可說明，即使沒有具有固定軌跡的細小物體也可以產生這個痕跡。

這說明了這些實驗都不能證明波或粒子存在。因此，我們對微觀世界其實一無所知。真的有粒子或波嗎？還是什麼也沒有？我們不知道。於是我們就得回頭問我們自己，我們究竟知道什麼？我們只知道一件事：那裡有現象。螢幕上有光點，計數器發出了聲響，這些都是現象。

然後，從現象的呈現，我們運用推理。幾年前，兩位法國物理學家讓－路易士・德圖什（Jean-Louis Destouches）和波萊特・德圖什－弗維利爾（Paulette Destouches-Février）發展了一個定理，在現象的相關測定背景理解現象時，就可預測現象如波一般的分佈。換言之，如果你同意這些現象只能是關係性的，是從測定儀器和微觀世界之間的關係中產生的，那麼你就會自然接受這些現象是波狀分佈，呈現出波的外觀。但是，只是外觀而已，這是要點。

這和波耳的想法不謀而合：波和粒子並不是固有存在，微觀的物體沒有固有的性質，有的只是相對於測定工具的外觀呈現。有些測定工具能得出如波一樣的效應，另一些工具則得出如粒子一樣的效應。

達賴喇嘛：單個的光子是粒子，但是將它們透過設備輸送出去，它們的聚合結果呈現波的模式，這種可能性怎麼排除呢？

米歇爾・比特波爾：「聚合」是指很多個光子嗎？

達賴喇嘛：是的，很多光子一起。實際上，這是一個光子的連續，一個不斷變化的光子。位置改變，於是光子的本質也確實改變了。那麼能不能說，在一個非常不連續的時間點上它表現得像

一個粒子，但是若連續地看，它可能表現得像波？你怎麼排除這種可能性？

米歇爾‧比特波爾：是的，有可能。但是實際上即使從完全孤立於其他一切的一個光子，也可以觀察到干涉效應，所以它不是聚合效應。

達賴喇嘛：那怎麼看待單個光子在連續時間中的表現這個想法？

米歇爾‧比特波爾：您是說單個光子有時候變成一個粒子，有時候變成一個波嗎？

達賴喇嘛：它在運動。所以在一個特定的時間段，它可能是一個粒子；但是波意味著運動，粒子本身在變化，所以，它是在運動。

米歇爾‧比特波爾：有一個模式似乎符合您的描述，叫做導波理論（guiding-wave theory），是由德波羅意（Louis de Broglie, 1892-1987）和鮑姆提出的。鮑姆認為，有一個粒子，它由一個具有波的性質的場引導著。他用這個理論能解釋很多類似量子力學的東西。所以，這個模型符合您所說的一些層面，並且得到了驗證。

這點很重要，因為當您提出一個想法，您必須針對量子理論預言的所有事實來檢驗。符合您剛才所說並且針對量子理論而得到檢驗的唯一理論是鮑姆的導波理論。但是它局限於「古典的」量子力學，即非相對論的量子力學。一旦您進入更為複雜的效應，如量子色動力學，它就不再有效了。正因如此，導波理論被放棄，或者至少是只限於不全面的情況。

這也是為什麼我認為在微觀世界沒有固有的性質，或固有的本質。這個想法更具有全面性，而且符合目前從量子力學到量子色動力學的所有知識模型。

彩虹的存在模式

米歇爾·比特波爾：阿瑟已經非常精彩地說明了量子粒子是不可區分的理論。這是一種奇怪的理論。兩個堅實的物體怎麼可能互相穿透，或多或少地消失於對方之中，又忽然重新出現，好像它們暫時失去了自己？堅實的物體具有這種性質好像很奇怪。

也或許並沒有堅實的物體。薛丁格就持這樣的想法。他說，在老舊單純的意義上，粒子是不存在的。現代物理學家，如「退相干」理論專家朱斯（Georg Joos），就是這麼主張。這是解釋奇怪的不可區分行為的一種方式。

但是，也許它們只是在絕對意義上是不存在的。它們一定有某種存在模式，因為我們可以看到它們，計數器可以測定它們，所以在某種意義上它們一定存在。

如果它們沒有絕對的存在，那麼它們有什麼樣的存在模式呢？我的兩位教授，讓－馬克·列維－勒博朗（Jean-Marc Lévy-Leblond）和伯納德·德艾斯帕那（Bernard d'Espagnat），分別得出了同樣的結論。他們說，粒子有彩虹的存在模式，不是堅實的東西，而是如彩虹一般。

彩虹的存在模式是什麼？它是關係性的存在模式。為了製造彩虹，你需要三樣東西：太陽、水滴、一個觀察者。沒有觀察者，就沒有彩虹。光子到處都有，但是如果沒有觀察者或照相機，就不會有那道神奇的彩虹。你需要這三樣東西之間的關係。同樣的，粒子只是關係性現象的產物，是勢場（field of potentialities）和探測儀之間關係的副產品。

佛教文獻經常以彩虹為例說明緣起和性空概念。例如，西藏高僧

敦珠林巴（Düdjom Lingpa）在他的論著《大圓滿之見》（*Visions of the Great Perfection*）中探討了彩虹為何在我們看來是在空中獨立存在著。而事實上，彩虹沒有固有的存在；就像米歇爾指出的，彩虹是依賴於原因和條件才呈現的。「當彩虹出現時，即使它是在空中，看起來似乎和天空是分開的，雖然彩虹離開了天空就不存在。這樣的顯現依賴於由原因與條件聚合決定的相關事件。就因而言，清明的天空可以顯示任何呈現的東西，就是因。就條件而言，陽光、雲彩和雨後濕度的聚合就是條件。當因和條件結合，依賴於這個因與條件的彩虹就出現了，儘管它並不存在。」[4] 可是，請注意，這段文字並沒有提到需要一個觀察者。

討論：冷的現象

米歇爾・比特波爾：我可以為你示範一個說明這種關係性存在概念的精彩實驗，叫做林德勒粒子（Rindler particles）實驗。這個實驗中有個盒子，你把盒子裡所有的空氣都抽出，直到裡面完全是空的，然後在裡面放一個計數儀以驗證是空的。裡面沒有空氣、光子、任何東西。盒子裡一團漆黑，空無一物。

達賴喇嘛：你能完全把光子都拿走？

米歇爾・比特波爾：你可以透過將一切降溫變冷做到。你消除了能量，而沒有能量就沒有光子。

達賴喇嘛：可是，即便是低溫也有一些物質性質。

米歇爾・比特波爾：是的，不過當你的盒子裡沒有空氣、完全不透光，溫度是攝氏零下273度，即絕對零度的時候……

達賴喇嘛：但是，冷本身仍然是一種現象。那裡面一定有某種物質存在。

米歇爾‧比特波爾：那只是否定意義上的一種現象。

達賴喇嘛：但那是一種現象，冷。它有一些特性。

約翰‧杜蘭：冷不是自身存在的一種東西，冷只是缺乏熱量。因此，在攝氏零下273度時，沒有熱量。這是可能有的最冷狀態，而不是說存在著一種所謂冷的事物。那只是完全沒有熱量而已。

達賴喇嘛：所以你會說空間也是同一種現象？就是一種沒有妨礙的性質？

米歇爾‧比特波爾：在某種意義上您可以這麼說，是的。讓我們假設您確實讓所有一切都冷了下來。那裡沒有任何東西，沒有空氣、光子，盒子裡的探測儀加以證實了。計數儀沒有任何聲響，這是一種現象——計數儀沒有聲響。

達賴喇嘛：讓我們拋開這個實驗盒子。在宇宙、在外太空，也有一些地方是極端的冷，所以那是一種真實的現象。

米歇爾‧比特波爾：完全正確。

達賴喇嘛：所以，如果說空間的冷是一種現象，為什麼我們不能說某個盒子裡的冷也是一種現象？那有什麼不同？外太空的冷和盒子裡的冷之間有什麼明確的不同嗎？

米歇爾‧比特波爾：我們承認，宇宙的冷遠離地球，遠離太陽，冷是存在的。它怎麼成為一種現象？當你能夠測定某些分子的速度時，它就成為一種現象了。即使那裡每立方米只有一個分子，你也可以測定它的速度，看到它移動得不可思議地慢。這說明那裡很冷，這是一種現象。

　　如果那裡沒有分子，那就難辦了。不過，你還有另一個判斷標準。這判斷標準就是沒有光子，或者只有那種波長極長的光子，幾乎沒有什麼能量，就像根本沒有光子一樣。那麼這也有了一種現象。那裡只有極低的能量，幾乎沒有光線，探測儀探測不

到任何東西，您可以說這意味著那裡非常冷。所以，分子沒有速度，光子沒有能量，意味著存在冷的現象。但是，這是因為探測儀探測不到任何東西，所以說那是一種現象。

達賴喇嘛：沒有任何事物，沒有空間，什麼也沒有。沒有熱源。

阿瑟‧查恩茨：沒有熱源。

達賴喇嘛：所以那必定是冷的。

阿瑟‧查恩茨：但那是一種經驗的冷。您現在是想要冷的現象。

達賴喇嘛：在大爆炸以前，沒有能量，所以那裡沒有熱。那裡空無一物，沒有熱源，所以必定是冷的。然後，在這樣的狀態下，大爆炸怎麼會發生呢？大爆炸從空無中發生？不可能。那裡必定有某種源頭或物質或粒子，能夠產生巨大的能量。那裡必定有某些東西。

阿瑟‧查恩茨：尊者，那叫做量子真空（quantum vacuum）。

達賴喇嘛：那裡是冷的，但是有某些東西存在。

米歇爾‧比特波爾：事實上，這就是我想說的。我們繼續談談那個盒子。

約翰‧杜蘭：唉呀，這個盒子還有什麼可談的？（笑）

米歇爾‧比特波爾：談盒子比談宇宙容易。盒子比較小，我可以操縱。宇宙對我來說太大了。

您現在有一個空盒子，它已經冷卻到探測儀探測不到任何東西的狀態。

達賴喇嘛：但是探測儀是探測某個非常特定的東西，而不是在探測所有的東西。

米歇爾‧比特波爾：您可以增加很多探測儀，專門探測分子或光子或所有東西，它們都沒有探測到任何東西。這是事實上有過的，是一個實驗，是可能執行的實驗。

現在，假設我們將探測儀加速。加速後，突然它們開始發出喀拉、喀拉的計數聲。它們突然在我們原先以為的真空中探測到了某種東西！這說明盒子內部不是完全真空，或者說這個真空不是完全空無一物的狀態。事實上，這意味著，相對於探測儀的某種狀態，這個顯然的真空具有被探測的潛能。所以說那裡面空無一物是不對的。

達賴喇嘛：好。先前你說過，沒有什麼絕對存在的東西，現在你開始談論相對性的存在。很好，這更平衡，更有相對性。

米歇爾・比特波爾：正如阿瑟說過的，這是所謂的量子真空。但是，如之前所說的，不能認為有某種絕對存在的東西。應該思考的是量子真空和其他東西相關的可能性，因為如果不是相關，什麼也不會發生。您必須具有某些關係。比如說，您必須有某些緣起出現[5]。如果沒有，就不會發生。量子空間等待著某種東西，它等待著啟動以產生「粒子」，同樣的，就像空氣，一旦太陽和水珠存在，空氣就在等待一個觀察者或一台照相機來產生一道彩虹。

量子不確定性：干擾飛行中的電子

米歇爾・比特波爾：我知道您在為量子不確定性（quantum indeterminism）而困惑，即無原因事件這一想法。

達賴喇嘛：完全不存在原因的想法很難理解。也許只是不存在我們用一般的認知能力觀察得到的原因。

米歇爾・比特波爾：絕對正確。我事實上在很大程度上同意您的說法。我可以向您證明，我們從當今所知最好的科學觀點出發，能夠接受您的想法。先讓我來解釋一下，沒有原因的事件的想法

是怎麼進入當代物理學的。那是來自於一種思想實驗。

　　您有一個從電子槍發射的電子，您假設這個電子沿著某個路徑運動，您想知道它的位置（圖2.4）。為了要知道電子的位置，您必須向它送出一個光子。當光子碰到電子，您從一個探測儀得知了這個碰撞，您知道了光子的位置，於是根據推論，您得知了電子的位置。

　　不過，當您讓光子碰撞電子時，就會干擾電子的運動軌道。所以，如果您稍後送出另一個光子，它會在完全不可預測的某個地方碰到電子。第一個光子撞上了電子而把它撞到某個地方了。

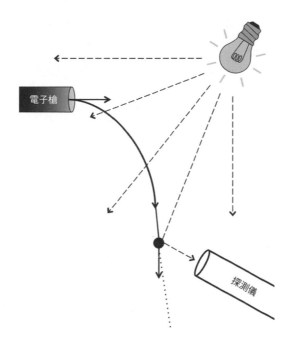

圖2.4　如果向空中發射一個電子，它會沿著一個確定軌跡運動。可是，為了瞭解軌跡，你必須用一個光子（光）來打斷這個電子的路徑，電子的位置才能測量出來。

詭譎的問題是，這種干擾是不可控制的。沒有人能夠知道干擾的結果。即使透過計算也無法重新構造其軌跡。而在古典力學中則可以計算得出來。

這種情況產生了兩個可能的後果。一個後果是因果律的消失，或者更準確地說，是因果律原理不再適用。海森堡得出了因果律不再適用於量子力學的理論。為什麼？因為因果律就是當你知道一個粒子前一瞬間的位置時，就能計算出它後一瞬間的位置。粒子在前一瞬間的位置是其後一瞬間位置的原因。但是由於干擾問題，您不知道粒子前一瞬間的位置，就麻煩了。所以，如果我們嚴格遵從海森堡的推理，問題並不在於根本不存在因果律；而是由於缺乏粒子初始狀態的知識，所以您無法應用因果律。這就是海森堡的觀點，所謂的海森堡不確定性原理（或測不準原理）。根據這個原理，並不是說您必須拋棄事件必有原因的想法，而只是必須放棄運用因果律以預測結果的想法。

第二個後果是波耳提出的。當您觀察送向電子的一個光子時，光子和電子發生碰撞。您試圖想像電子具有自身的軌跡而光子干擾了這個軌跡。但是波耳指出，我們無法知道電子在這兩次觀察之間有一個軌跡。也許它有，也許它沒有；我們唯一知道的東西是可觀察到的現象。

我們在我們的探測儀上捕捉到了光子，並且認為這就是電子所在的地方。在兩次觀察之間，它經歷了什麼？沒人知道，而且問這個問題可能毫無意義。也許，與其說光子干擾了電子，不如說，不可能讓對象（電子）擺脫觀察動作（用一個光子）的糾纏。

所以，波耳主張，觀察動作是不可分割的整體，是一種無法分成兩個部分的關係，即無法分為對象的固有性質和測量設備的

固有性質兩部分。相反的，這是單一的整體，是一種關係，是現象從互動中產生的依賴性。

所以，您現在能看到，在量子特性的不確定性和它們與實驗情境脈絡的相對性之間，有一種深刻的關聯。這是非常關鍵的，相對性與不確定性的相互關聯。

這是不是就意味著沒有原因？不。這是意味著沒有絕對的、固有的原因。海森堡的朋友德國哲學家赫爾曼（Grete Hermann）說，在微觀物理學中，原因是相對於某一事件的觀察而言的。所以說並不是沒有原因，而應該說沒有絕對原因，沒有固有存在的原因。但是有相對於觀察現象的動作的原因，所以無法在觀察之前預先用這個原因來預測現象。現象不是無因的，它們是由一整套因素造成的，包括啟動它們發生的測量裝置。

達賴喇嘛：這個理論和佛教中觀（Madhyamaka）哲學相當一致。當我們尋找外在實在的一個對象時，我們可以觀察到對象之間共有的現象，但是如果試圖尋找對象存在所依據的本質，那麼就會碰到問題。終極層次的存在只能藉由這類關係才能理解。

以中觀哲學的語言，我們說事物的存在只能在跟我們的概念化和命名的關係中才得以理解。在此之外，談論獨立存在是沒有意義的。

同時，我之前提過，我們也要避免極端的結論：如果你沒觀察，事物就不存在，或者說如果沒人給它一個標籤，那東西就不存在。

阿瑟・查恩茨：尊者，這正是我們極力想要表達的觀點。物理學的危險之一是人們相信有一個物質的宇宙，它排除任何可能的靈性上的努力，認為您在此地所做的工作沒有實際或事實的依據。而且，物理學或科學在某種程度上，使得和靈性相契合的哲學主

張無法確立。

　　但是，至少在米歇爾和我看來，物理學和科學是更為開放的。我們在科學中研究的實在是現象，而這些現象總是處於和觀察者，和那些認知並給予概念化命名的人的關係之中。即使是在物理學最精細的計算和理解中也是如此。米歇爾和我理解這些現象的方式，意味著一種開放性，至少，是向著靈性哲學的追求開放的。那些不瞭解物理學微妙的人有時候覺察到的危險是，物理學必定導向唯物主義，而唯物主義排斥靈性傳統。

　　但是科學本身，即使是科學中最唯物的物理學，實際上並未導向這個結論。這就是這些小心翼翼的論證對米歇爾和我及其他人如此重要的原因。前面所講述的是，物理學是一門關係本體論（ontology），所謂的真實存在，源自於一整套關係架構，而當你試圖尋找絕對性時，它就消失了。

　　這並不是說，不存在某種方式，根據這種方式，相對而言，我們生活在一個世界中，在這個世界運作，我們可以在這個世界中從事科學，可以有知識等，但是我們必須非常小心，不要把這種情境脈絡下的真實東西看成絕對真理。

達賴喇嘛：關係本體論的思想的確非常真確。你稱之為「靈性哲學」，如果你瞭解佛教四聖諦[6]的內容，那最後兩項聖諦就更屬於靈性的範疇。

　　但是如果你注意到前面兩項，即苦諦和集諦（苦的起源），特別是如果從佛教論述中世俗諦和勝義諦的觀點來看，那麼這兩項在某種意義上又是世俗的。它們在靈性修行的意義上不是靈性的而其實是對實在的探究。佛教是對實在的一種理解，我們把修行當作糾正我們愚昧無知的反作用力。

科學對實在到底能說些什麼？

米歇爾·比特波爾： 我想討論一下到現在為止我所說的一些結論。其中一個結論對於一些西方科學家而言，是相當奇怪並且難以接受的。通常，當科學家有了一個物理學理論，他們就想發展出一個與其理論相符的世界觀。他們不滿足於一個有效、能讓他們做出預測和發展科技的理論。他們還要有一個世界圖像。愛因斯坦就是大膽的科學家之一，他夢想著一個根據物理理論建立的世界宏圖。

但是，問題出在量子物理學製造了一些障礙。至今為止，沒有一個世界觀和量子力學相一致，而又能被所有的人接受。目前和量子力學相符的所有世界觀都含有悖論和為難之處。因此，我的建議是，也許我們不得不接受一個無法提供世界觀的物理學理論。

在我提出這個建議之前，我想回到更基本的問題：科學到底是什麼？科學的目的是什麼？有一個觀點是，科學的目標是提供我們一個有關自然的可信圖像，科學就像自然的鏡子一樣。這個概念有兩個版本。第一個是科學現實主義，認為科學理論就是實在本身的可信呈現。這是西方科學家們的終極夢想：他們想要一個實在圖像，一如實在本身如實存在。

第二個觀點較為謙虛。它認為，是的，科學理論是一個世界圖像，但不是隱蔽世界的圖像。科學理論是顯現出來的、可見的、經驗世界的圖像。經驗主義者說，好的科學理論只是觀察得到的現象的忠實摘要，僅此而已。

與此相反的觀點認為，科學提供的不是自然圖像，而是我們心智的投射。我們不是在我們的網裡捕捉自然，而是我們把我們

的概念、觀點附加到我們對自然的想像上。康德通常被視為西方哲學中這種思想的提倡者，但是他的想法實際上更加微妙。

但是還有另一個可能性，我在這裡稱之為中間道路。根據這個觀點，科學理論不是自然圖像，也不只是我們心智的附加。而是我們和自然之間互動的副產品，是我們和自然之間相互作用的一種表達。

佛朗西斯科・瓦瑞拉發展出所謂「生成」（enaction）的觀點。這是他了不起的著作《體現的心智》[7]（*The Embodied Mind*）的主題。根據他的想法，我們無法單靠自己獨自確立作為科學基礎的世界觀，不能在自然中建立，也不能在我們的心智中建立。這想法是從佛教思想中借來的：認知者和被認知者的緣起。

科學就是相互作用。科學可以提供我們方法，讓我們可以在世界恰當而有效的行動，以一種非常有力的方式和世界產生關聯，但是僅此而已。就此而言，科學理論只是一個我們用來在世界重新定位，以及讓我們與世界的關係以對我們最有益的模式展開的工具。

物理理論及其詮釋

米歇爾・比特波爾： 現在，基本問題的另一部分：物理學理論是什麼？換言之，一個有關物質的科學理論是什麼？在西方思想史上，關於物理學理論是什麼，至少有四個概念。最古老的概念是亞里斯多德在西元前330年發展出來的。他說，物理學理論是一切現象之第一因的陳述，意思是說，你不能超過這個陳述。這和佛教很不一樣，佛教認為你總是可以發現另一個原因是原因的原因，因此無窮無盡。根據亞里斯多德的說法，一切都有第一因，

此乃定論。而物理學應該尋找第一因。他說，物理學也意味著，要發現事物的根本性質，即事物最固有的性質。

這個理論在整個中世紀被大家所接受，但是最終人們開始看到其中有些東西是人為的。例如，當某人想要解釋鴉片的安眠作用時，他說：「鴉片有一種催眠的本質。」好像鴉片引發的睡眠是其物質內部的一部分一樣。

但是後來，在1600年代，法國哲學家笛卡兒（René Descartes, 1596-1650）等人指出，這個結論完全是人為的，為了清楚地理解自然，你必須藉由機械互動，如物體的互相碰撞，來解釋所有的事情。你必須用第一性質，如空間特性、延展性、速度等解釋所有事情。即使是神秘的性質，例如鴉片的催眠能力，也必須用粒子運動的觀點解釋。笛卡兒稱之為機械論解釋。

和解釋其他很多東西一樣，笛卡兒想用粒子互相碰撞的方式解釋重力。他說，重力的來源是：空中存在著細微物質的渦旋，而細微物質的壓力把物體推向地球，此即重力。

然後出現了牛頓（Isaac Newton, 1643-1727）。牛頓在用數學描述現象方面遠比笛卡兒進步。他的數學定律在預測一切事物時，效果令人讚嘆。你可以預測行星在幾百年甚至幾千年中的所有運動，而且預測精確。但是他沒有重力機制的解釋，只有重力的數學定律。這是某種退步。以前，在笛卡兒時代，對重力有一種嘗試性的解釋，但是，到了牛頓時代，反而沒有解釋了。但是我們有了一個好很多的描述性、預測性的數學理論。

即使是更近的時代，在二十世紀，照波耳的說法，物理學理論甚至不是現象在自然中發生時的描述。它只是實驗室裡預測實驗事件結果，以及開發技術的數學工具罷了。

所以，在歷史的進程中，你看到理論範圍逐漸消退，但是其

效果卻逐漸增加。非常有意思，理論越有效用，越無法幫助我們理解世界本身！

現在我要談談詮釋問題。人們經常說，雖然量子力學理論完美有效，但是對它的詮釋是個問題。那麼在理論和它的詮釋之間，到底有什麼不同？

物理學理論基本上是一種數學架構，用以描述或預測現象。它是由與變數有關的定律構成的。什麼是變數？變數是一項（潛在或實際的）測量值。例如，你可以測定長度，或者你可以測定速度，所測得的長度值或速度值就是變數。

我剛說過，物理學理論是由有關變數的定律組成。古典力學就是這種類型的理論。如果你測出了這個物體在初始時間 T_0 的位置是 P_0、速度是 V_0，然後在一定的條件下你就可以算出在時間 T_x 的位置和速度。

例如，想像我從一個塔頂拋出一個球。如果我用每秒兩公尺的水平速度拋出，它迅速地落向地面，由於重力作用，得到的是指向地面的垂直速度。你可以用牛頓的理論預測這個事實。如果我拋出球的速度更快，使得它有了更高的水平速度，它在落到地面之前會飛得更遠。但是，如果我將球拋得足夠快，給它足夠的水平速度（每秒八千公尺），它就會進入繞地球的軌道。牛頓的理論可以預測這一點，並且描述出這個球環繞地球飛行的軌跡。這就是為什麼理論如此有力、有效的原因。

現在，讓我越過計算。有沒有另外一種世界觀符合這種描述性的數學工具，使得你可以從另一個速度和位置值來預測這個速度和位置值？

事實上，有幾個世界觀符合這個理論。根據牛頓的觀點，世界是由互相吸引的物質體組成的，物質體具有質量、速度和位

置。但是還有另一種完全不同的世界觀，它在十九世紀形成，這個理論說世界不是由物質體組成的。它主張世界只由能量組成，有時候能量會匯集產生物質體的外觀。這較晚的理論是由威廉‧奧斯特瓦爾德（Wilhelm Ostwald）和皮埃爾‧迪昂（Pierre Duhem）等科學家建立起來的。

這是互相衝突的世界觀的兩個實例，但是它們都符合牛頓理論的數學架構。可見，在只是一套數學定律的物理學理論和作為世界觀的理論詮釋之間，是有差別的。可以有很多世界觀符合同一個數學架構。這是古典物理學中的情況。這些世界觀中每一個都完美地符合數學定律，但是問題出在世界觀有很多個。為什麼有很多個而不是只有一個？既然我們所提供的最佳理論也沒有一個確定對應正確的標準，我們怎麼確定哪個理論對應著實在？

量子理論和 Ψ 函數

米歇爾‧比特波爾：現在，什麼是量子理論？我認為事實上量子理論是簡單而容易理解的。也許這就說明我不懂量子力學，不過沒問題，我接受這點。

量子理論是以某種機率預測測量結果的數學方案。例如，在量子理論中有一個符號非常有名，就是 Ψ（psi）。

這個符號 Ψ 主要用於一個目的：計算一個事件的機率。你一旦有了初始函數 Ψ，這個函數 Ψ 就可以讓你計算出在時間零的測量機率。但是你也需要一個方程式來給你同樣的預測，不過不是時間零，而是後來的時刻。這稱為薛丁格方程式（圖2.5）。薛丁格方程式修正了 Ψ 函數，將其變成另一個函數，這個函數能讓你計算稍後時間（T）的測定現象的機率。這就是我們所知的量

子力學的一切。一切都在裡面。我只是免去了裡面的數學部分。

達賴喇嘛：實際上你是簡化了它還是把它弄得更難懂？（笑）

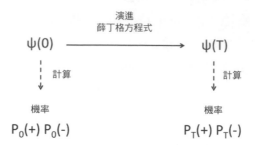

圖 2.5　psi 函數在量子理論中用來計算一個事件在零時刻的機率。psi 是一個波函數，而薛丁格方程式則決定了波函數隨著時間如何演變。利用薛丁格方程式，這個事件在後來的任一時刻（T）的機率就可以預測出來。

米歇爾・比特波爾：抱歉⋯⋯

達賴喇嘛：沒關係。

米歇爾・比特波爾：我盡力把它弄簡單，但是它當然很難懂。

土登晉巴：按照你的觀點，量子理論實質上就是這個方程式。

米歇爾・比特波爾：是的，正是這樣。Ψ 函數使你能夠計算機率，而薛丁格方程式決定了 Ψ 函數的演化，使你不僅可以計算時間零的機率，而且可以計算後來時刻的機率。就是這樣，量子理論裡沒有別的東西。

土登晉巴：所以你的意見是，量子理論使得預測機率結果成為可能，不僅是在特定時刻的機率，而且是在以後時刻的機率。

米歇爾・比特波爾：這就是為什麼它是預測性的。它使我們能夠預測未來測量的結果。

土登晉巴：但預測只是在機率意義上？

米歇爾・比特波爾：是的，只是機率性的預測。這是量子力學的

數學架構能做的事。現在，你想要一個符合這個架構的世界觀，讓這個架構有血有肉。你想問：這個函數 Ψ 到底是什麼？它是什麼，它代表什麼？它是實在嗎？它不是實在嗎？它僅僅是一個能讓我們計算機率的符號？計算出來的是什麼東西的機率？這是問題所在。

這個問題有三種代表性答案和三種詮釋。一是說 Ψ 函數就是實在。根據這詮釋，實在的一切都是由波組成，波就是由 Ψ 函數來描述。薛丁格就是這樣想的。他認為除了波以外，沒有任何別的東西。很多當代科學家和他持同樣的信念。這叫做普適波函數（universal wave function）觀點。因為它讓我們能計算很多東西，薛丁格相信它事實上就是實在的充分描述，所以實在就是像波一樣的東西，由深層的波構成，雖然不可見但是造成了很多效應。

第二種闡釋就大為不同了。根據這種觀點，Ψ 函數只是一個數學符號，僅此而已。它只是讓我們可以計算粒子存在的機率，所以只有粒子是存在的，Ψ 只是一個數學符號。所以，波是一切實在，或者粒子是一切實在而波只是一個符號。

可是，正如我之前提到的，還有第三種觀點，這是一種混合型觀點，是德波羅意和鮑姆的典型思路。他們認為，事實上波和粒子都存在，粒子以某種方式被波所引導，而波被粒子用於引領自己在世界通行。

所以，我們有這三種詮釋，三種世界觀。世界是由波構成的，粒子只是外觀；或者世界是由粒子構成的，波只是數學符號；或者有兩種實在，波和粒子。問題是這三種代表性詮釋，每種都有其自身的悖論。

無世界觀的可能性

米歇爾・比特波爾：或許還存在著第四種可能性。這種可能性非常具有挑戰性，但是我還是向您提出。這種觀點認為，量子理論無關乎世界是什麼或不是什麼。相反的，它只是給了我們一個工具，引領我們自己透過機率接觸我們在世界上啟動或遇見的事件或現象。

當然，這觀點看起來非常違反直覺。量子理論是極其有效的理論。我們周圍很多科技設備是根據量子力學理論設計的，而且性能優異。例如，電腦的很多零件就是依據量子理論[8]。許多東西都依賴強而有力的量子理論。所以，這個強而有力又有效能的理論，怎麼可能沒有描述有關世界本身的任何事物呢？

為了回答這個問題，我提出一個例子比較。讓我們來思考一下保險公司。為了要向顧客收取恰當數量的錢以便為萬一發生事故保險，保險公司必須知道一年裡會發生多少件事故。

他們怎麼做呢？他們知道你下一年會發生什麼事故嗎？他們知道事故的詳細原因嗎？顯然他們不知道。但是他們有一項強而有力的工具叫做統計數據。這個工具不管事故的性質，但是保險公司有了它就能預測下一年將發生的事故數量，當然是大約的數量。

量子理論也可能是這一類的理論，在統計的層面上非常強有力，但是在描述和解釋的層面上卻非常薄弱。海森堡和安東・翟林格（Anton Zeilinger, 1945-）的觀點非常近似於此，甚至更激進。他們認為所謂量子力學的弱點，事實上是必要的。依海森堡的看法，脫離了你的干預、實驗和觀察，你無法用量子力學說出世界上發生了什麼事。你只能提供當你在實驗室裡觀察時，某些

事情將發生的機率。因此，動詞「發生」只限於觀察。換言之，沒有觀察，就談不上有什麼事情「發生了」。同樣的，依翟林格的看法，量子力學是一個有關已有實驗資訊之限度的理論。它不是資訊內容是什麼的理論，而只是有關資訊本身的理論。

我現在要向您提出一個非常大膽的詮釋：也許量子理論向我們揭示，大自然並沒有固有的特性。也許這就是量子力學的真正啟示。也許量子力學不是有關實在本質的啟示，而是揭開了實在沒有固有本質的事實。這是一種可能性。

但是這種無世界觀的立場，對於西方物理學家來說是一個巨大挑戰，接受這一點對他們極其困難。他們甚至難以思考這種可能性。全心同意這種觀點的物理學家屈指可數，其他多數物理學家堅決反對這個立場。正如比利時哲學家伊莎貝・史坦格斯（Isabelle Stengers）指出，量子理論經常被譴責是「背叛了科學理想」。科學的理想是揭露事物的本質，而現在它好像是被迫保持沉默。量子力學除了某些實驗事件的機率以外，什麼也無法說明。法國數學家勒內・托姆（René Thom）堅決反對，他措辭強烈地聲稱量子理論是我們這個世紀的醜聞。

現在，我的個人感覺是我們必須提出下列問題：我們是否應該繼續堅持科學理想，即使它帶來了那麼多的悖論，或者我們應該放棄舊的科學理想，倘若新的態度讓我們更加清楚明白？這是兩種選擇。如果暫停夢想，我們會獲得更高的可理解性（至少是關係性的可理解性）。但是，這夢想過去（和現在）對很多科學家來說仍然很珍貴……

事實上，我認為量子理論之所以如此強有力的原因正是因為它是如此「淺薄」，因為它不去深入探討自然過程的細節而只求現象的機率。所以它能夠在物理學及其他的所有領域，覆蓋所

有類型的事件。最新的研究顯示，量子理論甚至可以用於人文科學，諸如語言學和語義學[9]。同一理論用於互相沒有明顯相似之處的多個領域。為什麼？微觀物理學和語言學有什麼共同之處？它們的共同點就是，都試圖預測關係的現象：一個是某些實驗情境脈絡下微觀物理學的變量值，另一個是完整句子情境脈絡下的字義。

從量子力學的普遍性和淺薄性之間的深刻聯繫，我們可以學到，也許，深入現象的外表，深入我們能夠取得的資訊，深入存在特質的現象，並不恰當，即使在科學中也是如此。在科學中，就像在生活中一樣，你只應該去理解「真如」（suchness）[10]，即直接的存在，而不要多所揣測。你可以描述已有的東西，但是不應試圖去想像既定的存在面紗後面是什麼，不是因為這太困難，而是因為這樣做是徒勞的。

這個建議和西方科學的舊夢完全對立，但是對佛教來說相當熟悉。著名的日本佛教僧人和哲學家道元禪師（1200-1253）寫道：「這大千世界沒有什麼東西隱藏在現象背後。」根本就沒有面紗，所以沒有必要掀開面紗窺看後面。我們必須只看所謂的面紗，即現象在當下的顯示。

當代科學所做的就是道元禪師所描述的：在量子物理學中，我們揭開可觀察的現象及其最細微的細節，從而我們能夠以最精確的方式描述和預測它們。但是我們不進一步追問什麼是現象之外的實在本質，因為超出現象之外的東西的概念本身很可能毫無意義。

約翰・杜蘭：尊者，您是否想對此作出回應？您是否同意米歇爾所說的，在量子力學的禪師和佛教哲學傳統之間有一些意味深長的相似性？這看起來像是非常重要又大膽的主張。

達賴喇嘛：印度核子物理學家阿文德‧拉加拉曼（Arvind Rajaraman）告訴我，量子力學是當今世界非常新穎的理論，但是這個概念的精髓可以從兩千年前龍樹菩薩的經文中找到。

正統佛教有四大學派。除了中觀學派，其他學派的世界觀，特別是對物理世界和精神世界的觀念，都受探索終極、構成、基本的固有存在之組成的願望所驅動[11]。但是一旦你踏上這個探索路徑，最後你總會遇上各式各樣的問題。

根據中觀哲學，如果你不探索事物，你可以說它們是存在於現實中。如果你開始探究現實的基礎是什麼，你是找不到的。然後就是虛空。

一個物體的呈現取決於很多因素。如果我們探究物自身，是找不到的。某樣東西存在的本質依賴於其他因素，它並不是獨立自主存在的。這就是「無」（nonexistence）的意思。

米歇爾‧比特波爾：沒錯，就是如此。

達賴喇嘛：然後問題就是，在什麼意義上我們可以說事物存在著？它們存在的方式是什麼？我們是不是只能以關係理解它們的存在，或者只能用命名（designation）來說明它們的存在？

然後可能又產生另一個問題：這是否意味著只要是心智構造的一切就都存在著？答案當然是否定的。一個常識不僅應該被共識所確認，而且這個常識的指涉不應該和另一個已確立的常識相衝突。

研究的理念也一樣。一位科學家確定了某個東西，另一位及其他科學家隨之也確定了這個東西，當他們都發現了相同的結果，只有此時，這個東西才被接受為真實。這是中觀學派的第二個準則，一個常識不應該與另一個確立的認知相違反或衝突。

然後還有第三個準則，一樣東西若被確立為常識上的真實

（因為它被能確認常識的確立認知所確認），就不能被另一個能理解事物終極本質的確立認知所否定。

在佛教世界裡，當其他學派都在尋求某種終極或絕對的存在方式時，在中觀學派看來，除了具有相對的或日常的實在事物存在著之外，沒有終極實在。不過，這當然要我們深入佛教哲學領域才能理解。

當然，在細節上還有很多差別，但是大體上而言，我認為佛教中觀哲學和量子物理學是可以握手言和的。

阿瑟‧查恩茨：我也這麼想。

達賴喇嘛：人類的智慧非常了不起，我們有反覆思考和探索的能力。我們可以在這些談話、偉大的思想和觀念中看到人類思考的智慧果實。

但是我們也必須記住，我們只是人類，沒什麼特別。我們永遠不能忽視，我們都是具備同樣潛能的人類的事實。有時候這看起來像謙卑，但是有時候也可能只是一種逃避。

阿瑟‧查恩茨：尊者，您說過，您退休之後可能會成為科學家，也許到理查‧戴維森的實驗室去。但是，也有可能研究物理學。

約翰‧杜蘭：我們可以開始搶人了。

米歇爾‧比特波爾：尊者，您也可以到我們系來當個哲學家。

達賴喇嘛：也許我可以在一個條件下接受這個邀請。你說過，狹義相對性的一個功能是時間可以坍縮，粒子也可以坍縮等。也許你可以減少我的年齡……

阿瑟‧查恩茨：我想理查和我都可以為此努力。我們明年還要回來。

約翰‧杜蘭：尊者，這是科學國際性的一個有趣特點，科學原則上是每個人都可以從事的。很多後來在科學上非常著名的人並不

是出身於有特別特權的背景；例如，他們祖上回溯很多代都沒有出過一個科學家。他們就像您一樣，在孩提時代就對科學有興趣，然後就追逐自己的夢想。

我希望在場的各位都理解這一點，對任何真正想從事科學的人，機會就在這裡。科學是開放的。

第3章

高貴者的沉默：中觀學派論實在的局限

土登晉巴

除了擔任達賴喇嘛的主要英語翻譯之外，土登晉巴本人也是優秀的學者。他曾受過佛教僧侶訓練，獲得了格西拉然巴學位，還獲得了劍橋大學的宗教學博士學位。在本章中，晉巴走出了傳統的口譯者角色，探討佛教論物質之本質的觀點，以回應前兩位物理學家的講解。早期佛教學派採取的是類似於古典物理學中原子論的化約論者（reductionist，又稱還原論、簡化論）的思路，但中觀學派反駁物質可以化約為不可分粒子的思想，傾向於更為相對的觀點，而與現代物理學有著引人入勝的平行性。晉巴還討論了中觀派「兩個真理」的觀點。隨後的對話範圍廣泛，從體驗身體中的細微能量，談到將空性概念運用於個人的日常生活。

土登晉巴：尊者，我今天下午的任務是描述佛教思想與阿瑟、米歇爾的精彩演講之間的相似性。當然我無法展現兩千五百年來佛教在這個領域的全部重要思考，但是我想我能夠簡略介紹佛教思想家們苦苦思索的那些問題，以及他們從很早就開始對這些問題提出的大量思考。

　　米歇爾和阿瑟討論了新物理學提出的挑戰。事實上，它提出的挑戰是對我們關於組成物質的東西到底是什麼這個概念本身的挑戰。它所引發的悖論，正如尊者非常尖銳地指出的，在佛教世界裡也深刻感受到了。

歷史上，佛教有四大流派[1]，除了中觀學派，其他所有學派都認為，為了有一個自圓其說的世界觀，任何有關物質和心智的理論，必須有一種化約論的方法，將宏觀的日常經驗簡化，加以梳理、分解，觀察其組成元素，從而延伸到另一個層次，然後再展開、梳理，達到另一個層次，如此層層解析，最終你就能到達起點。這有點像笛卡兒所做的。但是正如中觀學派指出的，這種做法其實並沒有好處。你可以看到，我們在現代物理學世界中所經歷的緊張狀態，佛教世界在很早以前就經歷過了。

物質化約為粒子

土登晉巴：關於物質和意識的系統理論出現於早期阿毗達摩經文中。現代學者中對最早出現的日期有不同看法，但是我們知道的最早經典是《阿毗達摩概要精解》（*Abhidharmahrdaya*），大致是西元前一世紀左右。在這部經文中我們開始看到明確使用原子和粒子的名詞，而其觀點，如我之前所說，其實是化約論的方法。這是對實在之終極組成的探索，從粗分的層次深入到較小的層次，再到更小的層次，建立起一種真實體的多重分類。在佛教研究的用語中，這就是佛法理論。

他們最終採納了一種物質的原子論，這個理論認為原子的組成元素是不可分的，或稱為「無部分粒子」。他們創造了八種元素的清單：四種大元素和四種衍生元素。衍生元素中包括一些性質，按照西方思想，這些應該被視為伽利略所列的第二性質[2]，例如觸感和次序等。

在基本粒子中，有一種叫做 *paramāṇu*（藏語 *dze dul tra rap*）[3]；這些是終極的構成元素，因為沒有一個更好的詞，我把它翻譯為

「基本粒子」（elementary particles）。這是物質的最小單位。「原子」被認為是這些最小單位的複合物，至少由八個最小單位的基本粒子組成。一個「分子」由七個複合原子組成，並就此形成一個單位。然後有一個非常複雜繁瑣的列表，顯示這些聚合是怎麼發生的，其構成如何變得越來越龐大粗略。但是其要點是，基本粒子是終極不可分的。基本粒子就是最後的終極了，你不可能超越它們。

所以，一個原子內有八個基本粒子。問題是，它們如何相互關聯？它們被認為是互相不碰觸的。那麼它們怎麼不會分崩離析呢？它們是由空氣統合在一起的。

以上就是早期佛教阿毗達摩原子理論非常粗淺的概述。一個更為複雜的理論是經量部（Sautrāntika）學派的修正版。他們保持了化約論的方法，但是反對實體的多樣性。他們想要一個更簡潔有效的系統，用因果功效定義實在，建立了一個更簡單的三類現象的分類學：物質、精神現象，和它們的屬性。

然後他們提出了實在等級的觀念，把實質性的實在和只是名稱與概念或建構意義上的實在區分開來。所謂實質性的實在，是不需要透過其他東西的概念就能概念化的實體。相反的，那些建構物，或只是在名稱和概念上是真實的東西，需要其他東西才能概念化。例如，一個人的概念屬於後一類，因為為了有一個人的概念，你必須要有心智的概念和其他現象的概念，而這些概念本身並不是一個人。

經量部學派還保留了終極不可化約元素、不可分粒子、無部分粒子，以及不可分時間的觀念。物質按照不可分原子的運作過程層層細分，最終達到無部分粒子的層次。而就意識和精神的運作過程，持續的時間從意識經驗的粗分層次往下細分到更細微層次，最後達到不可分的時間點。

他們對原子內部的粒子如何互相關聯的認識稍有不同。他們也認為粒子互相不碰觸，同時認為它們之間沒有空間，並主張原子是這樣維持的。

雖然他們的方法是化約論的，我必須向這裡的西方科學家和學者澄清，當我談論佛教的化約論學派時，其實沒有一個佛教流派在西方的意義上可以被定義為化約論，因為你們甚至把精神化約為生理過程。沒有任何佛教學派會這麼做。除此之外，佛教思想家們可以對精神世界作化約過程，也可以對生理世界作化約過程，但是從未把精神化約為生理。這是我必須提出的重要警告。

質疑化約論：有任何固有存在嗎？

土登晉巴：雖然這個關於物質的理論影響深遠，傳播廣泛，相關的批評很早就出現了。我想讓你們體驗一下對這個原子論思想的批評。大多數批評並未糾纏那些關於物質聚合的細節，而都在批評最後得出的關於不可分的終極實體的結論。

有一個論點來自於龍樹菩薩的著名學生提婆論師。龍樹菩薩是二世紀中觀中間道路學派的創始人。提婆論師批評它的不一致，大意是，不可分的無部分的粒子不可理喻、自相矛盾。如果它是一個粒子，那麼它就是物質的一部分，而物質就預設了有某種空間場域（雖然今天上午阿瑟說你可以在同一空間場域有兩樣事物）。然後，任何占有空間的事物，至少在概念層次，必定有不同的空間維度，而任何具有空間維度的事物不可能是單純的不可分元素[4]。

提婆還用另一種方式提出了他的批評，即因果作用的角度。他說，如果粒子中有這種不可分的單純元素，那麼你就無法說明

它們的組成聚合，因為單純的不可分元素沒有因果作用能使粒子聚合成物質體。

於是，一個批評從因果觀點展開，另一個從不一致展開。還有很多類似的批評，它們都批評化約論方法的基本立場。

達賴喇嘛：寂護論師是協助西藏佛教學術和研究建立的人之一，他是來自那蘭陀寺[5]的大師，是偉大的中觀論思想家，也是佛教認識論的權威。由於他，中觀論和佛教認識論在西藏的影響深遠。

蓮花生大師與寂護論師同時代，對於佛教深植於西藏也居功至偉。但是蓮花生的貢獻似乎主要是在儀式、規律方面，並讓佛法[6]在西藏得以成功傳播。而在建造僧院，確立僧院規則、教學、傳播佛教知識和哲學等方面，寂護論師是關鍵人物。

在八世紀時，寂護論師是印度那蘭陀傳統最優秀的思想家和哲學家之一。事實上，寂護論師非常重要，從他的思想還產生了全新的學派，那就是瑜伽行－中觀學派。

土登晉巴：中觀學派並不爭論原子理論的細枝末節，而是檢討和質疑這整個議題所依據的根本問題。在他們看來，這是一個化約論的議題，試圖尋找最終、不可化約的構成世界的元素。一旦你發現了它們，你就可以開始構建一個結構，一個有內聚性的世界圖像。

他們還指出，這類議題經常和它在認識論領域裡的推論同時展開，這是一種基礎論，試圖將知識置於對世界的真確事實無可置疑的認識中。顯然類似笛卡兒的思想[7]。

這是一種尋找實在的終極描述的嘗試。中觀學派對這整個議題的批評集中在質疑其中的關鍵假設，就是相信事物有某種客觀、固有的實質，由於這種實質，它們擁有自身的存在和特性，

以及各種各樣的性質。

　　例如，龍樹菩薩論述中間道路的主要著作《中觀》（*Mūlamadhyamakakārikā*）[8]有二十七章，每一章都用到了認識論、形上學和本體論的分類，如時間、個人、代理、行動等，一一批評這些分類背後隱含的關於固有性質與固有實在的假設。

關於二諦的討論

土登晉巴： 僅僅批評關於物質的化約論是不夠的。那麼中觀學派提出什麼理論來代替呢？他們的看法呈現於二諦（two truths，世俗諦和勝義諦）理論的架構之中。這個理論在佛教世界中眾所周知，在某種範圍內，其他非佛教的古典印度傳統也運用這個理論。

達賴喇嘛： 二諦理論是在古印度發展出來的，顯示很早的時候人們就認識到，在我們感知事物的方式和事物的真正存在方式之間，存在著差異。二諦理論即試圖解釋這個差異，所以我想和量子專家們分享。如果你們能接受二諦的思想架構，一切就比較容易理解，否則會遇到問題，因為當你試圖尋找實在時，你的世俗觀念就開始動搖，變得問題重重。

土登晉巴： 正是在中觀派的思想中，二諦理論的全部力量和潛力得以真正用來規避化約論的問題。

　　中觀派主張，不可能有關於實在的全面描述，因為當你到達終極層次（ultimate level）時，所有的分類和二分法都瓦解了，甚至因果關係也瓦解了。

　　終極真相（即勝義諦）無法用概念描述。雖然或許可以談論它，但是你永遠不可能真正如實描述它。這是所有詞彙的盡頭，

即著名的「高貴者的沉默」[9]，所以，它被稱為空性，有時候也稱為實在之極限。

另一方面，對於世俗諦的真相，或相對的真相，我們可以用所有的日常道理，所有的因果分類來論述，主觀和客觀，同一和區別，在這個層次上都有意義。在這層次上，我們的描述系統是實在的一個構成部分。談論獨立於我們所描述之物之外的實在是沒有意義的，因為正如尊者之前指出的，我們賦予事物的很多屬性是人類心智創造出來，以便使我們對世界的體驗具有意義。這些是我們所體驗和所感知的屬性，是我們生活於其中的世界的一部分，但是實際上是我們自己創造出來的。

這是一個對實在以及我們與其之關係的更複雜理解。什麼是真實，什麼不是真實，是由相互作用的效果來決定的。尊者已經提供了定義的標準：它應該建立在共識的基礎上，應該和其他已確立的認知[10]不發生衝突。

在這個描述系統中，因為它是在世俗諦的架構內，於是沒有終極實在的、不可化約的、獨立的實體。這些概念只有在尋找某種最終極的東西時才出現，不存在於世俗諦的架構之中。所以，一切都被理解為完全偶然的、複合的。

這是龍樹菩薩的《中觀》，一部非常權威的經文。龍樹菩薩使用了廣泛的推論，不僅是為了論證空性，而且為了證明每個概念就其本質而言都是複合的，是完全偶然的概念。我們通常傾向於認為結果依賴於原因，而不是倒過來。他主張，某樣東西作為原因的概念本身就已經設定了它和結果的關係。如果你沿著這個思路，那就沒有一個概念是獨立存在的。

當龍樹菩薩最後討論到是什麼在那兒的時候，他用了緣起的語言：*pratītyasamutpāda*[11]，也就是依賴性生成或依賴性起源。你

無法將實在分離，不能把某物從和它相關的其他東西分離。這和量子糾纏的概念很相似：這是一個緣起的網絡。就像現代物理學的概念，是非常難以掌握的一個概念。

月稱論師在評論龍樹菩薩的某篇文章時提出，我們可以把對象的語言完全轉換為關係的語言。他提供了一些我們平時在日常經驗和語言中使用的關係用語的例子：長和短、司機、廚師。這些都是非常相關的術語，顯而易見地表明了它們的相關性。總統一詞相關於某個特定的職務，廚師一詞相關於某個特定的職業，司機這個職業相關於某個特定的行動等。所以月稱似乎建議我們事實上可以把對象的語言轉換成關係的語言，因為正是關係讓我們更能觀察世界。

坦白說，我認為這個提議非常非常難以掌握。我認為世界上存在著一些東西，可是同時我很難想像發展一套全新的語言以擺脫對象的語言，而只用各種關係談話。

中觀哲學家所說的是，化約論作為方法在此並不是議題，只要它不否定事物的關係性。你仍然可以從宏觀進入微觀，但是以尋求客觀、獨立的實體為動機的化約論終究是徒勞無功的。

在世俗諦的架構中，我們的描述可以加以修正，你可以談論正確和不正確的描述。世俗諦是一個架構，邏輯法則、因果法則皆可在其中運作，所以我們有藉以判斷的方法。這不是純粹主觀主義、沒有任何客觀評價標準的判斷，但是評估的標準取決於以邏輯與因果法則為預設條件的世俗架構。

在某種程度上，世俗諦和勝義諦就像佛教內部的兩個可移動架構：根據所提的問題，一個架構可能比另一個更合適。它們之間的張力有點像我們在前兩章的物理學中遇到的張力；古典物理學

之於相對論、量子理論也是兩個架構，用於不同的分析層面。牛頓時代的古典觀點和佛教的世俗諦都適用於平時呈現的東西、單獨的物體等。但是，一旦進入現代量子物理學的領域，我們日常所見之「堅實」的實在就瓦解了，所有現象完全成為關係性和互相關聯的。這些認識非常接近佛教勝義諦的觀點，其中甚至傳統的因果關係也不再適用。對二者的挑戰來自於要同時堅持這兩種觀點，並且非常有效地使用它們來解決眼前的問題。

討論：大腦－身體的關聯

克里斯多夫·柯赫：你提到，在西藏傳統中，沒有佛教學派試圖把精神化約為生理過程。但是，是否有過把精神和生理過程聯繫起來的嘗試，也許並沒有把它們完全化約，但是至少把它們和大腦聯繫起來？是不是曾經想過在大腦及其要素、心智及精神要素之間有任何關係？

土登晉巴：大腦的問題非常有意思，因為一般而言，儘管古典印度傳統多半致力於理解精神過程和知識的理論等，在認識論經典中我未曾看過任何關於大腦作為人類經驗或思想之所在的重要作用的論述。

儘管如此，有趣的是，我曾經在一部西藏醫藥文獻和一些密宗經文中發現一些文字，說明他們知道在快樂與痛苦的體驗產生時大腦所扮演的角色。所以，以前對大腦的作用的確有一些認識，但是並不是在佛教認識論的傳統中[12]。

回應你提出的問題，在最高深的瑜伽密宗傳統中，似乎暗示了精神過程，即使是在最微小和精細的層次，在某些方面和生理過程是不可分割的。我說「暗示」，因為我並不十分肯定，而且

在尊者面前我不想對經典作過度的推斷。但是，關於身體的構成物的概念，則大大不同。在西藏傳統中，我們稱之為一種能量或風。

　　每個精神活動、事件，或狀況，都由兩個維度組成，一個是認知或精神的，另一個是流動、移動的，即能量。能量是細微層次上的生理維度。精神維度是體驗性的維度，不管你達到多細微的層次，甚至在死亡的時間點，當意識的最細微時刻出現時，這兩個維度仍然是不可分的。它們在某種意義上是同一事物的兩個面向。

達賴喇嘛：在密宗裡有很多神祇，據說祂們都各有自己的世界，有自己的國王、王子和王后，但是並非如此。祂們只是象徵性的概念。例如，度母象徵細微能量。之前提過，細微能量就是運動。認知可以被引導，這種能力歸屬於風的範疇。

　　度母的觀想位置通常是頭部。這個象徵無法像大腦專家一樣提供解釋，但其實質是相似的：心智就是認知，而運動來自於心智。能量在心智之中。所以，對於大腦在經驗中的作用，有一些間接的認定。

　　例如，如果你看一下密宗經典中描述的冥想修行，特別是在密集金剛[13]的經文中，有一種修行是在身體的關鍵點，即脈輪（chakras）或中心點，運用心智與能量。例如，如果你在修拙火瑜伽（tummo）[14]時把能量聚集於肚臍部，你會感覺到熱。

　　於是，你有了一種真實的體驗，感覺到那個部位的效果。心和水元素相關聯，所以冥想修行時把能量集中於這個脈輪，你就能感覺到能量的某種分解，並在這些地方感覺到效果。

土登晉巴：儘管為時尚早，但我想如果在這個領域沿此思路做一些研究是有益的。這並不是說，如果我們剖開身體就能發現實際

的脈輪，但是我們修行的結果，的確可以在這些特定位置感覺到效果。所以，那裡一定有什麼狀況發生了，而這可能是一個待研究的富饒領域。

達賴喇嘛：所以這些都是生理性的。現在身體和心智之間的密切聯繫已經得到確認。

理查‧戴維森：尊者，您提到了細微能量，細微能量的有些效應顯然是可見的。它們對修行者來說非常明顯。在某些情況下，細微能量事實上已經得到了測定。

也許您可以多談一下，細微和粗分能量之間是如何區分的。我們怎麼知道某種能量是細微的？細微的定義是什麼？在細微和粗分之間是否有一個連續過渡？

達賴喇嘛：意識和能量總是相伴的，但是有粗分和細微層次之分。你可以說有四個層次：有粗分層次，這時所有的感官都是活躍的。然後是睡夢狀態，比較細微一點。之後是深度睡眠狀態，是更細微的層次。然後是最深、最精微的層次，這時大腦功能確實停止了——人處於臨床上的死亡狀態。

我認為我們討論的細微心智是我們通常稱為深層禪定（*tukdam*）的狀態。這是當人死亡，生理功能完全終止，但是身體仍然保持新鮮達兩三週，有時候甚至四週的狀態。沒有其他方法可解釋這種現象，除了歸因於細微心智仍存在於身體中。

細微心智是在頭部還是在心臟，我們不知道。最深層的心智並不依賴於大腦，不過我個人沒有這樣的經驗。

七〇年代早期，我的辦公室曾接到孟買一個機構的來信。他們詢問有關西藏修行者中出現的這些神秘經驗，並說他們想來實驗和探索。我的助手問我怎麼答覆。我說，我們不能說這種事不存在，但是同時我們也沒有一個特定的人物可以當作實例，所

以我們回信說，這種人現在還沒有出生。現在，又過了三、四十年，所以我想現在至少應該有一個人了。

今天這兒有龐大的僧院僧侶群在場。我經常對他們說，傳統佛教教育的最終目標是轉化你的內在。佛教修行的一個獨特之處，特別是那蘭陀傳統，是最善於運用人類才智，並藉此來轉化我們的情緒。

我經常向我的僧院同道們指出，我們應該注意心經最後的話：「揭諦揭諦，波羅揭諦，波羅僧揭諦，菩提薩婆訶」——「去吧，去吧，一起去彼岸吧，建立大菩提。」對僧團來說，很重要的是記住，當我們談論通向悟道的路徑時，我們不應該懷著一種尋找外在的地圖的想法，好像有一個實在的地方在那裡。相反的，地圖是在我們內在，我們要試圖在內在作循序漸進的轉化。

阿瑟・查恩茨：尊者，您談到透過冥想修行作自我轉化。無論是中觀哲學或量子物理學，這些都是非常具有挑戰性的哲學要求。我們一般不會這麼想問題，而是用普通思維和我們的生活方式來思考。我們將來在某個時候，是不是也會像運用普通思維方式一樣流利而輕鬆地運用那些概念？換句話說，我們將來能理解、闡述量子力學嗎？理查・費曼的論斷會是錯的嗎？

達賴喇嘛：就我有限的經驗而言，這是一個問題。我開始認真思考中觀哲學，即沒有獨立的存在或絕對的存在，是我十五、六歲的時候。事實上我的每日修行包括了分析實在、我自己、我的心智、所有一切的本質。這是我日常修行最重要的部分之一。

我讓自己熟悉這一切，已經長達五十多年。首先是在知識的層面，然後漸漸地成為一種感覺。因為這種建立在日復一日生活基礎上的熟悉和思考，當我有意識地談到沒有固有存在的想法，或空性時，我立即能創造出一種基調，所以我對世界的感知就有

了這種虛幻的特質。

這種理解的目的是減少極端的觀點。執著、仇恨、憤怒等大多是精神的投射，是以獨立存在之呈現為基礎的精神上的言過其實。

一旦你真的充分認識到，其實並沒有獨立存在，就減少了精神投射的基礎。這是減少破壞性情緒的方法。破壞性情緒是建立在無知的基礎上，建設性情緒則建立在充分理解的基礎上，那會使得一切大不相同。不過這是我的秘密，我不想跟科學家們分享。

約翰・杜蘭：我得說我們非常希望您和科學家們分享這個秘密。

達賴喇嘛：事實上，我常常強調，我們佛教徒討論這些問題，但是我們從來不想推銷佛法。我尊重猶太教、基督教、伊斯蘭教、祆教、印度教、耆那教等不同的宗教傳統。以往數千年裡，他們幫助了無數人。不僅僅是過去，它們現在和將來仍然在服務人類。為了對其他宗教有嚴謹的認識，你必須尊重他們。你不應該試圖去改變他們。

在哲學範疇內，不同宗教有很大的不同。猶太－基督教傳統認為上帝是創造者。佛教理論則不作此想。我曾經有一位美國朋友，是天主教修士，他發現佛教關於寬容、慈悲心，以及訓練心一境性（single-pointed mind）專注力的方法很有意思。我們總是很樂意分享我們的一些體驗和方法。有一天他問我關於空性的問題，我告訴他：「這與你無關，這是佛教徒的事。」因為，你看，空性的理論不符合有一個絕對創始者的思想，而我不想給他的根本信仰製造任何懷疑。各自秉持各自的信仰比較好。

阿瑟・查恩茨：尊者，我們談論的中觀哲學沒有固有存在的思想，在物理學對本質論觀點的類似批判裡，也可以看到。我想，

正如您說過的，這裡沒有倫理意涵，我們不能在無知的基礎上構建知識。這裡是不是有個倫理層面，它成為您的世俗倫理的一部分？[15]是不是有一種方式，能讓科學可以幫助世俗倫理奠定基礎？

達賴喇嘛：這裡可能有一個實驗的機會。例如，如果你可以發現一個人，他不僅在知識上熟悉量子物理學理論及其意義，而且對沒有固有存在的推理與研究有一種情緒上的聯繫及堅信，你可以比較他和那些以絕對觀念掌握事物的人在面對道德挑戰情況時的態度。也許你可以檢驗一下。

我想，那些曾經經歷了很多苦難的人，相較於那些從來沒有面對過類似困境的人，當遇到一些困難情況或悲劇時，自然會更鎮靜地做出反應。其他人則會過於激動、沮喪。我們現在討論的這些智慧可以幫助我們調整情緒。就是這樣。

我要祝賀你們這些偉大的科學導師。我們藏人喜歡各種形狀和材質的帽子，我們可以為科學導師做特別的帽子。

約翰・杜蘭：尊者，我想這一定是一頂很大的帽子！

第4章

心智的本質：二元論，心—身糾纏和意識經驗

約翰・杜蘭、格西達多南捷

在討論了物理學、佛教對實在（reality）本質的看法後，我們現在把注意力轉向有關人類心智本質的各種觀點。我們先介紹西方科學和佛教傳統歷史是怎麼看待心智的。約翰・杜蘭是麻省理工學院的科學史家和科技傳播學家，長期以來研究現代科學在廣泛的文化中的地位。格西達多南捷（Dadul Namgyal）在哲蚌寺（本次研討會所在地）完成經院訓練，現在和艾莫利—西藏科學計劃合作，負責僧院科學教育的翻譯工作。在本章中，約翰討論了笛卡兒的二元論如何把心智從科學研究範疇中趕出去達數世紀之久，我們現在又如何試圖重新整合心智研究和科學方法。然後格西南捷講述心—身互相聯繫的觀點，最後簡短總結了佛教對複雜的意識經驗的論述。

心智在西方科學中的位置？

約翰・杜蘭：尊者，我非常榮幸來此。我代表我的妻子安妮・哈靈頓教授，她無法出席這次對話會，現在由我來概述西方科學是如何處理心智問題的。我將以歷史學家的身分迅速講述這一段歷史。我們將談到很多已經提過的概念，尤其是關於幾種唯物論的評論。我將盡我所能按照安妮的提綱來講解，如有錯誤和不足之處，還請理解那都應該由我負責。

在開始敘述時，我們先要瞭解，十六、十七世紀出現的現代西方科學是為了理解物質存在而發展出來的。很重要的是，我們要理解這是現代科學早期領導者的自覺決定，他們知道他們在做什麼。他們從古老的西方思想源頭繼承了關於世界的觀念，這個傳統以相當複雜的方式將精神、主觀思想與物理、客觀思想結合起來。在希臘時代是如此，在中世紀的西方世界也是如此。

當代科學出現的關鍵之一是決定不再把有關心智的觀念和有關物質的觀念混在一起，而是試圖把焦點集中於物質世界，集中於物質世界可測量、並且可以機械化地理解的事物。為了說明早期現代科學家如何進行研究，我想說一下偉大的英國生理學家威廉‧哈維（William Harvey, 1578-1657）的研究。

哈維對溫血動物如貓、狗和人類的心臟，以及血管功能感興趣。他做了很多實驗，其中一個簡單（而且無害）的實驗是在自己的手臂上做的，以證明血液在靜脈血管裡只單向流動，也就是說只從手足末端流向心臟。哈維提出的問題是：如果血液在靜脈血管裡總是流向心臟，那麼血液是怎麼到靜脈血管裡面的呢？他的答案是，血液必定是從動脈進入靜脈血管的，動脈和靜脈血管一樣分佈於全身。

這是一個了不起的判斷，因為哈維和他同時代的人都沒有看到過動脈和靜脈之間的任何實際關聯：對於肉眼來說，那時和現在一樣，這兩個血管系統在體內是完全分開的。然後，哈維不得不做的是假設存在著細小的血管，即現在所謂的毛細血管，它們負責連結動脈和靜脈，構成全身的循環系統。今天，醫生、護士，甚至小學生，都可以借助放大鏡或顯微鏡輕易地看到毛細血管，但是對哈維而言，這些結構是理論性的，為了用來解釋一個純粹的機械問題，即血液是怎麼在身體內循環的？

哈維最著名的理論是我們的心臟是一個泵浦的觀點，這同樣也是機械論觀點。他從機械工程借來想法運用於心臟，從而提出對身體內部這個中心器官的一個全新想法。今天，我們認為心臟的作用像個泵浦，它從靜脈接收血液然後有節奏地推向動脈、循環全身，是明顯的事實，但是在十七世紀時，這是一個革命性的想法，也是新機械論哲學的偉大勝利。

早期的科學家們透過擴展自己的感官而擴展了我們對物質世界的理解。例如，荷蘭人安東・范・列文胡克（Anton van Leeuwenhoek）是第一個使用鏡片識別水中微生物的人。與他同時代的牛頓，或許也是早期現代科學界自然哲學家中最著名的人，他使用三稜鏡檢驗白光（陽光），充分證明它是不同顏色光線的混合。到了十七世紀晚期的牛頓時代，新科學已經信心滿滿，因為運用觀察、測量技術和機械理論，產生了許多新發現。

所有這些都提出了我們在此想要聚焦的問題，那就是：在所有瞭解物質世界的進展當中，心智要安放在哪裡？對於早期現代科學來說，這個問題最著名的回答是，坦白說，無處可安放。根據十六和十七世紀的很多自然哲學家的看法，心智在此沒有位置，因為它似乎和物質世界的事物根本不同。

笛卡兒的二元論

約翰・杜蘭：這就把我們帶向了著名的法國自然哲學家笛卡兒。他倡導科學家瞭解物質世界的方法，特別是以我們談論過的機械論哲學來理解物質世界。他要把任何關於心智或靈魂的想法從物質世界的研究中排除。他聲稱世界是由兩種不同的實體組成的。一是物質世界，是我們所謂科學的領域，一是心智或靈魂的非物

質世界，它和物質世界的性質不同，屬於科學之外的其他領域。

這個著名的思想經常被稱為二元論，因為它主張心智與身體是分開的。它的影響非常深遠，成為對「心智何在」這個問題的極端式答覆。笛卡兒的答案是人類有物質的身體和非物質的心智。在我們身體裡的某處，二者有所聯繫，除此之外，二者毫不相干。

例如，笛卡兒認為如果你把手湊近火焰，你會縮回來，這個刺激是自動、機械性的，是純粹物理性的。他認為這是由於液體從神經流向肌肉，而造成肌肉改變形狀。但是，當你把手湊近火焰時，你不僅縮回了手，還感覺疼痛；對笛卡兒而言，這是因為火焰對你的神經造成的物理效果被傳導到了大腦，在腦部的松果體和非物質的心智（那是理性、情緒和感覺的所在）發生互動。笛卡兒注重松果體，因為那是一個單一的腺體。相對的，大腦的其他很多部分是對稱的，即有左邊和右邊部分。笛卡兒認為精神不占有空間，所以不可能分成兩部分。所以，他認為心智不可能透過大腦的任何雙重結構和身體發生聯繫，而只可能透過松果體這個單一、不可分的結構（圖4.1）。

由於這些想法，笛卡兒把心智的科學研究問題放到一邊。將近150年裡，自然哲學家們、那些今天所謂的科學家仍持續不斷地研究物質世界；但是心智卻是另一回事，他們不知道要怎麼研究。歷史學家曾說，在這個意義上，1600到1800年的早期階段，現代科學的成功是以把心智置於嚴肅科學研究之外的代價換來的。當然這留下了種種沒有清楚答案的疑問：在自然世界中，心智的位置在哪裡？精神是如何與身體相連的？

從科學的角度來說，有關心智的問題直至十九世紀才真正開始進入舞台中心。對心智及其在自然中的位置感興趣的哲學家

圖4.1　笛卡兒的機械論哲學表達了他心－身二元論的基本主張。此圖來自於笛卡兒1664年寫的文章，以機械論的觀點示範了一個人怎樣移動自己雙手對外在物體做出反應。視覺訊息從眼睛進入，腦部松果體（用淚滴狀表示）透過泵浦作用把「動物精神」液打入細小管道系統而將其轉換輸入身體的肌肉組織。圖片來自：Rene Descartes, *L'homme de René Descartes et un traite de la formation du foetus*（Paris: C. Angot, 1664），p. 79，經 Wellcome Library, London同意，（http://wellcomeimages.org/indexplus/image/L0017416.html），根據版權法CC-BY 4.0使用。

對笛卡兒的觀點不甚滿意，笛卡兒認為物質、具體世界與非物質、非具體不向外延伸的世界在松果體中發生互動[1]。這是什麼意思？是如何發生的？尤其是，一個非物質、不死的實體，即心智，怎麼可能影響和它完全分離的物質、具體的實體，即物質？在笛卡兒之後，這始終是個問題。

十九世紀末，以及之後，研究這個問題的方法有幾種。第一種方法是認真對待意識現象，並把它列為嚴格的科學研究主題。例如，德國心理學家威廉・馮特（Wilhelm Wundt, 1832-1920）發展出研究精神現象的內省方法。他讓實驗對象看著一個物體，例如一個蘋果，要他們盡可能精確地報告他們的意識體驗。他們或許會講述蘋果的形狀或顏色、氣味、味道。在這個以及類似的心理學研究中，馮特尋求對經驗到的實物的內省報告，這些報告使得他能夠對形成意識經驗的意識元素進行自然分類。換句話說，他是要用同樣的方法，即精確觀察和分類等成功用於研究物質世界的方法，來研究意識。

可是，馮特對自己的研究仍存疑慮。特別是，在不同實驗對象之間很難得到一致的報告。很快地，內省心理學（introspective psychology）由於這個問題而受到了猛烈的批評。徹底取代內省心理學的另一種方法是現代研究心智的第二種方法，可以在美國心理學家約翰・B・沃森（John B. Watson, 1878-1958）的研究中看到。沃森被公認為行為心理學（behaviorist psychology）派的創始人。他認為，唯一能夠進行科學研究的是實際的行為，而不是思想或其他純粹的心理過程。在他早期對老鼠的研究中，沃森將心理學的焦點從意識的內省狀態轉移到可觀察的行為上；這種心理學研究方法建立於一套方法論原則上，在二十世紀中期影響極大。

現代時期，第三種研究心智與物質關係的方法稱為實驗心理學（experimental psychology）。這種方法給人們一些認知實驗，通常是定量性質的測試，試圖將心理能力分解，比如將記憶和感知，語言或注意力，分解成它們的構成要素。這種測試結果富有啟示，但是這種心理學的一大限制是當你專注於某個心理功能

時，這些功能怎樣在大腦裡顯現的問題，你無從得知。部分由於這個原因，最近數十年心理學又把興趣重新轉回到大腦本身。得益於一些新技術，例如大腦造影技術，使得觀察者可以在實驗對象運作不同心理功能時，同時追蹤大腦的活動。有些心理學家再次表示樂觀，他們的實驗對象至少能說出一些大腦中的心理活動和物理活動關係一致的東西了。也許，笛卡兒的物質與心智之間的二分法難題終究是可以用實證來解決的。

佛教對心智與身體的認知

格西達多南捷：尊者，我深感榮幸。非常感謝您給我這個機會。

我在這兒展示的是兩條纏繞的繩索，用它來簡單代表佛教關於心－身糾纏的思想（圖4.2）。我們且以黑繩代表身體，白繩代表心智，或意識。請注意這兩條繩索都沒有中斷，這代表了意識和物質的連續性。

就身體的粗分物體性和思想的粗分概念性而言，它們是循環往復的，但是精神或生理的基質（Substrate）*未必如此。以佛教觀點來說，心智在細微的層次，從不中斷，但是這並不是說它如同我們通常所理解的意識，而是心智從不會完全脫離伴隨它的物理基質，即使當心智在最細微的層次以細微能量的形式存在時[2]。

我們的心智被關在這個輪迴流轉的身體內[3]。佛教認為將兩者結合在一起的真正力量是業力。只要業力還在，我們的心智就會被關在不斷輪迴的身體內。當某個特定心－身結構的業力終結時，它們就可以在粗分的層次分開了。換句話說，當精神痛苦，

---

* 基質，指能量來源，可能是有機或無機的，甚至是光線。

也就是業力完全終止時，不斷輪迴的心－身結構也永遠終結，而人在更純粹的心－身基質上繼續存在，不再承受粗分的心－身結構的苦痛。就像那繩索（圖4.2）被化約到了它們純粹、基礎的狀態（諸如原子流或粒子流），而不再有「繩索」這種粗分條件下的表現。

圖4.2　佛教中的心－身糾纏。黑繩代表身體，白繩代表心智。這兩種現象截然不同，但是互相交織。

　　只要心智與身體還在特定的心－身結構裡，二者的持續性[4]就是互相依存的；身體的前一瞬間協助心智在隨後瞬間的連續，反之亦然。所以說它們是彼此的助緣：身體是心智維護其連續性的條件，身體在任何階段都不會變成心智，但是在此世內支持心智的基質；同樣的，心智是身體維持其連續性的條件，心智不會以任何方式變成身體，但是在此世內有助於身體的物理性基質。

　　至於主因（substantial cause，實質性的原因）[5]，就如圖4.2所顯示的，黑繩始終保持其顏色，白繩也一樣。物質仍然是物質，意識始終是意識。二者的實質永不互相交換[6]。

　　目前在西方，你們可能會說心智的主因是大腦。然而，佛教經典並不常提起大腦本身。不過，在認識論的經文中，有討論到身體與心智的關係。他們提到身體內的物質如何影響心智，如藥物、酒精等。他們的解釋是物質影響了感官意識，而感官意識變成精神意識的內容[7]。但絕對不是物質直接影響心智，而是透過感官意識的影響。

　　我在一些佛教經典中發現了有關八種精髓[8]的討論。他們說

眼睛的精髓是眼淚，舌頭的精髓是唾液，骨頭的精髓是骨髓等。你能猜到心智的精髓是什麼嗎？是大腦。

大腦是心智的精髓，但心智並非大腦的精髓。你有注意到這裡的轉折嗎？大腦和心智之間的聯繫在這些經文中論述精闢。至於這些討論意味著什麼，仍然有待探索。

科學研究已經顯示，大腦和快樂或幸福感的產生有一定的關聯。同樣的，在密宗修行中，我們有一些生理學的成分，如能量、神經、脈輪等被運用於靈性修行之路。這也是心智可以影響身體的一種方式，而這最終會產生實際的體驗。

就身體與心智的關聯而言，毫無疑問在佛教是可理解的[9]，但是就影響的先後而言，這種理解不一定和西方觀點一致。

達賴喇嘛：我可以看到雙向的因果關係。在某些情況下可能是精神過程純粹由大腦引發，但是在另外一些情況下，你可以想像在更細微的層次，只有純粹的精神過程，於是它可以開始影響大腦。再說一次，這是中道。

格西達多南捷：是的。所以從意識的本質、心智的位置與精神因素來看，心智不是統一、整體的連續體，而是由接連發生的事件、接連的瞬間組成的。就其連續性而言，雖然它會隨粗分性或細微性而變化，但是從不中斷。它不是物質性的。它本質上是明亮、明白的；它不只反映圖像，而是主動地瞭解、體驗它們。

重要的是，努力透過修行轉化自己，可以讓心智的連續性不會停滯，而能存在於更純粹、昇華、崇高的狀態。我們永遠有能力和潛力達到這美好的狀態。

精神性因素和意識經驗

格西達多南捷：在佛教理論中，在特定時刻的每個精神性事件都是由「心智」和「精神性因素」構成的。當我們檢驗意識的特定瞬間（如專注、記憶、睡眠、思索、注意力等），它本身並不構成一個完整的精神性事件。對任何特定時刻的精神性事件而言，必須有「心智」，我稱之為第一性的知覺因素，其他精神因素是第二知覺因素。

就精神因素而言，其中有一些是必須存在的，然後依照精神性事件的複雜性，還有一些額外的精神因素將被啟動，其數量因情況不同而變化。

格西南捷在此講的是佛教阿毗達摩傳統中的意識觀點，阿毗達摩傳統在心智及第一知覺（primary awareness）因素外列出了五十一種精神因素[10]。清單中的分類和定義相當複雜，但是根據這個系統，我們為了分析的目的可以只考慮普遍存在的因素和其他附加的因素。有五個因素被視為普遍存在於每個精神性時刻之中。通常翻譯為感覺、知覺、動機、注意力和接觸。此外，有五種可能的界定性因素可用來辨明對象（渴望、感激、專注、集中、理解力），以及其他一些可能是正面的因素（例如鎮定、勤勉、慈悲、明理），雖然給人帶來痛苦但還不是負面的因素（懶惰、恍惚、無信），不僅給人帶來痛苦而且是負面的因素（憤怒、嫉妒、貪婪、輕率），以及其他可變因素（後悔、睡眠、分析）。在任何特定的精神性時刻，意識體驗被理解為是由心智（第一意識即對對象的一般性知覺）加上五種普遍存在的因素，再加上任意數量的額外附加因素（第二意識因素，它們在和對象的聯繫中有特定的功能）[11]。

格西達多南捷： 在心智和精神因素之間，總是有一種同步性（synchronicity），它們分享同樣的注意對象，具有同樣的理解模式，依賴同樣的界定基礎，存在於特定認知或情緒經驗的相同時間區域。在特定的經驗時刻，某個特定因素可能占據整個事件，會給我們好像這個因素就是正在發生的一切的印象，但是事實上有許多因素涉及其中，包括心智。

例如，當你運用慈悲心智時，慈悲心產生。但是除了慈悲心，也有許多其他精神因素以及心智出現。其中有很多事情發生，五種普遍因素，以及至少有幾種界定性因素也存在。這就是我為什麼要說，意識就其本質而言是認知性而不是情緒性的。當你產生情緒時，它是在認知基礎上，利用了額外的情緒性精神因素而建立起來的。

這兩個圖形或許可以顯示佛教的意識經驗模型（圖4.3）。左邊模型的中央是心智，五種無處不在的因素圍繞著它。我不同意這個模型，寧可使用右邊的模型，其中心智，即第一知覺，滲透

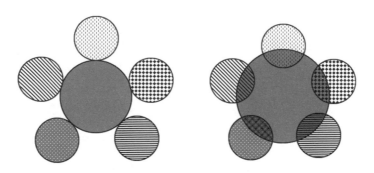

圖4.3　心智和五種普遍精神因素相互關聯的意識經驗有兩個可能模型。左邊的模型顯示心智位於中央，但是和其他精神因素完全區分。右邊的第二個模型，心智仍然位於中央，但是和其他精神因素互相滲透。圖像製作：溫蒂·哈森坎普。

了所有的第二知覺因素。因此，無論如何，每個精神事件都必定是心智和五種普遍因素的共同作用，這有可能使事情更為複雜。

　　我們且以仇恨為例。從這個模型的角度怎麼來看待仇恨？仇恨究其根本是精神性的、痛苦的、本質上負面的情緒，所以它必定是具有五種普遍性精神因素的一種心智，另外，它必定還有額外的仇恨、負面情緒和痛苦情緒的因素（圖4.4，左）。當仇恨產生時，它破壞一切。憤怒滲透了內在心智和精神因素（圖4.4，右）。

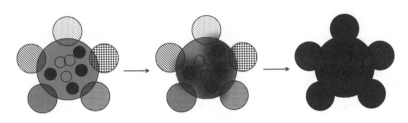

圖4.4　憤怒的意識經驗模型。左圖是心智和五種普遍的精神因素，心智中有三個界定性因素（用小白圈表示）和額外的負面精神因素（用小黑圈表示）。這個模型向右邊演變，顯示和憤怒相關的負面因素如何開始向整個心智滲透（中圖），最後導致憤怒的感覺占據了全部意識經驗（右圖）。圖像製作：溫蒂·哈森坎普。

　　慈悲心也一樣。我們用構成的觀點來看慈悲心。基本的構成是同樣的（心智加上五種普遍的精神元素），再加至少幾種界定性因素和幾種額外的正面因素（圖4.5，左）。當它滲透於經驗中，那是一種美好的感覺（圖4.5，右）。從外表看它只是慈悲，是單一的事物，但是從構成來看，裡面有很多獨立成分同時存在。

格西南捷在此描述了意識經驗感知之間的不同，它可以看起來像

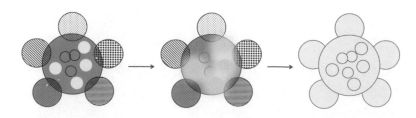

圖4.5　慈悲心意識經驗的模型。心智和五種普遍精神因素出現在左圖中，心智中有三個界定性因素（小灰圈）和額外的正面精神因素（小白圈）。從左邊模型向右邊的演變表示，和慈悲心相關的正面因素開始向整個意識經驗滲透（中圖），最終是慈悲的感覺占據了全部意識經驗（右圖）。圖像製作：溫蒂・哈森坎普。

是單一元素（例如憤怒或慈悲），但是經驗的複雜構成事實上是存在的。這個佛教觀點非常有意思，它可以引導我們思考怎樣利用主觀經驗來為心智的科學研究者提供資訊。例如，是不是可能透過自我訓練（例如透過冥想修行和仔細內省）來辨認引導經驗中額外的、隱蔽的因素？在什麼樣的範圍內我們對心智狀態的認識完成了，在什麼樣的範圍內它們遮蔽著意識更為複雜的圖像？將第一人稱方法和第三人稱方法精確的整合，是否有助於揭示這種微妙的奧秘？

~~~~ 第5章 ~~~~

感覺自己是大腦：物質和意識的關聯

克里斯多夫・柯赫

我們透過討論神經科學有關意識和大腦的觀點，繼續探討心智的本質。克里斯多夫・柯赫（Christof Koch, 1956-）是西雅圖的艾倫大腦研究所（Allen Brain Institute）主任，是和意識相關的大腦研究領域名列前茅的思想家。在本章中，克里斯多夫介紹了我們迄今為止對意識來自何處，需要什麼條件才能有意識等問題的瞭解，這些是現代科學最近才開始探索的問題。他質問，我們是否需要記憶、語言、行為或情緒才能夠有意識，並且講解了為什麼科學家要研究大腦，而非別的器官或生物學過程，以理解這個神秘現象。

克里斯多夫・柯赫：尊者，我的重責大任是向您介紹二千三百年來西方關於意識的思想。這個傳統一直要追溯到古希臘，亞里斯多德、蘇格拉底和柏拉圖最早寫到了這些問題；差不多兩千年後，笛卡兒開創了現代對心智與大腦的研究。達爾文和艾倫・圖靈（Alan Mathison Turing, 1912-1954），以及我的導師法蘭西斯・克里克（Francis Crick）都對此做出了貢獻。

意識問題到十九世紀中期才真正成為實證研究的焦點。這個較為晚近的科學傳統強調實證研究，並且越來越影響了對大腦的研究，其中蘊含著對自然的物理化理解。但是，除了用實驗的方法研究這些問題，以及從哲學角度思考這些問題以外，最終依然需要正式的理論，包括有關意識的理論，並在現實中加以檢驗。

這樣的理論需要解釋為什麼、以及那三磅重的高度組織化、易興奮的物質（人類大腦）如何產生我們的意識經驗。理論如果不是可檢驗的，就不是科學理論。這就是研究的焦點所在。

現在請看螢幕。（克里斯多夫在螢幕上放映了一個紅色實心方塊的圖像）這個圖像概括了意識的問題。你們看到的圖像是紅的，但是如果你是色盲的話，你看到的是不太一樣的色彩，取決於你的眼睛裡這張圖的區域中的精確分子構成，不過你看到了一些東西。

哲學家說感覺好像是看到了紅色。衝擊眼睛的光子流激起了大腦某處的電活動，那兒就出現了和刺激相連的感覺，這就是看見紅色的經驗。我在我的頭腦裡體驗到了這個顏色，雖然我的頭顱內部其實是完全黑暗的。哲學家將這稱為感受性（qualia），那裡有對紅色的感受性。如果我牙疼，那麼我有疼痛的感受性，如果我想起了我母親，那麼我有想起母親的感受性，包括與之相隨的所有正面感覺。

很多人，特別是我的導師法蘭西斯·克里克，相信一旦我們理解了這種簡單形式的意識，例如，我們是怎樣體驗到紅色的，我們就能大體上理解意識問題。意識的所有不同層次，包括自我意識，即我知道我是個人，我知道我悲傷或憤怒，我記得我今天早餐吃了什麼，都只是主觀性、經驗性基本現象較為高級的表現。

科學家面臨的問題在此（圖5.1）。這是核磁共振掃描出的我的大腦圖像：我是個學究、書呆子，正如你們所見，我的大腦是對稱的偏長形。圖像中那些亮點，對應著我看到紅色時大腦中被啟動的區域。

這房間裡的每個人都從第三人稱的視角看著我的大腦，這是

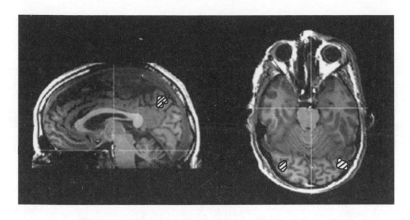

圖5.1　此圖顯示當克里斯多夫看到紅色時，他大腦中被啟動的區域的圖像，證明了第三人稱對意識的敘述（當一個人看到紅色，大腦中明亮的部分被啟動）。而第一人稱敘述則相應於他對紅色的原始體驗。

一個大腦掃描的客觀檢測。然而，只有我也有第一人稱的視角，即我自己有看到紅色的體驗，你們都沒有我的紅色體驗（雖然當你們看到紅色時有類似的體驗）。但是你可以在我有這個體驗時看到我的大腦；你可以拿我的一片大腦組織做切片檢查（就像神經手術中有時候要做的一樣）並且分析它；你可以將微型電極插入我的大腦做記錄，也可以像理查・戴維森和他的學生們那樣，把腦波圖（EEG）電極放在我的頭上並加以研究。這些都是第三人稱的陳述，但是只有我有第一人稱的陳述。西方科學遇到的挑戰是解釋第一人稱陳述是如何產生的，它如何、為什麼與第三人稱關於大腦的陳述發生關聯。這正是神秘所在；是心－身問題的核心。

　　我的大腦由物質組成。它遵從我們之前聽過的量子力學和廣義相對論的所有法則，可是這些理論都沒有談到意識。查看元素週期表，也查不到「意識」。可是這些元素的某種特定排列組合

就構成了我的大腦，而和意識聯繫在一起了。如果我察看我的基因，構成我的DNA的核苷酸的複雜模式，沒有任何東西能說明「意識」。可是我每天早晨醒來時，面對的是一個充滿了感覺和體驗的世界。

感覺是怎樣進入物理系統的，我們對此還一無所知。這是一個謎。一台收音機也是一個物理系統，同樣也是由物質構成，但是我們不相信它會感覺到它是一台收音機。

這裡的大問題是，為什麼一樣東西不會感覺到自己是一台收音機，而另外有一樣東西卻會感覺自己是一個大腦？至少有些時候它是這樣感覺到的。在深度睡眠中，就我自己而言，我消失了，我不再感覺到任何事物。但是當我清醒，無論是在夢中或是在醒著的狀態，我是有感覺的。

有些哲學家稱之為解釋的鴻溝（explanatory gap）。一邊是物理和化學、生物學和大腦的客觀世界；另一邊是疼痛、愉悅、感情、渴望和記憶的世界。我們知道這兩邊是相連的，向頭部猛擊一下就能痛苦地證明這一點。可是為什麼是這樣，它們又如何運作——第三人稱敘述如何與第一人稱敘述相連？這是一個大奧秘。

這個謎有時候被稱為意識的「難題」（hard problem），是現代哲學家戴維‧查爾默斯（David Chalmers）提出的。相較之下，所謂容易的問題則涉及界定感覺、注意力、認知等過程的物質（即神經）基礎。這些屬於物質過程的範圍，可以用科學加以分析。在「容易」的問題之外，這些物理過程為何或如何產生我們的主觀經驗，物質的解釋是否能夠對這個問題提供充分的答案，心智哲學家們仍然意見分歧。

關於意識的研究比研究恒星、病毒、量子力學等更具挑戰

性，因為大部分人都相信那些事物沒有第一人稱敘述。沒有什麼事物會感覺自己是恒星、病毒，或是電子。可是在意識研究中，卻有什麼東西會感到自己是個大腦。

意識的狀態和層次

克里斯多夫・柯赫：關於伽利略，我們已經談了很多。他是十六世紀義大利科學家、當代科學之父。他說過：「測量可測量的東西，把不可測量的東西變得可測量。」這也是研究意識的勇敢科學家的座右銘——發展出可以測量意識的工具。

西方醫學和科學區分「意識」一詞有兩種不同用法。一種是指意識的內容，另一種是指意識的狀態。前一種用法把「意識」當成及物動詞，意識到了某物，例如意識到了紅色；後一種用法是當作名詞，例如處於一種清醒狀態，或者失去意識狀態，例如在麻醉過程中。

當我看到紅色時，我指的是紅色占據了我意識的內容。在其他時候，我想起一件事，或者我肚子餓，或者我的腳趾疼。我總是意識到某些事情，但是我所意識到的東西、內容，常常在變化著。

然後，有不同的意識狀態。我們對意識後面的大腦機制已經知道得不少了。我們知道，要讓皮質丘腦系統意識到任何東西，它需要被中線結構（即位於大腦中線，大腦皮層下面的結構）釋放出的神經調節物質所刺激。

我在這間大廳裡講話時，你們大家都完全醒著，而且有意識。今晚，我們大家都會閉上眼睛，進入不同的狀態。我們可能在身體處於睡眠時「醒過來」，進入另一種意識狀態，即做夢的

狀態。或者我們會進入深度睡眠（所謂非REM睡眠），完全失去意識，幾乎不再體驗到任何事物。

在診所裡，病人徘徊於生死之間時，會發生意識的病理學形式或狀態。以著名的美國病人特麗‧夏沃（Terri Schiavo）為例。她的心臟停頓了二十分鐘後，醫生把她從死亡邊緣救了回來。她在持續植物狀態下又活了十五年。據估計，僅在美國就有上萬病人是類似她這樣的腦神經病人。他們的部分大腦，通常是大腦皮層或者是丘腦，由於感染、酒精、藥物中毒，或者交通事故而受到了大面積不可逆轉的損傷。這些人仍活著。他們有時睜開眼睛，有時閉上眼睛。有時候他們發出呻吟，身體或眼睛會動。有時候他們看上去好像在微笑。但是我們沒有辦法和他們進行確實的溝通。你可以對病人說「如果你感到疼痛就眨眨眼睛」或者「握一下我的手」，可是這種病榻旁的詢問無法確實激起適當的回應。他們的意識已經消失，但是還有足夠的大腦活動可維持呼吸和其他基本反應，所以病人會動、會呻吟，他們的瞳孔在強光下會有收縮反應。

特麗‧夏沃的情況是，她的腦波圖（EEG）平平、不規則。她死後，大腦皮質層的檢查發現已經萎縮到大約一半大小。所有臨床證據都顯示它不再感覺到自己是特麗‧夏沃。她的意識心智在多年前就死亡了，而她的身體還活著。現在的醫學觀點是，在持續植物狀態下，大多數病人的意識已經永遠消失了。

意識的條件

克里斯多夫‧柯赫：意識是什麼？它是怎麼來的？誰有意識？意識在做什麼？關於這些問題有多不勝數的推測。為了讓這些推測

有所依據，我提出我們有關意識的相當有把握的事實，作個簡介紹。

有一點我們已經知道，意識和某些複雜的生物網絡相關，即神經系統，尤其是人類的大腦。意識並非和所有的複雜生物網絡都有關聯，例如，我們都有一個後天和先天的免疫系統。我現在來到印度孟古德這個新環境，暴露於眾多以前從未接觸過的新病毒和細菌之中，它們就在我呼吸的空氣中，我所吃的食物裡。我的免疫系統現在很可能非常忙碌，忙著打敗侵入我身體的這些微生物，但是我沒什麼感覺。我對我的免疫系統沒有感覺，它安靜地忙著，沒有引發感覺及意識體驗。為什麼？我們不知道。

我的肝臟是另一個複雜的生物器官，具有複雜的代謝網絡，但它沒有意識。在我的腸道，即腸神經系統裡有一億個神經元；但是，好像沒有意識體驗和我腸道中的活動相關（或者，如果有的話，它沒告訴我）。所以，只有某些生物網絡，尤其是部分中心神經系統，看起來和意識活動相關聯。問題是為什麼只有大腦而不是其他系統或器官與意識相關聯？

達賴喇嘛：我不想打擾你的講解，但是在最細微的層次，植物、石頭和大腦的粒子是相同還是不同的？從純粹物理學理論的觀點來看，在最細微的層次，能不能說無機物質如石頭、有機物如植物和生命的物質構成，即基本層面上的元素構成是相同的？

克里斯多夫・柯赫：我們沒有證據說植物、動物和人的構成元素，氫、氧、碳、氮、鈣等，和組成岩石、行星或恒星的原子、分子不同。它們都是一樣的。

達賴喇嘛：顯然，生命開始得比意識或心智早得多。構成我們大腦的粒子和那些沒有心智、沒有意識、沒有感覺的粒子終究有關聯。

它們在最細微的層次沒有什麼不同。那麼，在什麼層次成為意識的基礎，你區分得出來嗎？植物沒有意識，因為它缺乏這種東西。我們活著的人因為有這種粒子，所以有能力發展出意識。你能說出那是什麼嗎？

克里斯多夫・柯赫：我們可以推測，但是眼下最誠實的回答是我們不知道。我們知道我們的肝臟沒有意識，而大腦有時候有意識，這些我們可以確定是事實。但是我們並不真的知道為什麼。很多科學家，包括我自己，相信它一定和器官的複雜性有關。系統越複雜，它就越具備產生意識的潛力；一個簡單系統沒有意識，而更複雜的系統就可能有更複雜的意識。但是，把複雜性變成生命的聲音與視覺的本體論原理是什麼？我們現在能做的只是推測，然後看這些推測是否能夠用實驗來驗證。

　　另外一個事實我們也相當肯定，那就是意識不需要有行為。也就是說，即使某人沒有明顯的行為，他或她仍然可以是完全具有意識的。我們從緊張性精神分裂症患者、閉鎖症候群患者，以及一些因攝取摻有雜質的海洛因而不能動彈的病人身上看到這點。他們完全不能行動，可是仍然有意識[1]。

　　我們從自己的做夢狀態得知，意識並不需有行為。當你夢見自己奔跑和飛翔時，你並沒有實際在做這些動作。我們睡眠的時候，大腦幾乎完全癱瘓我們的隨意肌，即鬆弛肌肉，以防止肢體動作吵醒我們。所有這些肌肉都癱瘓了，除了眼睛肌肉。所以，你的大腦在做夢，產生帶有強烈情感成分的生動視覺和聽覺體驗，而你的身體卻一動也不動。

　　就像意識不需要有行為一樣，意識也不一定伴隨情緒。我們怎麼知道呢？有一些從阿富汗或伊拉克的戰場回來的退伍軍人，他們因爆炸而失去肢體，大腦受到傷害。他們會不帶任何情感地

說話，聲調平和，沒有任何起伏。他們不顯示情緒，但是他們是有意識的：他們能看、能聽、能記憶。他們講述自己的生活怎樣由於受傷而改變，但是沒有任何強烈的感情。至少在這些病理實例中，人們可以有體驗而沒有強烈的情緒。

另外一件事是我們知道，選擇性注意力和意識可以分離。傳統上認為，如果我們注意到某物，也就是將內在認知運作指向此物，那麼我們一定會意識到此物。但是這種連結似乎不是一定的。

注意力有不同的形式[2]。例如，我可以集中注意力在正前方的東西上，也可以從眼角注意尊者的舉動。這種選擇性的空間（視覺）注意力形式可以和視覺意識分開。現在有許多實驗，視覺心理學家已證明你可以注意一樣東西但是並不看著它。某個對象是看不到的，我沒有看到它也沒有意識到它，但是精心的操控顯示，我的大腦仍然可以注意它；也就是說，我的大腦優先運作處理這個對象。所以我們知道選擇性注意力可以和意識分開。是不是反之亦然，人是否可以不注意某物但是意識到某物，則還不清楚。

討論：自我意識和主觀性

克里斯多夫·柯赫：我們還知道，意識體驗的產生不一定需要語言或自我意識。

達賴喇嘛：你所說的「自我意識」是什麼意思？

克里斯多夫·柯赫：我知道我是克里斯多夫，我知道我早餐吃了什麼，我知道我有一天會死去。我可以有高層次的思想並且對我的感覺經驗加以思考。例如，「嗯，我現在有了和尊者談話的意

識經驗了。」

達賴喇嘛：那麼，動物沒有自我意識嗎？

克里斯多夫·柯赫：有些動物可能有某種有限形式的視覺性自我意識，就像著名的鏡子自我認識試驗所測定的，年約一歲半以上的嬰孩和有些靈長類動物，如海豚和大象都通過了這個試驗，但是多數動物可能不知道自我。狗能意識到快樂、愉悅和疼痛而沒有很多自我意識。我的狗不會坐在那裡說「我的尾巴甩得很好玩。」狗只是充分地活在當下。

我的假設是，自我意識是意識反觀自身後一種更為自覺的形式發展進化的結果，即意識到自身。

達賴喇嘛：舉例，假設有個動物在感官層次想要些食物，但是牠曾有過吃食物產生負面後果的經驗，現在，即使牠想要食物，但是在精神層次是謹慎的。這不是一種純粹的感知過程。

克里斯多夫·柯赫：你是對的，這是一種記憶形式，但不一定是明確的記憶。

達賴喇嘛：所以你的意思是這不是一個自我意識事件？

克里斯多夫·柯赫：是的。你可以讓人害怕某個東西而他們根本不知道為什麼。你進了一個黑暗的房間，感覺不自在、焦慮，但是不知道為什麼。你也許沒有幼時在黑暗房間發生什麼事的明確、有意識的不好記憶。這和自我意識是不同的。

馬修·李卡德：有個關於訓練海豚清洗牠們生活的水池的故事。訓練員以讓牠們把浮在水面上的紙板叼回來，然後獎勵牠們一條魚的方式訓練牠們。

海豚發現每片紙板能換到一條魚。於是有一條海豚延遲獎勵，把紙板藏在大石頭下面，弄成兩片或三、四片，然後把每一片叼回去得到一條魚。

因此，海豚首先要延遲獲得獎勵，而且必須意識到如果將一片紙板分成四片能得到四條魚。看起來，這必須經過一番自我思考。

克里斯多夫・柯赫：毫無疑問，有些動物有能力進行複雜的認知任務，而且，我之前說過，有些動物的確有某種形式的自我意識。但是這不等於說，你必須得有自我意識，才能有意識。我的意思是，你可以意識到某物，可以體驗到紅色，而不一定能意識到「我是克里斯多夫・柯赫，我現在有紅色的意識經驗。」

達賴喇嘛：當我們看到某物時，在那個時刻，我們不會有意識思維「我現在看到了某物。」但是稍後回顧時，你可以回憶起這個經歷。

所以，當你看到紅色，稍後你能回憶這個經驗「我看到了紅色」，除非這個看到紅色的經驗以某種方式保留下來了，否則沒有回想的可能性。為了要記住你看到了紅色，你是否必須有意識地體驗看到紅色的事實？

克里斯多夫・柯赫：是的。當然，也有一些人堅持說他們看到了事實上從沒發生過的事。

土登晉巴：尊者說的是關於確實的記憶情況。

克里斯多夫・柯赫：那麼，是的，為了能夠在後來有意識地回想某件事，必須有某種東西為你把某事件保存下來。但是，儘管手機會拍照並保留它們，我們卻不會認為手機有自我意識。

達賴喇嘛：我們不是在談人工意識，而是有意識的生靈。為了能夠回憶起某個特定經驗，你是否首先要經歷這個事情？

克里斯多夫・柯赫：沒錯。我不知道有那樣的實例，一個人之前沒有經歷某件事卻能有意識地回憶這個經驗。

達賴喇嘛：那麼，在這種情況下，當你回憶某個經驗時，你不僅

實際回憶起你經歷的內容，比如紅色，而且你回憶起了看到紅色的經驗。

這裡有我看到了它的意思。我正看著。沒有「我」，你談不上回憶起獨立於經驗內容的主觀經驗。

因為你告訴自己「是的，我看到了那個」，因此你有資格以第一人稱「我」來回憶，這個回憶是主觀的。

克里斯多夫·柯赫：但是在很多情況下你並沒體驗到那個「我」。例如，如果你在印度街上的忙碌交通中騎自行車，那是很危險的，你必須時時刻刻小心卡車、汽車，甚至牛。你意識到很多東西，但是你後來可能一點也想不起來，因為那些事情發生得很快。你當場意識到它們了，但是實驗證明事後大部分事情你都記不起來。

達賴喇嘛：那不是問題。這種經驗有個專有名詞：不注意的感知（inattentive perception）。

克里斯多夫·柯赫：是的，在科學中也有同樣的術語。但是此人仍然經歷了某些事件，儘管他大部分都想不起來。

達賴喇嘛：也就是說，有意識的經驗並不意味著你一定能回憶起來，但是反過來卻是：如果你能回憶起來，這個經驗一定有被意識到。

克里斯多夫·柯赫：是的，沒錯。我還應該補充說明，在信念比較接近您的西方哲學家中，有一個流派主張所謂意識的高階理論。他們認為，只有當你意識到你的經驗時，你才是經驗到了這個事情（技術性的表述是，意識是第一階心智狀態的知覺）。這是一個關鍵步驟：如果某人看到了紅色，此人必須知道他或她看到了紅色，才是體驗到了這個顏色；否則就沒有體驗。身為經驗主義者，我對這個觀點持懷疑態度，因為，如前所述，在很多情

況下，當我很投入的時候，我看著聽著卻不一定有高階的思想。

達賴喇嘛：如果這個人看到紅色且後來能回憶起看到了紅色，那麼必定有某種能力記錄了這個經驗，使它能夠被想起，因為你不會回憶起和經驗無關的內容。

克里斯多夫・柯赫：沒錯，但問題在於這是否涉及自我？是否涉及知道這是我在經歷這個事件？

我們知道的另一個事實是，長期記憶並不一定為意識而存在。理查・戴維森提醒我，有一個和意識沒有關係、完全分離的記憶系統，叫做程式性記憶（procedural memory）。這個記憶讓你會打繩結、騎自行車、在鍵盤上飛快打字。有個著名的病人H.M. 神經外科醫生為了治療他的癲癇症，把他的內側顳葉，包括海馬迴，從大腦兩側割除了。在之後的五十年，他有嚴重的順向失憶症，無法記憶罹病後這些年的任何事情。

你可以跟他談話，他能恰如其份地回答。但是如果你走出房間，五分鐘後返回，他卻記不起來剛才見過你。你可以和他再次談話，他卻察覺不到自己在重複剛才已經談過的話。在H.M.的大腦中，沒有明確的記憶痕跡留下來。但是他可以學習新技能：他學會鏡像書寫，就像達文西一樣。他學會了其他很複雜的動作序列，並對學會這些技能無知無覺，但是一段時間後，他能夠又好又快地執行這些技能。

這就是程式性記憶：怎樣騎自行車，怎樣打網球，怎樣做一個特別的坐姿。這些技能，你能夠完全學會而未意識到自己在學習它們。但是這和記住你生活中的特定事件不一樣；這就是事件記憶和程式性記憶的區別。

有意思的是，對意識來說，只有一個大腦半球是必須的。一些手術切除了半個大腦的病人證明，只有半個大腦的病人仍然可

以有意識[3]。你不需要兩個大腦半球。

此外，大腦的特定區域和意識的特定內容相連。最有意思的是，從大腦科學的觀點來看，如果你失去了大腦的某個部分——不是失去心臟，不是失去肝臟或腎臟，而是失去了大腦皮層的某一塊——你就失去了意識的某些特定內容。你可能就看不見顏色、看不到動作了；你或許變成臉盲，可能認不出結婚三十年的配偶，因為你失去了每次看到她就激發出的熟悉感覺。這些經驗似乎依賴於大腦某些特定區域的適當活動。

動物有意識嗎？

克里斯多夫・柯赫：很多動物具有意識經驗（此時克里斯多夫在螢幕上打出了一張照片）。這裡是兩個有意識的哺乳動物：一個是我女兒，另一個是她心愛的狗、德國牧羊犬Tosca。為什麼我們認為她和狗都是有意識的？

如果我從人類、老鼠、猴子的大腦取下米粒大小的一些神經組織，它們看起來都是相似的。神經元看起來一樣，染色體看起來一樣，在這片組織上呈現的基因看起來也大致相似。不是所有的一切都完全相同，但是廣泛的相似性多於它們之間的差別。在對實驗室白鼠和人類大腦的研究中發現，主要差別是我們的大腦比白鼠的大1000倍，比狗的大20倍。

當然，海豚的大腦比我們的大。藍鯨的大腦是人類大腦的3倍，這讓我們人類有點難為情。總體而言，在一神論宗教的文化中，人們相信自己是進化的頂峰，是其他一切存在的理由。但是從生物學來思考，人類大腦天生高級的信念是得不到證明的。為什麼鯨的大腦沒有我們的聰明，雖然它比我們的大，大腦皮層神

經元也比我們多，要解釋清楚這一點並不容易。在生物化學和生物物理學機制的層面上，不同物種之間看起來很相似。這是反對只有人類才有意識這個觀點的一個強有力論據，因為我們的大腦和其他動物的大腦是以相似的方式運作著。

第二個理由是行為。一方面，狗的行為跟人類不一樣，例如，牠們不說話。但是嬰孩也不說話。中風病人或者深度癡呆症病人也不說話。但是，幾乎所有人都認為嬰孩和病人是有意識的，卻又有很多人否認動物的意識。狗有很多方式跟我們交流牠們的內在情緒，牠們搖尾巴、轉動眼睛、聳動鼻口部、吠叫，還有種種不同的叫聲。反過來，我們也有和這些動物交流的各種方式，這是我們寵愛牠們的原因。

我從小就是天主教徒，當我還是小孩時，我問狗死的時候去哪兒了。牠們肯定也能去天堂？但是不，根據標準的羅馬天主教教義，天堂只有人類可以去。我覺得很奇怪，因為不管人類和狗的終極本質是什麼，我們都是自然之子，我們都是從共同的祖先進化而來。我們是相似的，特別是我們都具有體驗聲音、景物，和感受生活的痛苦、歡樂的能力[4]。

對生物學家和一些哲學家來說，這是一個明確的論點，而對西方的一般大眾來說要困難得多，因為在猶太－基督教傳統中有強大的人類特殊論信念。很多人相信人類有靈魂，而動物沒有靈魂。笛卡兒是這麼想的，他寫過如果一條狗被馬車撞了會可憐地哀嚎，但是牠不會因疼痛受苦。

那麼不是哺乳動物的動物又如何呢？牠們是不是也有能力經驗任何事情？看看蜜蜂吧，幾乎所有蜜蜂都是雌性。牠們是勤勞的，可以用舞蹈交流關於食物源的地方和質量[5]，可以識別不同的養蜂人。春天時，牠們派出上百個偵察員去探查蜂窩附近的情

況，尋找另築新巢的地點。這些偵查員會用複雜的舞蹈交流，持續數天，以達成一項集體決定：整個蜂群起飛，搬到牠們的新家去。這是一個奇妙的景象。

對我們而言，找到一個新家可能要花費幾個月，沒完沒了地跟配偶討論（大笑）。可是對蜜蜂來說，300隻偵查蜂可以為整個蜂群找到一個新家而沒有打鬥。蜜蜂的大腦有大約100萬個神經元，人類大約有1000億個神經元，是10萬倍之多。但是蜜蜂的大腦是複雜的。事實上，其神經元的密度高於哺乳動物的大腦10倍。

我們不知道當蜜蜂是什麼感覺，也許一隻蜜蜂造訪一朵花，從花蕊裡吸取金色花蜜時，牠感覺到一點快樂。也許在溫暖的陽光下，牠也能夠體驗到自己的意識感覺？

這提出了一個問題，有關動物意識，合理的形而上學立場是否接近西方所謂的泛心論（panpsychism）。就此時的純粹猜測而言，也許有大腦的所有生物都是有意識的。很多人認為狗是有感知的，但是他們把「更簡單」的動物如蜜蜂排除在外。很多人會說「那只是一隻蟲子，牠不可能有意識」。但是這想法只是建立在和人類有多少相同與差異的直覺。

想想看，很多人認為鯨是一種魚。他們論證說，鯨在水中像魚一樣游，氣味像魚，所以牠就是魚。但是，對這些龐大、溫和動物的行為、形態及發育的研究證明，鯨是哺乳動物而不是魚。也許我們對蜜蜂、飛蟲和蠕蟲的直覺同樣也是錯誤的。也許這些生靈也都有意識的能力。這是科學家們目前開始思索的一些問題。

泛心論是一種哲學觀點，認為心智是宇宙最基礎而且無所不在的

特質。這個理論有不同的層面。最極端的追隨者認為一切物質中都充滿著心智。較溫和的觀點則認為有些基本物理實體，像粒子，是有精神狀態的。即使是較溫和的立場也似乎是反直覺的，克里斯多夫則提議，理論上，具備某種特定複雜性層面的任何系統都可以視為是有意識的，而眼下我們無法知道這一點是否確實。在下文中，他擴展了這個思想，提出了一個問題：意識是否一定需要某種生物學基礎（例如，大腦）。

尋找意識的理論

克里斯多夫‧柯赫：研究意識的人如今在實驗室裡做什麼呢？他們在尋找意識的神經相關物。如果一個實驗主體有了紅色的體驗，大腦科學家問，那麼是大腦的哪一部分使紅色的體驗產生呢？什麼是最起碼的機制？在大腦的哪一部分運作？而使得紅色的經驗能夠發生呢？他們會對那些躺在掃描儀中或者利用EEG記錄腦電波的志願者，或者經過訓練的猴子，以及其他經過訓練、會用手勢來表達感覺的實驗動物提出這些問題。

我們要找的是機制。例如，沃爾夫‧辛格（Wolf Singer）相信，在所謂伽瑪範圍中的同步腦神經震盪（每秒30到60次）可能就是意識的相關物之一。其他學者則認為某些特定神經結構，某些類型的神經元，或者神經傳導物質是意識相關物的關鍵所在。關於意識背後的機制，現在有很多世界各地的實驗室正在對各種理論進行探索，並且有了一些了不起的科學進展。所以我們現在可以走進實驗室試驗，可以爭論、熱烈地討論到底大腦的哪一部分對意識是更重要的。

例如，我們知道在大腦後方有個包含大部分大腦神經元（一

般人類大腦的860億個神經細胞中的大約690億個神經元）的「小腦」。如果你突發中風或者長了一個腦瘤而失去了這個小腦，或者你天生就沒有小腦（這是比較罕見的病例），你就會說話含混，像喝醉了一樣。你會表現出所謂運動失調的症狀，步態會失常。你將不會跳舞、攀登，或做需要協調性的動作。然而，總的說來，小腦損傷的人不會抱怨說失去了意識。他們不會說「我看不見世界的顏色了」或者「我再也沒有情緒的體驗了」。所以，小腦儘管有大量的神經細胞、突觸和神經鍵，即一個良好大腦所應該有的一切，但看來不是產生意識的基質。這相當引人入勝，而且給予我們有關意識機制的重要訊息。這種對什麼是、什麼不是意識相關物的研究，是當下大部分實驗研究正在進行的事。

　　科學家多半相信，你必須有個大腦才能有體驗。但是我們可以問，是不是一定必須是大腦？有可能是別的什麼也能產生一些體驗嗎？用更抽象的方式，我會說，你需要一種機制或者物理相關物使意識產生。我不能想像沒有大腦或一些物理機制，卻有意識。如果你的大腦死亡了，完全關閉了，沒有任何腦電活動，那麼所有的實驗證據都證明，意識也不存在了。於是有這樣一句話「無大腦則無心智。」（No brain, never mind.）。

　　讓我們用盡可能抽象的方式來探討、瞭解意識及其起源和基質，從特殊導向一般。在十年、五十年，或一百年之內，假設神經科學沿其路徑繼續發展，很有可能我們將會瞭解意識的神經相關物。也就是說，我們將會知道，在大腦某個部分的神經元必須以某種組合形式啟動，才能使你意識到疼痛或沮喪。就像我們發現了肺結核的根本相關物（即最終的原因）即細菌感染，我們也將發現人類大腦以及其他動物大腦中的意識相關物。我們會的。唯一的問題是我們要花多長時間，以及會有多複雜。這是否涉及

整個大腦？涉及自主神經系統呢？我們終究會知道，比如說，當大腦處於某種狀態，神經元以40赫茲發出訊號時，你就會有意識。然後你就可以退一步想想「很好，但為什麼是40赫茲呢？為什麼不是30或80赫茲？40赫茲有什麼特別呢？」我們終究想要理解為什麼意識和一些特定的大腦運作過程相關，而和其他無關。我們想要理解大腦何以如此特殊，而和肝臟或其他器官不同。

在西方，我們熱愛機器。好也罷，壞也罷，機器給了我們克服自然的力量。如今我們有了電腦，於是我們問電腦是否可能會產生意識。我的手機將來會有意識嗎？它會感覺自己是手機嗎？那可能是一種榮耀感（笑）。或者網際網路，如果你將網際網路看成一個整體，就和它連結的電腦數量、所有的電晶體和線路數量而言，它在複雜性上已經可與人類大腦競爭。原則上，網際網路會有意識嗎？是一個正當的問題。

我的意思是，它是不是會有自己是網際網路的感覺？當你將網際網路關掉時，它將不再有任何感覺？這可能嗎？眼下這還是科幻小說，但是技術的發展非常快速。此刻在這座宏偉大廳很多人的有生之年裡，像人一樣會說話並和我們互動的機器人將會製造出來。它們的行為，聰明、有意識地回答複雜問題的能力，將挑戰我們對感知的理解。它們的硬體和軟體、「大腦」將非常複雜，從而提出了一個合理的問題：它們有意識嗎？為了回答上述所有這些問題，我們需要有關意識的理論。

學者們現在正開始發展相關理論。威斯康辛－麥迪遜大學的一位精神病學家、神經科學教授，也是理查·戴維森的同事，居里奧·托諾尼（Giulio Tononi）是少數以量化、數學的方式思考這個問題的學者之一。托諾尼的資訊統整理論（Integrated

Information Theory）形成了一個原則性、分析性、描述性、可實驗檢驗、臨床上有用的陳述，可說明3磅高度組織化、易興奮的大腦組織如何產生意識經驗。這個理論推導出了一組方程式，用以測定在特定狀態下各種機制的意識經驗的數量和質量，不管那是生物性大腦還是合成的大腦[6]。如果我取出我的大腦，將每個神經元代之以電子機械製作的等效電路，結果出現的神經形態的電腦克里斯多夫也會有意識。追根究柢，意識並不依賴於我腦殼內一堆黏糊濕軟的細胞所構成的大腦。經驗也可以從銅線和矽管中產生。

我們正開始理解任何有意識的系統所需要符合的重要數學、邏輯、實驗條件，不管那是人類大腦、是胎兒，或者是網際網路。這類正式的理論，至少在原則上，能夠讓我們測量意識，製作意識測試表。

以病人特麗・夏沃為例，我想檢驗這類病人是否有意識但是由於腦傷而無法交流。如果病人其實意識到疼痛和壓力，但是因為她不能說話也不能以其他方式表達所以沒法告訴我，那怎麼辦？再者，任何關於意識的像樣理論應該能夠告訴我們，一條蟲子是不是有意識，或者老鼠、蜜蜂、機器人、智慧手機、網際網路有沒有意識。科學現在正在建立理論以確定任何有意識的系統的必要條件和充分條件。

研究無意識

克里斯多夫・柯赫：我想說說心理學家和神經科學家在實驗室是如何研究意識的。我要放個短片來說明心智與大腦的奧妙。

這時，克里斯多夫放映了一系列影片，每部只持續數秒。我們在大螢幕上能夠看到的好像是一些閃爍、多種顏色的橢圓形和矩形。克里斯多夫請尊者說說他在各個影片裡看到了什麼。在第一個影片裡，他只看到了多種顏色的圖像。在第二個影片裡，好像是同樣的東西。在第三個影片裡，尊者笑了，我們大家也都看出一個人臉一閃而過。然後克里斯多夫說，這人臉其實在前兩個影片裡也有，隨後他重放影片，看我們在預先已知有什麼的情況下，能不能在前兩個影片裡看出人臉。結果是有看出的也有沒看出的。尊者開玩笑地問理查‧戴維森能不能看出人臉，理查說可以，不過他以前已經看過類似實驗影片。

克里斯多夫‧柯赫：這裡的要點是，在三部影片裡都存在著人臉，但是它有時候是被遮蔽而看不見的。在第一和第二部影片裡，就在人臉照片出現前，有一些色塊出現，然後是人臉圖像，緊接著是更多的色塊。在觀者大腦裡，這些訊息、人臉和色塊都混在了一起，你看到的都是顏色而不是人臉，雖然人臉出現的時間在三部影片裡都是完全相同的三十分之一秒。

現在我們可以請尊者安靜地躺在磁掃描儀裡，然後觀察當人臉出現時，您的大腦某部分是否處於興奮狀態，雖然你自己並沒有認出人臉。這是所謂潛意識感知（subliminal perception）。我們可以搜索您大腦中的視覺區域，把那些在您意識到自己看到人臉時的反應，和那些人臉出現而你可能有也可能沒有認出人臉時的大腦反應進行比較。

這種比較使得我們能夠追尋大腦中的意識「腳印」、認出人臉時的神經相關物。大腦的有些部分對眼睛視網膜上的影像有反應，但是有些部分只有當你真的有意識地看到人臉時才會有反

應。我們可以由此得出結論，大腦的後面部分和意識更有關聯。

　　這裡有一個技術是理查・戴維森在他的實驗室研究無意識時使用的。在一個將雙眼視線分開的實驗裝置下，研究者給你的左眼和右眼所看到的螢幕上打上不同的圖像（圖5.2）。你的左眼螢幕上是一張憤怒的臉，而右眼是一些閃爍的色塊，可是你只意識到自己看見了變化的色塊。如果你閉上右眼，那麼你立即就看到了那張憤怒的臉，但是如果你雙眼都睜開卻看不到憤怒的臉，雖然它在你眼前。

　　心理學家做了大量這個實驗的改編版。在一個實驗中，他們

左眼　　　　　　　　右眼

你所看到的圖像

圖5.2　利用視覺遮蔽技術研究無意識過程。在這個實驗中，左眼和右眼得到不同的視覺刺激。（在真實的實驗中，右眼看到的是閃爍的彩色色塊）。雖然參與實驗者的眼睛看到了憤怒的臉，卻沒有覺察到，她只「看見」了色塊。這個效應稱為視覺遮蔽，因為她右眼占視覺優勢的圖像「遮蔽」了她左眼的影像，使得受試者意識不到被遮蔽的圖像（在這個實驗裡是人臉）。請注意，如果實驗對象閉上右眼，她就能看到那個人臉。但是，克里斯多夫指出，被遮蔽的圖像在某種程度上仍然得到了處理並且能影響選擇性注意力。

給一隻眼睛放映了一個裸女或裸男的照片，另一隻眼睛放映的是迅速閃爍的色塊。受試對象沒有看到裸體人，只看到色塊。

心理學家想知道，人們是否仍注意裸體圖像，儘管他們不能有意識地注視或者體驗它們。為了做此測試，實驗者在短促地放映了裸體圖像後，馬上放映一些傾斜的線條，一個光柵。光柵略微向左邊傾斜，或者略微向右邊傾斜，而受試者必須判斷光柵的方向。尤其是，實驗者要確定方向判斷的準確性是否依賴於光柵出現在有裸體人的同一隻眼睛或者是另一隻眼睛。

實驗結果是，如果你是異性戀男人，如果光柵是在看不見的裸體女人圖像的同一側，你對光柵傾斜方向的判斷就比較好；如果是看不見的裸體男人圖像，則判斷比較差。這是因為你的注意力不喜歡投向看不見的裸體男人圖像，但是卻被看不見的裸體女人圖像所吸引。當你的注意力被吸引過去時，你的判斷準確率就比較好。即使你不能有意識地看到裸體人像，你的注意力卻已經受到影響了。

達賴喇嘛：也許這和圖像是否有吸引力也有關係。

克里斯多夫・柯赫：是的。利用這類實驗，心理學家可以證實即使心智沒有體驗到圖像，大腦的某些部分仍然可以處理圖像，在這裡就是一個潛在的性對象的圖像。如果你問我，這是男人還是女人，我不知道；因為我不能有意識地看到。但是，如果我是異性戀男人，我更會被女人的圖像而非男人的圖像所吸引。

我們就是這樣探索無意識的：不是用精神分析法，躺在沙發上，沉思著，就像佛洛伊德所開創的做法，而是運用現代工具檢查無意識大腦和無意識心智。

透過一百五十年的心理學實驗和臨床病例研究，我們已經知道大腦中有很多東西我們還沒有完全瞭解。我們是我們自己心智

的陌生人。

　　想想我們綁鞋帶、刮鬍子、穿衣、打網球或踢足球、玩電子遊戲、在手機或電腦鍵盤上打字時，手指和肢體的動作。我們可以無意識地、輕而易舉地做這些事。實驗證明，如果受試對象集中注意力在要打哪個字母，就像是，腦子裡想著「現在我要打f，現在我要打g」，打字速度就會慢下來，而且會開始出錯。一旦你學會快速打字，最好是不要去注意打字的具體細節，自動地打就能又快又好。

達賴喇嘛：那是習慣。即使你不有意識地去注意也可以完成工作。

克里斯多夫・柯赫：沒錯。有意思的是，需要高度訓練的感覺－運動技能，人們如果不去有意識地注意各個動作的細節，就會表現得更好。即使是演講之類高度複雜的認知－運動技能，我們也無法有意識地知道演講時的大腦運作機制。

達賴喇嘛：那是否也是能夠運用於元層面（metalevel）注意力的一種功能，一種監測過程？

克里斯多夫・柯赫：是的，您說得對。當你說話、寫作或者在鍵盤上打字時，你的注意力是在更高的「元」層面上，專注於你要傳達的內容而不是單一的字母、音節或單詞。然而，我們能夠體驗到這種更高的注意力處理過程的什麼，也是有限度的。

　　考慮到視覺皮層的一些部分只加工輸入資訊的強度，而不能接觸依賴波長的資訊，換言之，它們看不到彩色的世界，只能看到各種層次的灰色，就像老式的黑白電視機一樣。但是沒有證據說你可以訓練自己只以黑白看世界，你不能進入這樣的處理路徑。除非你是色盲，否則你總是會看到色彩。大腦中有些部分是意識永遠不能進入的，而其他一些部分則在足夠的訓練後或許可

以進入。

　　我們都體驗過愛憎、憤怒和懷疑等情緒，這是人性的一部分，可以支配我們的生活。但是我們經常不理解為什麼我們會愛、恨，或者憤怒、不信任。我們對這些強烈情緒的來源缺乏深入瞭解。意識不能進入大腦的某些相關部分，比如杏仁核，是杏仁核讓我們產生這些情緒的。假設我為焦慮或缺乏信心而感到痛苦，我可以去看精神科醫師或心理分析師，我可以喋喋不休談論童年，但是我不能直接進入這些感覺的源頭。在大腦的深處有很多事情在發生，而完全避開了意識。

　　神經科學家的問題是，我們可以在大腦的什麼地方找到意識物和無意識物的區別。你可以將後者稱為「僵屍」系統。在我們的大腦裡有很多僵屍系統，它們有目的地運作但是繞開了意識，就像我之前說過的控制運動技能的系統。我們需要做的是研究這些行為，深入到單一神經細胞的層面，去理解與它們相關的機制，哪些過程和機制會產生知覺、思想或行動意識，哪些是無意識的「僵屍」行為。

　　原子是物質的基本元素。如果我要解釋眼前的電腦如何運作，我需要知道關於矽、磷和銅離子、電子等。同樣的，我這樣的神經科學家相信，為了理解心智，我們需要知道大腦的「原子」，那就是神經元之間為數龐大的連結關係。

深入大腦

克里斯多夫・柯赫：我要給您放映一部兩分鐘的短片，深入觀察老鼠的一小片大腦。老鼠的大腦大約是人類大腦的千分之一，但是有相關的神經結構，有相似的神經細胞。

這時，克里斯多夫放映了一部短片，顯示大腦海馬迴一個很小的區域齒狀迴（dentate gyrus）。這個區域對製造新的記憶非常重要，無論是對老鼠的大腦還是人類的大腦都是如此。這個影片將海馬迴的細胞放大，緊接著出現細胞內電脈衝的動畫，即潛在的活動，這些電脈衝經過許多神經元。克里斯多夫解釋這是當老鼠思考，也或許是想起什麼時，大腦裡會發生的狀況。

鏡頭再放大，顯示出單一神經元內部，克里斯多夫指出它的細胞體大小約為人類頭髮絲厚度的四分之一。（從這時繼續看下去，影片顯示的是一種藝術合成圖，我們還沒有技術使如此微小時空內的活結構能夠看得清楚）。沿著一個細長的樹枝狀突出結構，細胞在此接受來自其他神經元的輸入訊息，我們可以看到細小的突出物像手指一樣在主突觸上舞動。這些形成突觸的樹枝狀分支叫做樹突棘。很快的，一個舞動著的小刺跟相鄰的神經元連接，兩個細胞之間形成了一種突觸聯繫。離子透過兩個細胞之間的突觸間隙流動，流過剛剛形成的突觸聯繫，這就是神經元之間傳輸訊息的實例。

克里斯多夫解釋說，記憶就是這樣透過個別突觸聯繫的形成和／或強化來編碼的。他強調說，如果我們想要回憶起今天與尊者開會時的任何事情，那就是因為現在以及今後幾週我們大腦中將會發生這樣的過程——這些微小的連結得以建立並得到強化。從宏觀的角度來看，他提醒我們說，我們的大腦中有數以萬億個這種突觸聯繫。

克里斯多夫・柯赫：我想給您放映另外一部短片，這部短片顯示聽到大腦深處一個神經元電活動所使用的方法。多麗絲・曹（Doris Tsao）是我所在大學的一位教授，她記錄了一隻受過觀看

螢幕圖像訓練的猴子視覺皮層的單一神經元。我想讓您聽聽那是什麼樣的聲音。當然，在大腦內部它是寂靜無聲的，這裡記錄的是被微電極捕捉到的神經元發出的細小電訊息，經放大後，用喇叭播放出來。

我們都注視、傾聽克里斯多夫播放新影片。這次是一對放大的微電極，使我們能聽到一個神經元所發出的電訊息的爆裂聲。當神經元發出訊息時，聲音就像老式電話裡的靜電聲，聲音突然發出，然後一片寂靜，接著又突然發出聲音。

然後是一系列圖像（食物、房子、人臉、鐘），一一在螢幕上閃現。克里斯多夫解釋說，我們現在聽到的是猴子看到這些圖像時的神經元訊息的記錄。我們可以聽到神經元發出訊息，然後克里斯多夫問我們能不能說出什麼樣的圖像是神經元「喜歡」的。在十到十五個圖像出現後，我們可以揣摩出一個模式。看起來，每次當一個人臉閃現在螢幕上時，神經元就活躍起來，爆發出脈衝訊息。而當其他圖像出現時，就沒有這樣的電活動。顯然，這個神經元偏愛人臉。

土登晉巴：如果你放映另一個猴子的臉，會發生什麼事？也許我們會看到更多的神經元訊息。

克里斯多夫·柯赫：是的，沒錯。畢竟這是動物最常看到的。我們知道人類大腦中的神經細胞對其他人的圖像也有類似的反應，特別是看到熟悉的面孔時。

　　我給您看這部影片是表示，神經科學家認為意識就是從這類生物化學和生物物理活動中產生的。如果您能夠想像突觸聯繫的形成（就像第一部影片裡顯示的），電訊息都由突觸聯繫產生

（就像我們在第二部影片裡聽到的），意識就是從宇宙中最複雜最有組織的物質，即人類大腦中這幾十億個神經元的互動中產生的。

達賴喇嘛：在某種意義上，這裡有先有雞還是先有蛋的問題。哪個先出現？先是神經元發出訊息，然後是意識經驗產生。

為了讓意識經驗發生，如果因果關係只是單方向的，那麼很多功能可以只透過神經運作過程而完成。為什麼需要看到人臉？即使是在實驗設計裡，你也假設猴子先看到了人臉。

克里斯多夫・柯赫：不，那是同時發生的。大腦活動和意識經驗同時發生。第一人稱的陳述是我看到了，第三人稱的描述是我的神經元發出了訊息。這是同一硬幣的兩面，一面是我作為主體的經驗，另一面是神經元發出了訊息。一面是內部的表象，只有主體能夠掌握，是經驗的世界；另一面是外在的表象，是客觀的，面對著世界。而實在包括了兩者。

討論：定義意識

格西洛桑那吉（Lobsang Negi）：我們需要找出當我們說意識時到底是什麼意思，比如是不是指藏文 *namshé*[7]，或梵文 *vijñāna*，即第一意識（primary consciousness）。這種形式的意識伴隨著一定的精神因素，其中之一是感覺（sensation）。果真如此，請問克里斯多夫，什麼是最原始的、能夠產生意識的有機體？

之前你說過，有一些經驗是人們可能沒有知覺到卻仍然體驗到的。這其實是正念覺察力（mindfulness）冥想修行的一部分，可以優化人的注意力，讓人知覺到以前通常不會意識到的事情。所以，我對意識的定義有一些疑惑。什麼才算是意識？

克里斯多夫・柯赫：回答你的第一個問題——科學家是從操作性來推斷意識的存在。如果人們是清醒的，有目的地行動，尤其是他們能夠報告他們的經驗，他們的報告符合觀察者的經驗，就確認意識存在。這不一定會涉及語言，就像我們推斷幼兒或者腦損傷病人，他們雖然不會說話但是有意識。類似的試驗也應用於神經結構和行為能力很接近人類的哺乳動物，部分的方法是透過同理心推斷。但是至今為止，還沒有對那些與我們大不相同的動物是否有意識的判斷標準達成一致意見，比如鳥、魷魚、蠕蟲，甚至更小的生物。

鳥是複雜而聰明的生物。牠們會藏食物，能回想起上百個為雨天而儲備食物的地點。章魚和魷魚會互相學習。現在科學家只是剛剛開始研究那些有可能存在意識的動物。

在達爾文生前出版的一本書裡，就連他也開始「研究蠕蟲有意識行動的程度，牠們表現出多少的心智力量。」[8]在研究了蠕蟲的進食和性行為後，達爾文得出結論，在簡單和複雜的動物之間沒有絕對的門檻，並不是複雜的動物才有高等心智力量而簡單的動物卻沒有。

現在我們還沒有辦法試驗蒼蠅、蠕蟲或阿米巴變形蟲的意識。也許牠會感覺自己是一條單細胞的阿米巴變形蟲？理論上說是有可能，但是我們不知道。

回答你的第二個問題，如果人們沒有知覺到某種東西，比如一個事件或一個對象，那麼，根據定義，他們就沒有關於這個事件或這個對象的經驗。他們的大腦可能記錄了這個事件或對象，但那是隱性的運作，而不是作為有意識的經驗記錄下來。

土登晉巴：克里斯多夫，我要放下尊者口譯的角色問你一個問題。你有一個研究結論給我很深的印象，你非常明確地說，對意

識的任何科學研究都不能否定意識的一個關鍵特質，即主觀經驗——感覺是什麼。

你的研究方法是建立在我們怎樣梳理出經驗的「感覺是什麼」這個第一性質的最低限度之上，然後，如果我們可以找到它的大腦特徵，就由此再深入。從哲學的觀點而言，我必須承認這是基礎主義者（foundationalist）的方法。但是另一方面，這裡也有一些很吸引人的東西。

你說過，有意識不一定要有自我意識。從哲學的觀點看，一個過程是有意識的還是無意識的，是根據這個人能否對此過程做出一個自我報告。否則，你怎麼知道你經驗了這個過程？你不認為意識需要自我意識，而且，和西方其他思想家不同，你願意承認動物的意識。那麼，你如何定義具有意識是什麼意思呢？

例如，我們談論了大腦中的潛意識運作過程。這些過程對個人來說是完全不明朗的，但是我們知道在大腦層面有一些事情發生了，它會影響人的行為。但是這不是有意識的，因為此人無法談論這個過程，她並沒察覺到。所以，你能不能在意識和察覺之間做個區分？換句話說，如果不是根據報告的能力，那麼你如何理解意識經驗呢？

克里斯多夫‧柯赫：有些哲學家，比如奈德‧布洛克（Ned Block, 1942-），可以部分透過語言或記憶區分被知覺的意識（access consciousness，取用意識）和不能被知覺到的純意識（現象意識）。前者有時候等同於察覺，後者等同於意識。

可是，有意識的經驗並不一定要報告出來才是現象的、主觀的經驗。我在之前提到，夜裡我睡著的時候，我在頭腦裡、夢裡，體驗到了一些東西。我的身體處於半癱瘓的狀態，我一醒來

就忘掉了大部分的夢。但是它們毫無疑問是我具有現象內容的主觀經驗。如果我看著一面空白的牆，我經驗到了空間和空間關係（左右上下等），並且察覺到牆的質地、顏色和其他無數性質。這些從未被報告出來，但是它們跟其他主觀經驗一樣真實。我的意識，就像你的意識一樣，不需要任何報告或者任何外在觀察者，它是獨立的。

土登晉巴：那麼潛意識的大腦運作過程呢？你是否也把它劃為意識過程？

克里斯多夫·柯赫：不。在我的身體內有很多我完全沒有意識到的事情在發生。事實上，我身體內發生的大部分事件不是有意識的過程，比如我的腎臟、免疫系統、肝臟等。用現象學的說法，它們都在無聲地工作著。即使是我的大腦裡，也只有一部分運作過程是意識能觸及的。我腦殼內的大多數劇烈活動，我並不能意識到。但是所有這些運作過程，直接或間接地，影響著我的行為。我並不知道我是怎麼說話的，我只知道我有一些模糊的思想，然後這些話語就從我嘴裡冒出來了。

馬修·李卡德：事實上，如果意識只是大腦運作過程的終端結果，而不能透過自上而下的因果關係來影響它們的話，那麼一切都是潛意識就足夠了，我們根本就不需要意識。如果意識無法發揮積極的作用，我們沒有任何意識經驗也能活得好好的。

克里斯多夫·柯赫：是啊，你描述的就是哲學家喜歡的一種生物，一具「僵屍」。但是這是一個思想實驗。在真實世界裡，我們的確都有意識經驗。我們必須承認，就是現在，作為科學家，我們仍然面對著意識問題的挑戰。我們可以爭辯說，複雜性產生了意識，但是即使我們對意識有機械論的描述，我們實際上還是

不理解那天天發生、將大腦活動變成意識經驗的奇蹟。用哲學家科林・麥克金（Colin McGinn, 1950-）的話來說，我們仍然不知道水一般的大腦是如何變成葡萄酒般的意識經驗的。

第6章

蛾眼之觀：理論性的認知模式

拉杰什．卡斯圖利蘭甘

透過觀察心智的現象與經驗而非它們在大腦裡的物質基質（material substrates），我們可以如何理解心智？拉杰什．卡斯圖利蘭甘（Rajesh Kasturirangan）是印度班加羅爾國立高等研究院的認知科學家和數學家，他的興趣是理解有機體是怎樣嵌入世界的。利用語言和經驗的實例，拉杰什比較心智和意識的計算機模型和更新的嵌入式模型，以及印度和西藏佛教關於有效認知的量論（*pramāṇa*）思想。

拉杰什．卡斯圖利蘭甘：尊者，來到這裡是我極大的榮幸。在這次會議開始時，您精彩地講述了您是怎樣把科學引入佛法的，這讓我想起將近一百年前發生的一場非常美麗的對話，那是甘地和泰戈爾[1]透過書信而非面對面的一場對話。甘地說：「我想要讓其他國家的文化吹入我住家的窗戶，但是我不要被它們吹得連根拔起。」引入現代影響的重要性是我們印度人曾面臨的挑戰，我相信現在藏人也面對著同樣的挑戰。

您關於回到哲蚌寺以及它是西藏的那蘭陀[2]的評論，讓我想起那蘭陀一些偉大的阿闍黎[3]，龍樹菩薩、陳那菩薩[4]，都是來自這個地區的南印度人，我也是，所以我感覺就像回家一樣。

今天要談的內容我想稱之為數學中觀論。中觀論哲學給我們一種理解方式，就現象而理解現象，不涉及機械論。數學，從牛

頓時代到現在，也給予我們一種方式，理解現象的實質而不求諸於機械論和其他物理主義途徑。

　　我要為您介紹在意識的情境脈絡下探討心智的一些數學方式，主要是獲取知識和知識起源的關係，這在印度傳統的量論敘述中也是非常美麗而深刻的主題。

量論[5]有時候也稱為印度邏輯學或印度認識論。它涉及分析人們獲得關於世界的有效知識（valid knowledge）的方法。根據量論，有三種瞭解知識的有效方法（即有效認知）：直接感知、推理和證明。

拉杰什・卡斯圖利蘭甘：您知道，在量論中，一種知識工具在符合一定條件時就會產生知識，這些條件通常包括器官和對象之間的接觸。但是龍樹菩薩和其他懷疑論者或許會反應：如果量論產生知識並驗證知識，那麼是什麼在支持量論本身呢？這是佛教傳統內部對量論的深刻批評：誰是產生知識的工具的驗證者？

　　這是印度和西藏哲學家耗費了幾百年去檢驗的問題，但是我要給您介紹一種看待這個問題的方法，它其實是來自於西方傳統。

　　我們這次會議上談論了好多次的笛卡兒有一個絕妙的想法。他是個懷疑論者，但是他說：「我可以懷疑一切，但是我不能懷疑經驗本身。」例如，您或許看到了一條蛇而其實你面前只有一條繩子，但是您不能說沒看到蛇。您對蛇的實際體驗是不容懷疑的。

　　這個想法就是說，您的心智有產生經驗和構造經驗的內在結構。這個結構導引心智探索數學，使數學成為認知科學的美麗主

題，並且影響了我們現在研究的許多律則。

在不穩定的世界看到穩定性

拉杰什‧卡斯圖利蘭甘：我先介紹程式化的問題。這個看法是我們把周圍的世界看成一個穩定的實體。當你轉動眼睛，擺動腦袋，不會覺得整個世界隨之旋轉。當我們使用詞語時，它們都有穩定的意思，所以當我說「電腦」，指的是我面前的這台機器。看起來這個世界具有穩定性，所以我們能運用詞語、知覺指涉世界上的物體、事件和人物。

然而，感官輸入我們視聽概念系統的資訊是流動的。每一秒都在變化。你怎麼在流動、不穩定的世界中，透過知識製造出一個穩定的世界？基本上，這是一個數學問題。

意識有可能在大腦中得到表達，可能在機器人中得到表達，也可能在網際網路中得到表達。我們不知道。但事實是，這是一個數學問題。數學讓我們可以精確地表述這個問題，並得到結論，告訴我們有關心智本質的各種美麗特點。

我給您一個句子看看。我說：「拉杰什在哲蚌寺。」然後我又說：「從班加羅爾來的拉杰什在哲蚌寺」、「從班加羅爾來，曾在美國學習的拉杰什在哲蚌寺」、「從班加羅爾來，曾在美國學習、穿著藍色襯衫的拉杰什在哲蚌寺」。

您看，所有這些都是符合語法的句子，您理解上不會有任何問題。可是毫無疑問，這是您第一次聽到這些句子。那麼，您的心智怎麼能理解以前從來沒有經歷過、相當複雜和具體的事呢？

這個問題的答案可能是二十世紀應用於心智研究的最重要理論發明，那就是電腦，不是作為物理性裝置的電腦，而是作為理

解心智如何運作的理論性、數學工具的計算機式電腦。

意識的計算機模型

拉杰什・卡斯圖利蘭甘：為什麼您能理解這些句子，答案建立在語言學家喬姆斯基（Noam Chomsky, 1928-）的研究基礎上，即您的心智具有理解您以前從來沒有聽到過的無數句子的能力。可是您的心智是一種有限的裝置，而有限的實體怎麼可能理解可能是無限數量的經驗呢？這個問題有一個技術性答案涉及所謂的「遞歸」（recursion）。「無限」是基本的數學概念，呈現於我們對心智的理解中。計算機式的心智說：「不要試圖以逐次的經驗逐次理解心智，讓我們理解所有的經驗。」

讓我們試圖理解能夠產生一切可能經驗的計算機裝置。如果我們可以提出數學解方，問題就解決了。換句話說，可以產生無限多經驗的計算裝置——不管那是知覺、語言、聽覺，還是情緒的經驗——是心智的核心。至少計算機科學家們是這麼想的。

那麼它是怎麼運作的呢？一個可能的答案在所謂的語法中。順便提一下，偉大的印度語言學家帕尼尼（Pāṇini）在二千五百年前就想到，語法規則可能可以程式化。喬姆斯基和其他人大大推進了進程，並且認為語法定律可能可以衍生成各種人類語言。語法是人類心智的一種內在能力，是天賦，除非是成長於與社會隔絕的野孩子，否則必定會說從小所接觸的語言。

知覺也一樣。當您在房間裡走來走去時，視野不會突然出現了空洞，一如電腦說的「我很抱歉，我無法分辨面前是什麼」。不，不是這樣的，您會看到完整的全景。您視覺系統的計算性可以復原每一個可能實體的形狀、結構和尺寸。當然，您以前沒有

見過大部分實體。舉例來說，直到二十年前還沒有筆記型電腦，但是我們一看到它們就能理解。我們的視覺系統怎麼有能力辨識以前沒見過的無數不同實體呢？

對所有這些問題的笛卡兒式回答，代表了我們的心智必定有一種內在的固有能力：看到3D物體的能力，聽到講話聲音的能力，理解語法的能力，做所有類似事情的能力。這是一個非常強大的想法。在純粹數學的基礎之上，這個觀點聲稱，我們的心智是這樣而不是那樣。

計算機模型讓我們能夠只透過觀察現象、不用實際進入大腦而發現心智是如何運作的。

土登晉巴：所以，計算機模型帶來的好處是以更為功能主義的角度觀察意識和知識問題，而不是尋找這些運作得以形成的基質或物質基礎。

拉杰什·卡斯圖利蘭甘：沒錯。請思考一個簡單的數學問題看看。演算可以在算盤、筆記型電腦上進行，我們的手機也有計算功能。事實是它們都做加減乘除，演算並不需要依賴物質的基質完成。

這是一個深刻的想法，和克里斯多夫今天早先時候談到的內容有關，如果您可以提供精神活動或大腦活動的資訊特質，那麼任何具備這種特質的東西也可能有意識。這或許是關於計算機功能的浪漫想法。我不能說在現實中就是如此，但這是準確理解心智運作的一個極有意義的進展[6]。

也有人說，有很多理由可以說明為什麼我們不再相信嚴格的計算機式研究了。計算機模型是精確、邏輯的；不幸的是，當你更仔細探索人類概念與知覺現象時，邏輯就似乎不再有效了。

為了提供您一個跟這話題有關的實例，讓我們來看單身漢這

個概念。您可以說，單身漢是未婚男人。這個大廳裡的大部分人是單身漢，但是我覺得我們不能將大廳裡的僧人稱為單身漢。他們的單身和生活方式的選擇無關，而是遵從宗教原則的結果。您可以主張單身漢就是選擇不婚的未婚男人。然後我們當中結了婚的人也許會這麼說：「我老婆將出門兩個星期，所以我又成了單身漢。」因此，您可以指出，定義和數學模型似乎無法準確抓住概念在現實世界是如何運作的。

現在還有另外一種說法，來自於佛朗西斯科‧瓦瑞拉、喬治‧萊考夫（George Lakoff, 1941-）等人的研究，他們稱自己為體現認知科學家（embodied cognitive scientist）。他們認為概念不是形式化或數學化的，而是建立在先於概念的知覺和其他身體能力基礎上。也許佛教徒會覺得這個觀點很吸引人，究極而言，概念不是自身存在的東西，而是建立於其他事物之上。

我們說，某人是僧院的「頭」。「頭」當然是身體的一部分。認知語言學家會說，我們用關於身體和頭與身體關係的想法套用於一個實體，如僧院，說僧院的頭之於僧院，就像頭之於身體的關係。我們用這些身體的能力來理解世界。

現在，有關以身體為依據來理解一些概念以及其他更高特質的研究正在緊密進行。有意思的是，這樣的研究非常精確。在英語中我們說："I saw the truth."、"I was touched by the lecture."、"I feel close to you."。情緒總是用距離的比喻來處理，如遠、近、觸動。視覺總是有關於認知，以及其他真之載體的陳述（truth-bearing states）[*]。並不是任何東西都能做其他東西的比喻。似乎有

---

[*] 真之載體的陳述，就是某種稱為真的或假的東西。如果把真假看作一種性質，那麼真之載體就應該是擁有這種性質的東西。

一種特殊的接線圖告訴你，看到什麼必定和真相有關，聽到什麼和服從有關，接觸則和感覺有關，如此等等。

這些顯示了有一種身體接線圖告訴我們，我們的心智以及更高等級的概念，是根據某種較低等級的概念、經驗系統化連接的。

這些非常值得探討，就是在當下，曾經被認為太刻板太程式化的計算機演算法的思維又捲土重來了。原因是，舊的計算機演算法思維是以上帝視角看世界。假如我能夠在一個理論裡透過某個抽象模式而掌握一切事物、觀念、語言、聲音，那麼那就是一個成功的表述。可是生物體並沒有這種看世界的上帝視角。相反的，我們對世界非常謙卑以待，我稱之為蛾眼視角的世界。

飛蛾能夠在遙遠之處只靠幾個氣味分子而嗅到交配對象。飛蛾要找到交配對象是非常困難的任務，只能靠幾個氣味分子。而空氣對飛蛾來說，是非常動盪紊亂的，充滿氣味分子，而且還在空間裡四處擴散。飛蛾如何在零星而嘈雜的氣味刺激中探測交配對象的位置呢？牠靠的不是全景式的上帝視角，而是「不確定推理者」的視角，即機率論的世界觀。

生物體試圖在這嘈雜、動盪、混亂的世界找到想找的東西。你需要知道的是下一步做什麼。這有點像攀岩的人，攀岩者想要登上山頂，但是他必須確定下一步，手應該抓住哪裡。只要你能抓住下一塊岩石就可以，因為廣義而言，你總是在不斷向上。如果總的來說你是在向上、不斷地抓住下一塊岩石，而且有正確的判斷訊息，那麼你就一切妥當了。對我而言，這種局部資訊理論，即我們能夠對個別生物體如何收集資訊做出預測的理論，是計算機演算法的、體驗的和其他認知科學方法的交叉領域所在。如果說有一個概念是在所有這些學科的中心，那就是資訊。你甚

至可以稱之為共同依賴的資訊，即內在地和其他資訊連結在一起的資訊。就攀岩者而言，他在一個凸出物上的資訊指引他朝向第二個凸出物。在下一個凸出物上，新的資訊加進來，就這樣一路上到山頂。每一個資訊都連結到其他的資訊。

量論的數學

拉杰什·卡斯圖利蘭甘：這就回到了我一開始提出的問題。如果你是一個量論學者，將會得到什麼結論？我相信，印度的各種哲學體系不是程式化體系。他們總是認為，錯誤和虛幻是可能的。如果真的如此，我相信他們應該有能力提出一個機率的構想。

我要向這裡的僧侶提出挑戰：我們能不能提出量論的一個數學表述，讓你可以對龍樹菩薩這類批評者說，我的知識工具不是確定無疑的，不能百分之百確證，但是它們至少比舊的好？只要我還在改進，我就有理由相信，我有有效而非無效的知識來源。

我希望我已經表明，數學和數學的思考方式對於研究心智就像研究物理學一樣有用。它給我們另一種方法以補充和學習神經科學所用的機械論方法。它在心智研究中有特殊地位，我也相信它對哲學體系將助益甚多。

馬修·李卡德：我想問一個問題，你說可以認出以前沒有見過的任何形式，這個想法是不是和意識的本質有某種關聯。

假設我天生是盲人，仍然有意識。我可以冥想打坐，感受沒有內容的純粹知覺體驗。如果我在十歲時接受了角膜移植或眼科手術，我的眼睛現在能看了，但是對接受手術的人而言，有那麼幾個月時間，所看到的東西都是無法理解的。在他們慢慢學習怎麼看的同時，其實必須繼續運用觸摸。所以，他們看待自己心智

的方式沒變，但是他們和世界連結的方式正在變化。

　　但是相對於原初的經驗，這些似乎都是次要的。我們有能力看和聽的事實是一回事，但是我不很清楚這如何說明意識的根本本質。

拉杰什‧卡斯圖利蘭甘：當然，因為這是一種能力，它可能顯現或沒顯現。有些能力會顯現，有些不會。正因為它是基本的生成原則，所以能力運作時甚至有可能察覺不到。

　　如果你接受角膜移植時是四十歲，那麼你的視力肯定不會真正全部恢復。究極而言，計算機理論和其他理論都是有關正常運作的理論。

　　我完全同意它們尚未觸及底層意識（substrate consciousness）這個主題，而底層意識或許控制了所有這些形式。但是發展出底層意識的理論或確定圖像不是這類模型的目的。顯然還有其他一些理論的研究正在進行，而計算機理論的原則是應該加以研究的重要內容。

　　再者，與物理學做個比較是有益的：雖然我們能夠用量子力學非常精確地描述原子的運動，但是沒有一個運動方程式回答得了為什麼那裡有東西，為什麼它有物質性的問題。它們甚至不告訴我們有關原子為什麼以那種方式運動的機制，很明顯沒有機械論圖像能回答這些問題。事實上，把底層意識的物質相關問題擺一邊，專注於探討意識的關係形式，這些原則更接近我們在這次對話中討論的印度知識和心智理論。

　　數學原理提供我們一種不同的洞察力，不去考慮意識的物質相關物，而以極高的精確度解釋和預測實際的現象。例如，對語言學的純理論研究證明，全世界的語言都有一個共同的基本語法，而不用探討和語言相關的大腦結構。數學方法也是第一人稱

冥想方法的補充，而這兩種方法都能讓我們具備深刻的洞察，而不須解決意識是否具有物質基礎的問題。

第7章

用心智看心智：佛教的意識觀

馬修・李卡德

聽了有關心智本質的不同科學觀點後，我們現在轉向佛教的觀點。馬修・李卡德（Matthieu Ricard, 1946-）是佛教僧人，他原本是細胞遺傳學家，是心智與生命對話圈的資深成員，也是很多冥想與大腦研究的重要參與者。在本章中，馬修從佛教觀點探討意識的根本本質，重點是心智的光明和「空」的本質。從內省與觀察現象相結合而得到的知識，他提出質疑大腦與意識不可分離的問題，比如前世記憶問題。將這觀點帶到這次對話裡，開啟了熱烈的討論，如資訊透過非物質心智傳輸的可能性，以及科學對超越身體之外的意識，有什麼說法。

馬修・李卡德： 在心智與生命對話會上，我不時會有奇怪的工作，那就是當著尊者的面談論佛教，感覺像是參加考試。但是今天情況更糟糕，因為我得當著一萬名學養高深的佛教學者的面接受考試，這真的很不容易。儘管如此，我將盡己所能，不要辱沒了佛法的教導。

　　首先，我想回顧尊者在很多場合說過的佛教立場的背景。透過很多世的研究，佛陀深化了他的洞察力，以及對實在、心智和經驗本質的理解。據說，佛陀釋迦牟尼思考和克服了對實在本質種種可能的精神幻覺。他完全跨越了事物表相和實相之間的鴻溝，真正認識到了意識的本質和現象界的實在，具有完美的智

慧，精神毒素沾染不了他，並且充滿無盡的慈悲。這就是所謂開悟（enlightenment）的境界。

佛陀說，他所發現的真理是如此深奧、深刻，幾乎不可能用言語表達。所以，他教導時沒有說：「真理就在這裡，你要嘛接受，要嘛放棄。」而更像是給你一張地圖：「這是我找出來的地圖，我可以把那條路指給你看，走不走取決於你。如果你照著這些步驟走，獲得了驗證，一步一步走下去，總有一天你會明白我所達到的理解。」

佛陀一再說我們不應該只是出於對他的敬重而接受他的教誨，而應該自己去驗證這些教誨是否正確。他建議我們驗證他的教誨，就像檢驗一塊金子：你不只是理所當然認為金子就是金子，還要摩擦、熔化、敲打它。如果它具有金子的所有特性，你要明白，那就是真正的純金。這就是佛法的探索過程。

但是，眼下我們當然沒有能力以佛陀看待事物的智慧來看事物。所以，今天我要從三方面研究意識的概念。第一，從邏輯或哲學的角度討論佛教的意識觀。第二，從經驗研究意識，將第一人稱的視角引入經驗的最高層，即純粹經驗。第三，我要檢驗什麼樣的證據可以用來質疑意識完全和大腦連結的問題，並且提出是否存在著這種觀點無法解釋的事實。

宇宙是存在的

馬修・李卡德：根據佛教傳統，知識有三個有效來源。第一個是透過感知而得到直接認知。第二個是推理，如那兒有煙，所以那兒一定有火。第三個是有效的證詞，當我們所信任的人、他們不僅是專業領域的專家，而且曾多次告訴我們真理，同時我們也加

以驗證了，所以他們的話可以作為第三個知識來源。

從佛教的觀點來看，特別是和其他傳統相比，事物的來龍去脈一直是重點——它們是怎麼開始的？——它們真實的本質是什麼？它們存在著，但是以什麼方式存在？是純粹的獨立實體嗎？或者只是一些現象，並沒有自身的存在，只是由於各種因緣和合的緣起（interdependent arising）而呈現？

另外，既然所有事物都有前因，所以不可能有真實的、最初的開端。人們常說：「好吧，我們或許要回溯幾百幾千億年前，但是總有一個時刻是一切的某種開端！」可是佛教哲學家們說，既然所有事物都有前因，那麼就不可能存在真正的開端。

有一些西方哲學家，如伯特蘭・羅素（Bertrand Russell, 1872-1970）說沒有開端的想法在邏輯上沒有錯，只是對我們而言較難以想像。另一方面，第一因的思想，即原本一無所有，然後「無」變成了「有」的思想，提出了龐大的問題。佛教哲學已經把這個問題前後反覆檢視周全了。有很多論點反對無中生有的創世想法。寂天論師（685-763）在《入菩薩行論》中表述了基本的論點：「縱以億萬因，無不變成有。」無指的是現象世界不存在的概念。單單一個概念不可能成為整個現象世界的起因。

同樣的道理，一百萬個原因也不能使得某個事物消失而成為純粹的無。現象只會在變化著的原因與條件的作用下經歷轉變，它們不可能消失在虛無中。

當我們考量物質現象時，如果我們細察越來越細微的層次，便進入粒子、夸克、超弦（superstring）*，或量子真空，但是到某

---

* 超弦，物質由電子等極小的粒子所構成，但因受限於物理實驗的精密度有限，無法肯定粒子是無限小的點。弦論 (string theory) 即源於有人假設粒子是非常小的弦（曲線），並據此嘗試描述基本的物理定律。弦論是目前唯一可能解釋一切已知物理現象的理論，尤其是它包含了眾多數理論無法描述的量子重力作用。

一個點，我們就不能再進一步了，只能承認那兒存在著什麼。

　　除非我們把神話或其他神祕實體帶進這圖像，否則我們無法回答萊布尼茲的問題：「為什麼那兒有某些東西而不是一無所有？」我們所能夠做的是承認現象世界的確呈現。在藏語裡我們叫它 *chö nyi*[1]。事物本質的呈現即現象。

意識是連續流

馬修・李卡德：有神論宗教的主要信念是神先創造了宇宙，然後把生命和意識帶進了宇宙。這自然而然得出了物質比意識更早的結論，也引向了二元論，其高峰就是笛卡兒的思想，一方面是堅實的物質世界，另一方面是本質完全不同的非物質的意識。他試圖解釋這兩者如何互動，但不是很成功[2]。擺脫二元論的一個方法是主張只有物質存在著，意識不過是物質的一種特性而已。這是現代物理學家們的立場，也是早期印度哲學順世論（Cārvākas）的觀點。他們認為意識來自物質，就像酒精從各種實物發酵而產生一樣。換句話說，意識是透過物質元素漸進的複雜組織而產生的物質的性質[3]。

　　佛教則以不同的方式擺脫二元論。佛教主張在物質和意識之間只有世俗所見的不同，因為最終它們都缺乏固有實在性。一切現象都透過相互依賴的原因和條件而呈現，但是它們並不是特定、自立、單獨的實體存在，而是像彩虹，只有當太陽光以某種角度射在雲霧上，而且被觀察到時才存在。它自己本身並不存在。

　　有一些佛教流派，比如唯識派[4]，認為只有意識是終極存在的，意識是一元的自明知覺。但是中觀派認為，這種根本意識也

是呈現的，沒有真正的存在。

　　所以，意識的現象和非意識的現象有不同的特質，但是終究都不存在。我們說根本心智是光明的，就像一束光，它讓我們經驗到外在和內在的現象。相反的，一個物體，比如一塊石頭，在認知意義上是無知的，因為它沒有任何體驗。

　　佛教認為一切都依照因果律運作，事物不可能來自虛無，大象不會從半空中突然出現，而且結果必定和原因一致。如果你種了一粒稻子，收穫的會是稻子而不是麥子。同樣的，如果你思考意識的某個時刻，在此之前的一刻必定是與它一致的性質，也是意識。一個物體不會從一個時刻到另一個時刻，突然變得有意識。眾多有意識的瞬間連結在一起構成了連續流，連續流具有歷史，即所有迅速相連的瞬間意識的內容。

　　所以，我們有一個經驗的動態流，即所謂的意識。因為每個意識流或意識連續體各不相同，也有不同的歷史，我們就給每個動態流「人身」（person）的概念。但是這些人身並不是獨特、自立的實體。

　　一如現象世界，意識連續流不可能有一個第一因，也不可能無中生有地出現。於是我們又一次得出同樣的結論：連續流是無始無終的。它能轉變，但是無法突然消失。

　　佛教將意識的不同層次區分為粗分的、細微的、最細微的。這不是三種不同的意識流，而是意識的不同層次。意識的粗分層次就是思想活動、回憶、情緒、想像、知覺等，它和大腦的活動精確對應。例如，如果你在某人頭上猛敲一下，或者如果這人進入深度睡眠，這個層次的意識會消失一段時間。

　　意識的連續流也有歷史，就像河流一樣。想像一下恒河：它沒有實體，沒有一個頭腦冒出來說「我是恒河」。但是，它的連

續流不同於密西西比河或者萊茵河。我們可以給它一個名字，它便有了自己的歷史。這就是意識的細微層次。

在這層次之下，是基本的、本質性的特質，我們稱之為明光的層次，是意識更為細微的層次。它能區分有意識之物和無認知官能之物。沒有這個層次，就沒有回憶，沒有散亂的思想，沒有對外在、內在的知覺。和粗分的意識不同，你無法擺脫這種原初的現象，就像你不能把物質現象從存在變成純粹虛無一樣。

這些就是佛教觀念的基本主張：意識的連續流無始無終。

透過經驗測量意識

馬修・李卡德：我們的第二個主題是意識的體驗或冥想經驗。在討論中，我們看到，對一般人的心智而言，瞭解量子物理學有關實在本質的理論是多麼困難。我們可以說整個世界都沒有確定的固有存在的想法令人困惑；同樣令人困惑的是，某種現象可以顯現為粒子，一個定域的特殊實體，或者顯現為波，遍及各處。物理學家們雖然都在談論量子物理學，有時候也會回到古典物理學，因為用熟悉的方式看待事物令人感覺更舒適。

就像研究純粹量子物理學的方式，我們同樣可以用最深層的內省來研究意識。通常我們會把焦點放在第三人稱的視角：你注意到我在睡覺，你注意到我在做夢，或者我報告看到了紅色。然後你從外在加以研究，告訴我在不同時刻我的大腦裡發生了什麼狀況。但是，如果我們以內省的方式檢視自己的經驗，又會如何？畢竟，如果沒有經驗，我們怎麼討論意識？從外在，你很難把人和高度複雜、舉止類似我們的機器人區分開來。但是，意識很特別；它和第一人稱、直接經驗有關，所以，讓我們從這個視

角探索意識。

　　我以我的心智觀察我的心智。首先我觀察到一些思想，我體驗到對外在世界的知覺，和內心對這些知覺的反應，記憶、情緒、推理、好惡、悲喜等。但是在思想活動的背後，有一種基本的認知能力，一旦我瞭解了這一點，就可以試圖一步步深入。冥想修行者省察他們的心智，已經長達幾百年。有那麼一些時刻，散漫的思想幾乎不再活動，就像一片天空，沒有鳥飛過，沒有雲彩。天空就在那兒，光明、清徹。同樣的，純粹意識就在那兒，我們可以體驗到它。

　　我離這種境界還遠得很，但是修為深厚的修行者一致認為，這種純粹的知覺是完全沒有概念、沒有主觀與客觀二元分裂的狀態。儘管這種知覺狀態根本超越了文字和概念，修行者還是試圖描述這種純粹知覺是生動、光明、完美的，沒有心障、沒有妄念，非二元的狀態。這是人的心智可以體驗到的最生動的知覺狀態。

馬修所說的非概念性的純粹知覺是難以描述的，因為語言本身必定是概念性的。古代經典和現代文獻中經常用比喻協助修行者感受一下這種體驗。例如，一部論述冥想的經典這樣指導修行人：「內心清徹如無雲天空，清朗開闊，透明無遮。靜如沒有波瀾的大海，輕鬆自在，無念無散。明如淨空無風的火焰，無有明暗，明晰清亮。」[5]

馬修・李卡德：當你臻至純粹知覺的狀態，那就是經驗的最根本狀態，這就類似探索所謂物質現象時，達到了夸克、超弦，或量子真空的狀態。如果我將萊布尼茲的問題用於意識：「為什麼有

意識存在，而非空無一物？」我能夠做的就是承認純粹經驗的存在。這也是最原初的事實。

可以肯定的是，當我越來越深入知覺的層面，我永遠不會遇到神經元，甚至不會知道我有一個大腦。我們不會感覺到我們的大腦。在我第一次去理查・戴維森的實驗室後，一個記者問我「他們發現了什麼？」我說：「他們發現我有一個大腦。」我很高興知道了這一點。

克里斯多夫提到過，伽利略說科學就是測量可以測量的東西，並且把不可測量的東西變得可測量。因此如果有東西無法測量，自然就被排除在研究領域之外。但是這些現象仍然可以用不同的方式探索。心智現象可以用「心智望遠鏡」來觀測，也就是內省的方法。科學的探索，講究嚴格、有效，就是要在事物的本質和事物的呈現之間建立橋梁。為什麼我們不能運用純粹精神性的研究方法呢？用心智來觀察心智，對我而言其實不太奇怪。

你不能否認經驗。克里斯多夫之前說過：「沒有意識，就一無所有。」[6]我非常欣賞這句話。為了討論意識，甚至為了討論它的存在，我們首先需要有意識本身。它出現於我們能夠想像和能夠做的其他一切之前。如果意識不是某種存在，會相當奇怪：不存在的東西怎麼會試圖追問自己是否存在呢？我們還必須記住，我們不能脫離意識而從外在探索意識。我們始終在意識內從事探討。

也就是說，物理的、精神的現象或事實是存在的，二者都沒有本體論意義上的優勢。這兩個連續的東西是互相依賴的，就像一切現象。這是佛教的基本哲學立場，也是我們透過仔細內省而發現的道理。

不規則現象

馬修‧李卡德：僅僅依據各種觀念很難獲得對意識清楚的、終極的理解。所以，我認為思考這個問題將很有趣：可能有某些事實存在著，如果它們是確實的，就可能挑戰意識僅限於大腦的論斷。

第一個事實是關於前世記憶。關於人們記得前世的故事相當多，要相信這些故事是真的，必須確定這些記憶是真實而非捏造的。前世記憶提供的訊息必須是精確的，應該能夠證明此人不可能從外在接觸到他或她所說的前世訊息。如果有這樣的案例，那正如我們的朋友神經科學家沃爾夫‧辛格所說的，我們就有麻煩了[7]。

在藏傳佛教傳統中，有無數這樣的記述。也有一個西方精神病學家，維吉尼亞大學的伊恩‧史蒂文生（Ian Stevenson, 1918-2007）研究過類似的記述。他多年從巴西、印度和世界各地收集了六百多個聲稱自己記得前世的兒童的故事。

史蒂文生對這些兒童說的事情做了詳細的分析，也驗證了種種事實：這些兒童是否可能接觸到了所提細節的相關訊息？是純粹的巧合嗎？是父母編造出來的故事嗎？很多案例不攻自破了，它們太不準確、不符合事實，或者是以別人編造的故事為本。但是有大約二十個案例是禁得起分析的。史蒂文生把這些案例彙集成《二十個轉世案例》（*Twenty Cases Suggestive of Reincarnation*）一書，供大家參考[8]。

科學的理想是要求我們分析事實和細節，以試圖獲得最簡單的解釋。這是所謂「奧坎剃刀」（Occam's razor）簡化論，這剃刀清除解釋既定事實的多餘旁支末節。對史蒂文生來說，最簡單的

解釋是這些人確實記得有關他們前世的一些事情。當然，當一個想法距離普遍共識太遙遠時，大部分人傾向於迴避，或者乾脆掩飾，即使他們無法否定，也找不出研究的瑕疵。但是這顯然是一些可以進一步徹底研究的事情。

第二個現象現在正受到廣泛研究，就是瀕死經驗。這些經驗發生在一段時間裡失去意識而處於植物狀態的人，在這段時間裡，他們的腦波圖（EEG）幾乎是平直的，血液循環和呼吸靠人工維持。

有一項研究是荷蘭心臟病學家皮姆‧馮‧婁梅爾（Pim van Lommel,1943-）做的，他研究了365個瀕死經驗的病例，論文發表於英國醫學期刊《刺胳針》（*The Lancet*）[9]。他發現了幾個曾經處於植物狀態的病人，描述了他們不可能知道的事情。但是在瀕死經驗期間，大腦中發生了很多狀況，需要非常複雜的研究方法以確定處於昏迷狀態的人是不是有意識，就像史蒂文‧勞瑞斯（Steven Laureys, 1968-）的研究結果[10]。不過，研究瀕死經驗也許終究無法提供意識與大腦無關的決定性證據。

第三個事實也許能提供決定性證據，而且看來也最容易加以探索。這現象就是某人可用一種清晰而精確的方式知道別人的想法，這種方式無法以表面的知覺解釋。我想，這裡在場的每位僧人都有個類似的故事，曾經某位上師告訴他一些事情使他非常驚奇：「他怎麼會知道呢？」我不想在此一一講述這些奇聞軼事，但是我想講兩個例子並加以比較。

我每年會去巴黎幾次。有一天我正在街上走著，一輛計程車突然停在我身邊。一個我不認識的人下車。他有一封貼著郵票的信，上面是我的名字和地址，他正要去寄這封給我的信。這一天我正要去電視台上有關我寫的一本書的節目。節目結束後，我和

一個看了節目的人一起搭計程車回家。我們在車上說話，司機聽到了說：「幾個小時前，我載一個女士回家，她曾出現在這個節目中。」我問他，她去了什麼地方，司機說了一個地方，那是我妹妹的地址！我問他巴黎有多少計程車。他說「一萬四千輛」。也就是說，我妹妹和我相隔三個小時坐了一萬四千輛計程車中的同一輛車，而且這都是發生在一個陌生人要寄一封信給我之後。

有些人也許會說：「一切都不是偶然，這就是命運。」事實上，這個故事沒什麼特別。每一天我們都會在街上碰到不認識的人，我們與這些人中的任何一個人見面的機率渺小。我們在不熟悉的地方巧遇了認識的人的機率同樣渺小，但是這樣的事件對我們卻意義重大，所以我們會驚奇、激動。但是，遇見這個人或其他任何人，其間並沒有什麼根本的區別。

現在我要講另外一個很不一樣的故事。少年時期，我不喜歡釣魚，也從來沒有打過獵。但是我叔叔在布列塔尼的地裡有很多野鼠，牠們吃他池塘裡的睡蓮。一天他說：「你為什麼不去打這些老鼠呢？」我那時十四歲，並沒有多想。我拿著槍去了，從遠處朝一隻老鼠開了一槍，老鼠跳了起來。我希望我沒打中，也許牠只是嚇了一跳。我不知道。但是，不管怎樣，它在水下消失不見了。

很多年之後，有一天，我在大吉嶺的隱修處。我那時正在跟著第一個老師——上師康居仁波切學習。我想著「我怎麼會幹那件事，雖然那時候我還年輕？」我想懺悔。我從隱修處下來，到了他在僧院裡的房間。康居仁波切正和他兒子在一起。我跪拜的時候，他們開始說笑。當我走上前去，還沒開口，康居仁波切說：「你殺了幾個動物？」我說我正想向他坦白可能殺了一隻老鼠時，他只是笑了起來，什麼也沒說。

我們從沒有談論過我的童年。精神導師不會問你是怎麼學會騎自行車之類的事。我們只談學習，談佛法，他告訴我以前的上師的故事，不時會問我的靈修進行得怎樣了。某一天，他或許會對我的早年生活好奇，並問我：「你小時候都幹些什麼？」但是，在這麼些年裡，他問的關於我童年的第一個問題恰恰就是：「你殺了幾個動物？」真是沒什麼道理。

　　這個故事和陌生人要寄給我一封信，以及計程車的故事都大不相同。那些可以用簡單的機率解釋。但是和我上師的故事不僅僅是偶然性的問題。而這只是一個故事，我可以告訴你十個這樣的故事，我相信在場很多人可以告訴我們很多他們自己的類似故事。對此，我沒有正常的科學解釋可提供，但是我也不能說這些沒有發生過。

　　我理解，從科學的角度來說，這起事件非常難以研究，因為無法輕易複製。你也無法找到一個上師，然後問他：「順便問一下，您能告訴我現在我在想什麼嗎？」偉大的導師有時候可能會說一些話，如果這些話能夠幫助人的靈修之路，或者能夠扭轉某種危險。但是如果你問導師能不能讀出別人的心思，他會回答：「不，我沒有這種能力。」真正的導師非常謙卑，他們從不炫耀。

　　馬修的故事在佛教世界相當常見，特別是在藏傳佛教中。讀心的概念也和以心傳心有關，這現象指的是上師能夠引發學生心智的體驗、洞察力或深刻理解而不用透過任何語言或肢體的溝通。佛教對這些現象的解釋涉及細微心智的概念，或者，對於能夠引發學生的上師，這涉及悟道的概念：在每一案例中，上師能夠接觸到或影響學生的意識連續流。傳統的西方科學觀點認為意識完全依賴於大腦，所以目前對這些事件沒有任何解釋。

馬修・李卡德：佛教並沒有說對這些奇妙的事要全盤盲信，或者視為教義的一部分接受。它們反應了人在靈性修行更為精深時的一些特質。如果我們要統合事物的本質和表相，就必須對這些可能性保持開放心態，並思考更多的研究和解釋模式。

討論：前世和細微心智──佛教的領域？

達賴喇嘛：我不想顯得我在證明佛教思想是正確的。我曾遇過兩個印度女孩，一個大約四歲，另一個六歲，她們都有非常清楚的前世記憶。當地報紙作了報導，我讀了以後就派了人去做徹底的調查。最後我見到了她們。

她們對上一世的記憶是那麼清楚！四歲的女孩對前世有精確的記憶，她記得家、父母和親戚的名字。她還很小時就去世，所以她前世的父母都還活著。他們也接受這女孩是他們的女兒，於是這女孩有了兩對父母。我想繼續研究她，但是最終沒能跟進調查。去年我還提醒別人去聯繫她們，看看現在情況怎麼樣。

有相當多的藏人在年幼時有十分清楚的前世記憶。隨著年紀漸長，記憶變得模糊，最終消失。我認為原因是前世記憶不是由基因荷載，而是存在於更深層的心智中。

轉世之後，我們有了新的大腦。成長的生理過程使得心智的粗分層次變得越來越強壯，於是前世的印痕就逐漸消退，除非你透過冥想做出一些努力，使得心智的粗分層面退讓而細微心智變得活躍起來。在某些案例中，人們透過冥想而恢復前世記憶，我曾經見過一些這樣的人。我個人沒有這種經驗，也沒有這種記憶，一點都沒有。

童年時，我有時候會徵詢年長經師的建議和指導。第一次詢

問時，他的建議似乎不太實際，但是漸漸地變得清晰起來，我意識到它們是對的。早期時，他總是非常嚴厲，我很怕他。他從不說笑，不像年輕的經師。但是最後我們變得非常親近，有一天我說：「看起來你好像有心靈感應，我想什麼你都知道。」他承認說：「噢，是的，有時候。」

這些事情只能用細微心智的概念解釋。細微心智完全和身體分離而獨立，大腦專家不可能予以研究。

馬修・李卡德：這是佛教的領域。

達賴喇嘛：是的，佛教的領域。

阿瑟・查恩茨：尊者，我想您在這裡觸及了一個重點，事實上是很多重點，但是其中有一個我想談談。

西方科學將大腦作為第三人稱的研究對象，或許是因為大腦是物體的事實。而佛教所說的細微心智，在我看來，永遠不可能成為研究的對象。人只能透過第一人稱的經驗，如前世記憶的主觀經驗、透視眼的觀察，或各種類似現象，才能接觸到細微心智。這就意味著，細微心智的存在和前世記憶的真實性的證明，都依賴於您或我的主觀個人經驗。

這就需要有一種不同的驗證方式來證明很多僧人及冥想修行人有過類似的經驗，鑑於這是很多人的共同經驗，所以您同意這些經驗是可能的。這使得作為第三人稱的科學研究難以開展。

達賴喇嘛：有一個故事可以作為反例。我有一個美國朋友，是工程師，非常聰明。他對印度靈性修行包括佛教也很感興趣。他聲稱能夠知道別人心裡在想什麼。於是有一天我在心裡定下一個念頭，問他我這個時刻在想什麼。他說了一些事情，完全不對，但是我沒有說穿。我說「好，好極了」，就是這樣。

阿瑟・查恩茨：您對客人非常客氣。

達賴喇嘛：你看，對靈性修行者或者精神上師來說，有一種危險是偽善。我們需要長期的調查研究。就像科學家研究物質一樣，我們也需要研究自稱為精神導師的人，否則會很容易受騙。

阿瑟・查恩茨：我想向其他人開放我們的談話。

克里斯多夫・柯赫：尊者，您是不是說細微心智只是經過訓練的人才有？普通人像我，或者動物，是沒有細微心智的？

達賴喇嘛：不是。事實上它是意識之源。意識的終極來源是細微心智。馬修提到的連續流是沒有開端，而且是不斷變化的。

有主因和助緣[11]。例如，主因是眼睛意識，助緣是眼睛器官。人的身體是人類心智的助緣，但是主因是意識連續流的光明特質。

在人的前世，到了死亡的一刻，所有粗分的意識層面都瓦解了，只有細微意識還在。它離開這個身體後進入了中陰身狀態，這不是堅實的身體，而是非常細微的身體。如果在死亡的一刻，人執著於自我，執著於肉身的存在，就會去尋找一個新的身體。什麼樣的身體呢？這就涉及到業力了。

這裡我應該講得更清楚一點。在寂天論師的《入菩薩行論》中有明確的說明，他談到了事物的起源。他說，我們在世界上看到的事物多樣性，只能用它們各自對應的原因與條件來理解。這非常類似於進化論的思想。可是，他特別說明，當論及有情眾生的痛苦與快樂、幸福與苦難的經驗時，業力起了因果的作用。

克里斯多夫・柯赫：作為科學家，我非常難以理解這兩個觀念。一個是轉世，一個是業力，這是一種記錄因果關係的另類方式。我看不到任何現代科學把這兩個觀念納入其概念架構的可能性。

達賴喇嘛：我想加一個限定語——「至今」的科學。在下一個世紀或再過兩三個世紀，面對事物，科學心智也許會有不同的看法。

克里斯多夫・柯赫： 在科學中我們從不接受絕對的東西。我們隨著更正確數據的出現而不斷改變和修正我們的想法。

細微心智是一個問題，現在的科學沒有辦法解釋記憶如何從前世傳遞到今生。人死亡的時候，一切就結束了。人死了，就沒有了，大腦會分解為組成大腦的原子。

我們認為人的記憶是編碼儲存在大腦裡的，怎麼可能在大腦死亡後仍然存在？我們無法解釋。對我來說，這就像魔術一樣。如果沒有一個機制可以儲存資訊，就沒有記憶，沒有意識。「無大腦則無心智。」

對科學家而言，業力觀念是另一個問題。

馬修・李卡德： 業力並不像看起來那麼神秘。它是因果律的一個子集，涉及和特定動機有關的意識事件的後果，無論動機是善良、中性或惡意的。由慷慨或善良驅動的思想、言語和行動將增進自己和他人的快樂；而被仇恨、貪欲或嫉妒所驅動，將導致相反的後果。也就是說，業力只是因果律的一種特殊應用。它不是什麼根本的特別事物，一如一個創始者決定了我們的命運應該快樂或不快樂。

相反的，花兒的生長和我的快樂和痛苦沒有關係，除非它們對我而言非常重要。一粒種子透過一系列的因果關係長成一朵花，並不會被認為是業力的一部分。但是，在當下或遙遠的將來，痛苦和快樂出現時，因為我的心智充滿了憤怒或利他心，我們就把它叫做業報。

達賴喇嘛： 即使是在佛教內部，不同流派的思想也互相矛盾。這並不意味著我們必須消滅其他的思想流派。它們將會一直存在。對於某些人，那些流派的思想觀點更清晰，更有幫助，因此我們必須尊重他們。雖然有些觀點不一致，這只是他們的觀點不適合

你，並不意味著你就應該否定它們。猶太－基督教、伊斯蘭教傳統中都有一個創世者，就佛教的觀點而言，並不符合邏輯。但是這並不意味著這些傳統需要改變。不，它們挺好的。

　　同樣，在科學中，唯物論陣營也沒有必要涉入神秘事物。這些問題不需要在科學範疇探討。在目前，用科學方法來研究這些是有局限的。你可以說：「這是你們佛教的事情。不要把它帶到我們實驗室來。」這沒問題。

塔尼亞・辛格（Tania Singer）：有個問題需要澄清一下。昨天我聽到佛教裡有一個說法：能量受心智的制約，物質和心智總是結合在一起流動。現在，尊者說，意識流總是存在著，然後您又說到轉世的概念。這就是說，資訊，具體的資訊，需要被轉移。在西方科學看來，能量或純粹意識的說法意味著沒有具體訊息的轉移。這該怎麼解釋？

達賴喇嘛：即使在意識粗分的層次上，也有一些能量或流動性元素，經文中稱之為 *vāyu* 或「風」，不過最好還是描述為某種能量。它甚至存在於最細微的層次上。它們總是在一起。

　　有時候經文會用一些比喻描述這種結合如何運作。能量方面被比喻為有好腿的瞎馬。心智方面被比喻為有好視力的癱瘓者。兩者的結合就像會走的瞎馬負載者癱瘓的明眼人。

馬修・李卡德：克里斯多夫和塔尼亞的問題還涉及記憶資訊如何從一世傳遞到另一世。

達賴喇嘛：記憶自身是連續流動的。在經文中，有兩種方式可理解資訊的轉移。一種是它透過「印記」（*vāsanā*，有時候翻譯為「性情」）[12]傳遞。其理念是，經驗在意識流中留下了印記。

　　另一種理解來自於月稱論師的著作，他純粹用經驗的終止來解釋這些過程。經驗發生，而且會留下某種痕跡。事物產

生並瓦解，而瓦解本身是由某個條件造成的。瓦解的事實稱為 *shigpa*[13]，是很難翻譯的概念。當瓦解完成時，它終究也是出於某種原因。因此，我們可以從許多的瓦解理解資訊是怎麼保留的。我們幾乎可以把它們看成經驗發生、存在，然後消失的痕跡。因為這些痕跡是無形、非物質的，我們不需要操心如何把它們框入物理程序。

克里斯多夫·柯赫：但是作為科學家，我們確實必須操心這一點。

達賴喇嘛：即使它是物理性的，在原初的層次上，你可以說在一個很小的範圍裡有幾十億個痕跡。當一個痕跡遇到了合適的條件，它就有實現的能力。資訊就是以這樣的方式傳遞到下一世。

阿瑟·查恩茨：物理科學和大腦科學是在一套前提設定下運作的，那就是假設所有事物都有一個物質的基質。我認為，很重要的是我們科學家必須認識到，邀請我們在此對話的群體並不主張這一套設定。他們認為有一種細微心智，是非物質的，但是仍然可以載負資訊和記憶。它具有一套構造，一種動態，一種哲學。這是他們用以容納他們的經驗範圍而運用的某種東西。現在，對於我們——我不會把自己包括在內，因為事實上我是站在另一邊的……

達賴喇嘛：我想有一個做法很有用，阿瑟談到純科學時說：「現在我把科學家帽子戴上了。」然後當他談論一些佛教概念時則說：「現在我把佛教徒帽子戴上了」。（大笑）

阿瑟·查恩茨：我想，還有很重要的一點是，認識到即使在物理學中，很多東西仍然非常神秘。即使是單純的重力——我們看不到重力的力。重力很明顯，是顯而易見的現象，但是它的本質非常微妙而神秘。我想我們應該以包容的態度對待尊者描述的這類

現象。

理查·戴維森： 尊者，我想回到有關細微身體的問題，您曾在幾個不同場合談過。有時候這確實是佛教徒的領域，但是有時候它會波及科學的地盤。

達賴喇嘛： 現在我們要開始干擾了！（笑）

理查·戴維森： 我們從佛教傳統中知道，有一些身體修練據說會影響細微身體。我們還知道有一些形式的介入，比如針灸，據說可以作用於和細微身體有關的能量系統。西方神經科學已經開始嚴謹地探索這些現象。如果我們知道身體的修行可以影響細微身體，那麼有一個問題就是，這種影響是不是雙向的。也就是說，細微身體能不能影響粗分身體。這是第一個問題。

第二個問題是，您已經在不同場合中說過幾次：科學家無法探索細微身體。我好奇的是為什麼尊者您會這麼想。科學不斷在變化，三十年前，人們認為科學永遠也不會認真探索針灸，但是現在顯然正在發生。所以，我很好奇為什麼尊者似乎認為科學無法研究這個特定的問題。

達賴喇嘛： 今天，科學仍一如以往地運作著。二、三十年前，科學並未研究心智或意識。二十世紀後期開始，科學開始對情緒發生興趣，因為現在我們知道它影響大腦和身體的健康。科學是開放的，沒有限制。我以前說過，到本世紀末，我認為科學家可以對這些元素、現象、經驗有更多的發現。

另一個問題就很難說了。在此刻、在平常時，細微心智雖然存在但是不活躍。它也許對粗分心智或身體層面的心智沒有太大的作用。然後，透過訓練，主要是冥想和其他瑜伽修行，細微心智會變得更活躍，而心智的粗分層次變得較不活躍。透過這種方式，能量和細微心智的力量變得更強壯、活躍、明顯，於是它就

可以實際控制感覺的粗分層次。

　　我有一個朋友，現在已經去世了，他告訴我這個故事。他沒有理由跟我說謊或誇大其詞。他是普通僧人，母親只是一個平常人。他告訴我說，有一次，他母親告訴孩子們：「我要睡得比平時久一點，不要來驚擾我的身體。」她睡了一個星期。她醒來後告訴他們：「在這些地方，發生了這樣一些事。」她的夢中身體離開了她的粗分身體，確實看到了那些事情。她甚至還不是一個認真的修行人。佛教徒會說，雖然她此生沒有做過很多修練，但是她在前世對修行有些瞭解。

　　對於科學家而言，完全否認這些事情是一種極端，立即全盤接受也是一種極端。請先等一等、做些實驗、邏輯思考吧，必須要有證據、測量的工具、調查研究的方法。但是，你也可能需要一套不同的、觀察這些事情的檢測技術。我認為科學家最終將變得更像哲學家。

第8章

奇怪的關係圈：現象學和經驗

米歇爾・比特波爾

科學研究及其方法歷來支持大腦是意識起因的想法。相反的，米歇爾（Michel Bitbol, 1954- ）在本章提出，兩者的關係是互相的，是基於經驗的，構成了一個「奇怪的關係圈」。在關係圈中，經驗是首要的，大腦本身可以是經驗的對象，也可以是經驗的起因。隨後的討論是跨領域對話的絕佳實例，對於唯物論觀點能夠告訴我們多少真的有關意識經驗的東西，展開了激烈的學院式爭論。

米歇爾・比特波爾：今天我們看到了一位西方神經生理學家和一位佛教僧侶之間的爭論。我們聽到西方科學家捍衛廣義的唯物論者或物理主義者立場。另一方面，佛教僧人馬修為完全不同的立場辯護。

　　但是我想非常重要的是注意到，反對唯物論立場的人不只是來自於佛教傳統。許多西方思想家也持批評立場，而且提出了很好的反對理由。今天我想問的是，科學是否支持意識經驗源自於物質基礎的想法。

　　毋庸置疑，科學方法本身傾向於此。為什麼呢？因為科學家完全專注於他們的研究對象，比如說大腦，而不對這些對象不斷被經驗的不變事實給予同樣關注。他們的研究對象是物質對象，可以從第三人稱的角度觀察，可以由技術控制，相較之下，經驗

卻只有第一人稱才能接觸到。所以，科學家傾向於認為物質基礎是一切最基本的東西，但是其實這只是因為他們的方法聚集於這些對象。對他們而言，最真實的是他們的技術所針對的對象。但是，除了方法的問題以外，並沒有絕對令人信服的論據可支持意識源自於物質基礎的想法。

首先，我要說明這種明顯的共識，即意識經驗源於物質基礎。例如，克里斯多夫‧柯赫在2004年說：「整個大腦對意識來說已經足夠了。」[1]丹尼爾‧德納特（Daniel Dennett）也這麼認為，他甚至強調：「意識是一種身體的、生物學的現象，就像生殖一樣。」[2]

科學家們當然有論證支持他們的主張。他們注意到了，在精神事件（即意識的內容）和大腦的運作之間有強力的關聯性。他們說（而且他們說得對），運用這種關聯性，我們可以「讀心」，即透過大腦掃描，我們可以知道某人在想什麼。我們可以看出一個人是想到一個蘋果或網球場，或者這類東西。

米歇爾所說的是最近利用功能性磁振造影（MRI）做的實驗，試圖透過電腦來確定一個人腦子裡的內容。這些研究通常需要初步的訓練階段，在此階段，電腦學到和特定刺激如工具、人臉、建築物等相連的大腦活動。對和意識經驗相連的大腦活動進行解碼的技術在進步，但是我們離科幻小說描寫的讀心術仍然有遙遠的距離。至今為止的研究主要限於視覺刺激；理解其他感官運作過程的細節更為複雜，更別提記憶和情緒了。此外，建立一個適用於所有人的大腦活動具體模式，仍然是極其重大的挑戰。

米歇爾‧比特波爾：這裡還有另外一個論證，可能更有力也不一

定。也就是，我們可以刺激大腦的某些部分並引發某些經驗，某些非常具體的意識內容。還有一個事實是，你可以利用腦波圖預測某個處於昏迷或植物人狀態的人醒來的機率。大腦活動的程度與複雜行為的呈現相關，而我們通常把這種複雜行為的呈現歸諸於人類意識的呈現。

所有論證看起來都很有說服力，但是大多數人仍然心存懷疑。例如，偉大而重要的神經學家傑拉爾德‧埃德爾曼（Gerald Edelman, 1929-2014）注意到，描述某種神經過程並不是真的經歷這個過程[3]。在大腦運作過程的抽象和結構性的描述以及與此相連的活生生經驗事實之間，你不可能建立解釋性的關聯。這兩者之間有巨大的鴻溝[4]。你可以隨意思考任何大腦運作過程，但是你絕對沒有基本論證可解釋為什麼它們應該跟真實經驗相連。

為了使這個論點容易被理解，有些西方科學哲學家想了一個有關殭屍的思想實驗。殭屍就是一個和你我行為完全一樣，但是絕對沒有體驗到任何東西的人。科學並沒有排斥這種邏輯上可能的事情。意識事實上和複雜行為及大腦中的微妙現象相連，但是科學從沒主張一定是如此。

另外一個可能持懷疑態度的是克里斯多夫。在他最近的著作中，我讀到一段深有同感的話：「主觀性和任何具體物大不相同，你沒法把它看成是一種顯現的現象。」[5]我完全同意他的觀點。

關聯性和因果關係

米歇爾‧比特波爾：讓我們更仔細地審視意識必有物質基礎的主張，並證明它們的論據不足。我們從關聯性開始，特別是大腦功

能和經驗的某些內容之間存在著關聯。

　　我們必須非常清楚，關聯性並不意味著因果關係（圖 8.1）。大腦功能和意識活動之間的關聯性有可能是一個跡象，說明大腦功能是基礎而意識內容是其副產品。但是關聯性也可能是其他很多聯繫形式的跡象。

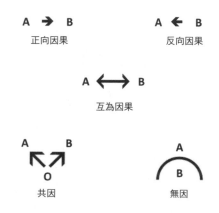

圖8.1　關聯性並不意味著因果關係。兩個相關的變量，這裡用A（如大腦功能）和B（如意識經驗）表示，它們之間可以有很多不同的因果關係。

　　例如，可能是反向因果的跡象：是意識活動造成了大腦運作而不是大腦運作造成了意識活動。我來提供一個倒果為因，被錯誤地解釋為正向因果關係的例子。假設你注意到每次發生大火，就會看到很多消防員。你可能因為其間的關聯性，推論是消防員造成了大火。當然我們都知道事實並非如此，但是你可以看到，你很可能以為倒果為因的情況是對的。這只是用來說明初級邏輯錯誤的可能性，也就是因為大腦和意識之間有關聯性，所以誤以為兩者之間一定有單向的因果關係。

你也可能碰到互為因果的情況。即不是大腦造成了意識，而是大腦造成意識的同時，意識也在影響大腦，或者說意識和大腦是相依共生的。我想，這比較接近佛教的觀點。

　　大腦和意識還可能有共因，不是意識和大腦互為因果，而是二者都受到第三個因素的影響。我來舉個例子。假設一個晴朗的夜晚你看到很多星星，而且非常寒冷。一個有點天真的人會說：「我懂了，星星是寒冷的原因。」顯然這不是事實。星空和寒冷之間的關聯性都出自於同一個因素：那是夜晚，事實是那時是夜晚所以沒有陽光，而陽光會遮蔽星星並產生熱。

　　還有第四種可能性，意識和大腦都不是彼此的原因，也不是受共因影響而產生。你可以在威廉・詹姆斯（William James, 1842-1910）[*] 的描述看到這種情況。他說，大腦和意識可以說是同一個硬幣的兩面，或者同一曲線的兩側。就像曲線可以從一側描述為凹線，從另一側描述為凸線（圖8.1，右下），而意識和大腦從一側可以說是物質，從另一側則是精神或意識。在這種情況下，意識和大腦的關係就不是一種因果關係。意識和神經運作過程只是同一事物的兩個互補層面。

　　如上所述，有很多可能性可讓我們理解這些關聯，而這些關聯性跟大腦功能引發意識的典型主張沒什麼關係。

　　當然你可以說：「好吧，但是我還有另一個比關聯性更有力的論據。就是我能藉由穿顱磁刺激（transcranial electromagnetic stimulation）激發意識活動。」這確實可行。如果我們保留伽利略對原因的定義，這也可以作為一個原因。伽利略寫道，因就是它出現時就跟著結果，因被消除了結果也隨之而去[6]。當我們做

---

[*] 威廉・詹姆斯，美國哲學家、心理學家，實用主義先驅之一，有「美國心理學之父」之稱。

穿顱磁刺激時，會有這樣的結果：我們會得到某種精神性經驗的內容。這是否證明了精神性經驗是由大腦活動過程造成的？

並非如此，因為如果你想證明大腦活動過程是真實經驗的原因，在它們之間必須有單向的關係。但是這裡所有人，特別是尊者您，都知道情況不是這樣。大腦存在著可塑性，精神有訓練的可能性，所以有可能反轉精神性活動到大腦活動過程的因果作用。換句話說，穿顱磁刺激無法證明大腦活動過程是意識的決定性起因，因為相反的依賴關係仍然成立。

穿顱磁刺激（TMS）是一種非侵入性方法，把一個磁線圈置於頭骨的某個地方，然後施加短促的無痛電磁脈衝。這個脈衝可刺激大腦在線圈之下的某區域，阻斷大腦皮層的處理，誘發各種精神性經驗，經驗內容取決於線圈的位置。例如，在大腦語言區的TMS將造成受試者說話中斷、結巴，或者說話混亂。
在此，米歇爾認為一個如TMS的實例並不能解釋整個現象。雖然改變大腦功能而誘發精神性經驗的實例存在，但是也有相反的實例，即利用精神性經驗（例如透過冥想之類的修行）來影響大腦（例如，見第10和11章）。

經驗的首要性

米歇爾・比特波爾：認為大腦中的物質活動過程引發了意識是一種典型的偏見，它在邏輯上比預期的還弱。讓我們回到偏見的源頭，從源頭挑戰它。唯物論者認為，外在存在著的、顯而易見的、根本性的東西就是物質，和物質體（material body）。但是這個論斷很清楚嗎？讓我們一起做個小實驗。我從這個方向看過

去，看到了一張桌子，這是一個物質體。我從那個方向看過去，看到了一把扶手椅，這是另一個物質體。我再從另一個方向看過去，看到了一尊佛陀像，這又是一個物質體。我閉上眼睛，感受到我身體的感覺，這是我自己身體的內在經驗。我再閉上眼睛，看到了心像，我想到了量子力學，並且開始回想它的方程式。

這一切活動的共同之處是什麼？是物質體的存在嗎？不，是經驗。對桌子的經驗、椅子的經驗、佛陀像的經驗，我自己身體的感覺經驗，想像景色的經驗，數學推理的經驗。經驗無所不在。比物質體更為強烈、更為明顯、更為普遍的是經驗。這就是佛朗西斯科・瓦瑞拉所強烈主張的。他說：「活生生的經驗是我們的起點，一切都必須往回溯連在一起，就像一條導引線。」[7]我們是從經驗開始的。我們是從經驗，從內在經驗開始探索物質體，探索大腦，探索一切。這是最基本的事實。

克里斯多夫似乎同意這一點。他說：「沒有意識就沒有一切。」[8]我們在此又完全一致。我在此同意克里斯多夫，但是我認為這個觀點如此關鍵、重要，在他那本卓越著作中，這個觀點不應只是他眾多觀點之一而應該是整個探討的出發點。這觀點應該遍及一切，應該滲透到他著作的每一句話裡。

這也正是最優秀的西方哲學家之一，德國哲學家艾德蒙・胡塞爾（Edmund Husserl, 1859-1938）所做的。他從這個論點出發，寫了不止一本書，而是差不多五十本書，以論述我們生活中令人震驚的事實：關於經驗的首要性，經驗的內容，經驗的結構。他寫道，一如笛卡兒的論點，意識是確定存在的，而意識的任何對象則可能是虛幻的[9]。這張桌子可能只是一幅全息圖，但是看到桌子的經驗是確切無疑的。你看到的蛇可能只是一條繩子，但是你看到了蛇的經驗是真實的[10]。胡塞爾就從這個簡單的

概念開始他的探討。

　　一旦事實明確，即經驗是絕對關鍵的，經驗是首要的，經驗是最確切的，然後我們就突然瞭解到，科學正因為其方法，所以其中心有一個巨大的盲點。為了讓你領會這個盲點，我借用路德維希・維根斯坦（Ludwig Wittgenstein, 1889-1951）的比喻。他寫道：「在你的視野裡，沒有什麼能讓你推斷出你是用眼睛看到了這一切。」[11]觀看者看不到自己。眼睛在整個視野裡並沒有看到眼睛自己。

　　當你看某種東西時，你沒有看到你的眼睛，只是看到了你面前的東西。從第一人稱的角度，用來看的眼睛從來不是看的對象。觀者看不到自己。這就像《奧義書》中著名的話：「從未被看到的是看者，從未被聽到的是聽者，從未被想起的是思想者，從未被認知的是認知者。」[12]

　　正如日本禪宗哲學家西田幾多郎（Nishida Kitarō）所注意到的，科學正是如此。科學的眼睛沒有看到科學自身。西田幾多郎說，一旦接受了客觀知識的觀點，認知者就不再進入視野。認知者、看者——意識——被精密複雜的客觀知識遺忘了。我們透過意識關注對象，但是意識本身卻在這過程中被忽視了。所以，西田總結說，科學的世界不是真正現實的世界。他的意思是什麼？他的意思是說，由於科學只注意到研究對象而遺忘或忽略了現實最根本、最明顯的層面，即經驗。

看到大腦的大腦

米歇爾・比特波爾：如果我們同意這一點，那麼整個視野就改變了。我們不再只有大腦和意識之間的單向關係：大腦是基礎性

的，而意識是衍生出來的。取而代之的，我們有了兩者之間的相互關係，而且相互關係本身即經驗事實。我們大腦和意識之間的這種關係，我稱之為奇怪的關係圈（strange loop）。

這個怪圈，二十世紀偉大的英國哲學家羅素表達得非常精彩。他說：「人類將會極力主張心智依賴於大腦，然而，同樣顯而易見的是，大腦依賴於心智。」[13]他為什麼這麼說？我們知道，有很多實驗證明大腦和心智之間的各種相關性，我們知道可以用刺激大腦來引發精神性活動和經驗，所以說心智可能依賴於大腦。但是我們還知道可以透過精神性訓練轉化大腦，大腦是我們的經驗對象。所以，大腦也依賴於心智，兩者的關係是相互的。

讓我們一起來做一些有關怪圈的思想實驗。

在圖8.2，我們看到一個很精彩的東西。我們看到的是眼睛看到的大腦。這個眼睛是某個自己有大腦的人的眼睛，所以這個大腦的圖像是投射在他或她的大腦後部（枕骨部位的大腦皮層），這個人看到了大腦。

我們現在看著一個看著大腦的大腦。但是我們都在這圖像

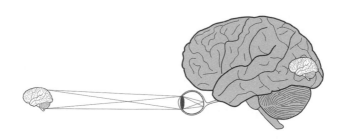

圖8.2 奇怪的關係圈。左邊是一個人的眼睛看到的大腦圖像，圖像由此和此人的大腦聯繫起來。一個小的大腦的影像就存在於此人大腦的視覺皮層上（右邊）。米歇爾強調我們對大腦「看見」圖像的過程的認知，和觀看原始體驗之間的不同。

之外。現在，是誰看著這個此刻看著大腦的大腦圖像？如果我等待一會兒，我相信有人會告訴我：「喔，這是我的大腦在看著正在看著大腦的大腦。」或許吧，但是，這麼說時你必須稍微想一下。一開始，你馬上擁有的是一個經驗，你經驗到自己在看。當我問你，誰在看著那個看著大腦的大腦，你先想了你的經驗，然後從那兒開始推論，說那是你的大腦。但是這個看法，即這是你的大腦在看著那個看著大腦的大腦，現在也成為一個意識經驗。明白了嗎？在這視覺感知、推論、思索到相信這一系列的最後是一個經驗：一個感知、思考、相信的經驗，但是每一種情況都是一個經驗。甚至你相信你的經驗在你大腦中形成，也是你現在的一個經驗。

我的目的是把你帶回到當下，此時此刻，你不是思想者而是經驗者，一個思想著的經驗者，一個「經驗在大腦中形成」這一想法的經驗者，這裡有的是經驗，沒有別的，只有經驗。你認為情況不是這樣，除了經驗還有一些別的東西？但是，即使這種想法，也是一種經驗！

討論：跨領域的意識探索

阿瑟‧查恩茨：之前我們談論過和一般意識、一般身體相對應的細微意識、細微身體。在這兩種情況下我們都說到了如何得到相關的經驗，在一般心智、一般身體的情況下透過感官能力得到經驗，而在細微心智的情況下透過冥想修行得到經驗。我想你可能會認為這兩種情況在本體論（ontologically）上的地位是相同的？

米歇爾‧比特波爾：是的，絕對是這樣。

阿瑟‧查恩茨：我們輕而易舉擁有的感覺世界的現象和經驗，來

自於我們的身體，與生俱來，是經驗的一個領域。而另一種現象與經驗不是我們輕易就有的，需要培養。

你有沒有思考過證明問題？感官帶給我們的現象和經驗很容易就可以證實，即使可能需要依賴科學來精確證明。但是冥想經驗應該怎麼證明呢？

米歇爾・比特波爾：證明冥想經驗和證明科學實驗是不一樣的。為了證明冥想經驗而需要採取的立場完全不同於科學態度；事實上，兩者幾乎是相反的。在科學中，你必須集中注意力去對所研究對象的各種解釋予以細分。相反的，在冥想修行中，你必須開放注意力領域，沉浸於整個經驗之中。但是這時候要保持警覺。整個經驗包括領悟到你可能需要聚焦於某個時刻。所以，冥想的立場並不比科學狹窄；相反的，冥想的立場將科學立場的可能性也包括其中。讓我透過我們之前做過的練習來說明一下。

讓我們假設，你突然領悟到不管你有什麼信念（包括科學信念），它都只是一種思想的對象，而有一些東西比這種思想對象更基本、更深刻，那就是具有這種思想對象的經驗事實。當你的這種領悟能夠穩定下來時，我想你就離冥想狀態不很遠了。

克里斯多夫・柯赫：我只是個單純的實驗科學家，米歇爾，你弄得我糊塗了。你似乎是說，意識是首要的，這我同意，但是意識和大腦緊密連結，如果我沒有大腦，我就不能有意識？是這樣嗎？

米歇爾・比特波爾：是的，沒錯。但是如果我們沒有意識，也就沒有大腦。

克里斯多夫・柯赫：所以說我們在做的研究完全沒問題。我們研究大腦、研究神經機制以理解意識經驗。那麼，我們在實驗室和診所裡所做的一切都沒錯，是不是？

米歇爾・比特波爾：我認為你的研究完全沒問題。我質疑的是你對你的研究的詮釋，即你對你的研究的形而上詮釋，這詮釋是唯物論或物理主義的。我想要說明的是，唯物論是你的研究不能證明的一種形而上理論。確實，你的研究能在兩套現象之間建立關聯：即當我們觀察大腦時出現的現象，和精神現象。這種關聯性甚至可以運用於實際目的（特別是醫學目的）。可是，並不能證明前面的現象比後面的現象更為基本。

克里斯多夫・柯赫：你說有大腦才能有意識。這正是我也想說的。

米歇爾・比特波爾：是，但是你也需要意識才能看到你有一個大腦。

阿瑟・查恩茨：我好奇的是，尊者是否想參與這個話題？

達賴喇嘛：我實在很困惑。（笑）

科學家和哲學家有時候會有這樣的傾向，當我們滿意某個理論時，就會沉醉其中，然後開始以偏概全。這是個錯誤。有些意識是細胞產生的，有些細胞是意識產生的，甚至意識這個詞也不清楚。心智……意識……我想我們需要更準確的定義。我們必須對專有名詞非常清楚，甚至可能需要一些新名詞。

米歇爾・比特波爾：是的，完全正確，我們必須先釐清所使用的名詞，這很重要。但是現在我想說明，我們應該把神經科學從毫無必要的形而上過度詮釋中解脫出來。事實上，建立與意識有關但非化約論或唯物論的神經科學是可能的，這也正是佛朗西斯科・瓦瑞拉想要做的。他不願意建立一個有關主觀性的客觀科學，因為他立即就看出此路不通。相反的，他要建立一個能夠兼顧客觀和主觀的學科，將兩者結合起來，使客觀和主觀站在同一水平線上，而不是讓前者置於後者之上。

瓦瑞拉想把客觀和主觀聯繫起來，我認為這也是克里斯多夫你正在做的事。在你的研究中，你不能完全無視於第一人稱的觀點，因為歸根結柢這是你的觀點和你的受試對象的觀點。然後你把真實經驗的第一人稱觀點和神經科學數據的第三人稱觀點表達出來，但是你對第一人稱觀點的關注不及對第三人稱觀點的關注。而瓦瑞拉的做法是將兩種觀點的表達都提高到同一高度。他想發展出現象學的第一人稱觀點，使其具有神經科學的第三人稱觀點同樣的方法學精確度，在這種雙重基礎上建立一個新的非化約論的意識科學。這本質上也是你正在做的工作，但是沒有唯物論的預設，沒有對第三人稱觀點的偏向。

馬修·李卡德：我們不應該和常識打架。我們可以用很多精深的方法進行研究，大腦和主觀經驗之間的關聯性是複雜的課題，這是很明顯的。但是，最直接、最簡單的事情，就像米歇爾說的，是如果我傷心，我仍然可以將其聯繫到意識的基本性質；如果我很快樂，我可以聯繫到意識的本質；如果我看著佛陀釋迦牟尼的像，我也可以聯繫到意識的本質；如果我閉上眼睛，我也可以聯繫到意識的本質。無論如何，不管發生什麼，我都可以將我的經驗聯繫到基本的意識。這是肯定而明確的事實。

作為人，我以特定的方式看待事物，我可以用很多方式描述這些經驗。這是我的經驗和現象世界的互動。很明顯的，盲人或聾啞人對世界會有不同的認識。其他的生命形式也是如此，就像蝙蝠，牠不是依靠視覺而是用聲音來導航。蝙蝠的腦波看起來像平靜的海還是有大浪的海，我們不知道。但是如果蝙蝠有一些意識，依我們的想像，基本上，牠也會有經驗。

這是公分母。我們可以肯定的是，不管怎樣，我們從這一點開始。這是常識，我們可以從這裡開始探索。我們可能會在某個

地方受阻，但是有一點是肯定的：我們有這樣的經驗。充分認識這點是一個好的開始。

理查・戴維森：和這個討論密切相關卻還沒有明確提出來的一個問題，以前佛朗西斯科提過，並引起我們的注意。這是他解決這個方法學問題方案的一部分。它和這事實有關：即我們行為的絕大部分，我們大腦所產生的東西的絕大部分，我們實際上並未意識到。我們可以非常自動地做很多事情而並未意識到。

米歇爾用了「僵屍」一詞形容那些沒有意識的人。當你要求人們思考自己的經驗，提出有意識的報告，而他們卻不熟悉自己的心智，我會認為他們實際上的行為也像僵屍一樣。雖然他們會告訴你種種事情作為有意識的報告，即他們在經歷一些事情，但是他們可能實際上是以一種非常自動的方式報告他們隱約認為應該發生的事情，他們邊說邊虛構，編造出故事來。

他們實際上沒有詢問他們自己的心智。佛朗西斯科描述的把主觀和客觀結合在一起的方案依賴於這個人能夠提出自己有意識經驗的真實報告。因此，這個人必須對自己的心智有某種程度的熟悉。

達賴喇嘛：在有些情況下，雖然看起來你處於完全無意識的過程，部分的原因是你把這些活動內化了，你不再需要對這些過程做出任何有意識的關注，因為已經習慣成自然了。

理查・戴維森：沒錯，但是在眾多不同情況下重複做同樣的動作，會影響你回答那些要求你審視自己心智問題的能力。

例如，心理學家喜歡發調查問卷給大家，要人們對自己的主觀狀態評分：一般而言，你對自己生活的滿意度如何？而人們的回答通常不是他們內心想法的反映。

阿瑟・查恩茨：對付這個問題有兩個方法。第一，當然，透過佛

朗西斯科倡導並身體力行的冥想修行使你熟悉自己的心智。

　　還有另外一個第二人稱的，或對話的方法，現在有人在巴黎正在做系統的探索。米歇爾，也許你可以介紹一下這種在一個夥伴幫助下探索心智的方法。

米歇爾・比特波爾：你說得很對，一般說來，當你要求一個人回答有關他自己經驗的問題，通常回答的是抽象的想法，甚至是想像，而不是真正說出自己的經驗。

　　但是，透過仔細的對談過程，這種過程事實上很像冥想過程，有可能誘發出一種狀態，在這種狀態下，此人非常接近自己的經驗，能真正說出自己的經驗而不是依賴任何抽象的表述。

　　最近，我的同事克萊爾・佩蒂孟根（Claire Petitmengin）發表了一篇論文，證明運用這種方法可以克服虛構，從而可以可靠地描述自己的經驗[14]。我認為這個結果非常重要，因為這讓我們對內省數據產生了信心。

塔尼亞・辛格：你曾說，我們僅有的就是經驗，而任何事物都可能是幻覺的對象。

　　米歇爾提到蛇和繩子的故事。某人的經驗可能是害怕蛇，但這是一種虛幻的主觀經驗，因為現實是所謂的蛇只是一條繩子。但是某人仍然處於對現實的虛幻主觀想像中。

　　我的理解是，精神訓練、冥想可幫助你進入更深的層次而擺脫幻覺。如果主觀經驗是你的原初、首要模式（primary mode），那麼在你的主觀經驗中，你怎麼知道什麼是幻覺什麼不是？

達賴喇嘛：其實在後來領悟到那是別的東西，從而驅除了你的恐懼，但是將來你是否就不再有害怕的反應，這個問題需要進一步研究。

塔尼亞・辛格：這就假設了我總會有一個客觀現實可以作為對照

以檢測我的主觀經驗，然後我可以決定這是不是幻覺，為什麼是幻覺。但是今天我們說，我們唯一擁有的是主觀經驗，它是首要的。

阿瑟‧查恩茨：這並非意味著不一致而是有其自我一致性。你可以回頭確認看看一直是蛇或一直是繩子，但是每次確認都是一個主觀經驗。你是尋找可靠性作為標準，而不是為這個案例提供某種第三人稱客觀現實。

土登晉巴：米歇爾，我十分贊同你的觀點，關聯性並不一定意味著因果性。我認為這非常重要，因為沒有受過哲學訓練的人通常對於因果性和關聯性只有天真的理解。

但是有一點我不是很清楚。你所指出的是不是一個方法論觀點，主張這種試圖化約意識經驗的更為基本的方法——甚至化約到細胞和基因的層面——並不是十分有益的？

就像我們如果把物質看作首要的，我們就可以做很多事情，我們也可以把意識作為首要的現象，然後可以做很多事情，就像馬修拉[15]提議的那樣。簡單地作假設是比試圖把一個東西化約為另一個東西更好的方法。這是不是你想說的觀點？或者你是在提出一個本體論觀點？

米歇爾‧比特波爾：我不是從本體論角度主張意識是首要的。那就要使意識具體化，而我不想這麼做。我認為，試圖把意識從物質基礎中導出，從一開始就是錯的。為什麼是錯的？因為這是將意識的對象看成比其他任何東西更為基礎的東西——比意識本身還要基礎。一個操控、有效、強力的控制對象，被視為其他所有事物的來源，包括意識。

但是，即使有效性也不能證明這個如此容易操縱之物中有本體論的首要性。神經學家發現很容易操控大腦，但是並不容易操

控意識。不過這是佛教徒和心理學家的事。由於這個原因,由於大腦容易操控,所以他們傾向於認為大腦是更基本的。總之,這種思想只是方法論偏見的副產品。

克里斯多夫·柯赫:兩者都同樣重要。沒有意識我就不會認識這個世界,沒有大腦我也無法認識這個世界。我需要某種物理基質,如我的大腦,我也需要意識。兩者都不可或缺。

米歇爾·比特波爾:我同意你後面的觀點。我當然同意。這是最重要的:這些東西如此完美對稱,任何認為意識不對稱地從大腦運作中產生的說法顯然是錯的。

拉杰什·卡斯圖利蘭甘:我只是想提一下,當我們談到意識是如此神秘,眾說紛紜,其實物質也是如此。我們已經聽到了有關量子力學以及它的微妙問題。我想,讓我們所研究的現象盡可能精確,並且堅持不懈地研究,就能取得更多的進展。

阿瑟·查恩茨:如果物理學的歷史顯示了意識研究將會如何發展的話,那麼在物理學的發展中,機械論哲學曾占了主導地位,類似波以耳(Robert Boyle, 1627-1691)和笛卡兒及其他人所提出的理論。那是一個探索的時代,那是人們透過機械論解釋感官世界熟悉事物的時代。

漸漸地,隨著時代的發展,這樣的解釋模式開始顯得不足。例如,相對論就是簡單的兩個假設和從這兩個涉及時空的假設而得出的一套結論。機械論已無一席之地。有一些物理學家試圖發展機械論式的相對論,但是顯然徒勞無功。

所以,隨著時間的流逝,人們在大多數先進理論,包括物理學的所有形式主義中找到的數學和結構,越來越朝向那些由最小作用量原理(the principle of least action)*,及廣義和狹義相對論基礎的原理所證明的方向。

我們正處於意識研究的過渡階段。我們在尋找讓我們能理解大腦運作的理論模式，但是我希望我們也要追求高層次的意識理論，而在某種意義上，意識的基質是物質或某種非物質基礎，則不可知。

　　理論模式的結構、原理、法則將是優美、有力、有益的，而且最終讓我們能更簡潔明確地處理這個議題。

克里斯多夫・柯赫：我同意。這個理論應該回答這些問題：阿米巴變形蟲有意識嗎？細菌有意識嗎？胚胎有意識嗎？病人有意識嗎？還有網際網路有意識嗎，電腦有意識嗎？有或沒有。這些問題都有待解答。

米歇爾・比特波爾：你認為這些問題有答案嗎？

克里斯多夫・柯赫：是的。科學已經回答了人們一度認為永遠不可能回答的許多問題。我們曾經認為，人類永遠不可能知道恒星的組成，但是我們發現了光譜學，並且在太陽裡找到氦元素。所以沒有理由認為，到時候不會有一個關於意識的完整理論。

米歇爾・比特波爾：你說的話讓我想起，有人會這麼說：「你看，我已經走了那麼多年，每當我向前跨出一步就發現新東西。所以，總有一天我會走到地平線。」

阿瑟・查恩茨：可是地平線不斷地往後退。

克里斯多夫・柯赫：我選擇相信進步永遠是可能的，這些問題是可以解決的。

馬修・李卡德：我想回到僵屍的話題，事實是我們有很多自動的、無意識的運作過程。我們可以做許多事情，知道大腦極其複雜，有幾十億的神經元，很多運作過程是自動的，為什麼它們不

---

* 　最小作用量原理，請參考 https://kknews.cc/other/6aka9yq.html

是全都自動的呢？如果都是自動的，會更有效率，我們也不會犯錯，總是能完美的運算。

但是我們知道我們是非理性的。即使在簡單的情況下，也會作出愚蠢的決定。所以，從純粹的效率觀點來看，一直當個僵屍會好得多。好像沒有什麼理由非要有意識不可。即使沒有意識，我們所有的大腦運作過程和我們隨後的行為也能正常發生。尤其是，如果意識不能影響大腦的話，那麼意識根本沒什麼用處。

克里斯多夫・柯赫：關於物質的性質，我們可以問同樣的問題：為什麼有電荷？我們生活在質子具有正電荷，電子有負電荷的宇宙裡。同樣的，我們也可以生活在複雜系統有經驗的宇宙裡。世界本來就如此，這可能就是大自然的真相。

米歇爾・比特波爾：我同意。但是你應該把現象的意識（phenomenal consciousness）[*]視為宇宙的首要特性。

克里斯多夫・柯赫：但是這不會給我一個理論告訴我，這個系統有經驗嗎？它是不是感覺像玻璃杯裡的一大堆水分子？我需要一個理論。在某個時候，我需要一個主要理論，就像廣義相對論、量子力學，它們從一般原理出發，能夠回答這樣的問題：是否感覺有點像是一杯水。一個理論告訴我，這隻現在煩我的蒼蠅是不是有意識感覺，我需要這樣的理論。我相信，原則上，時間成熟時，科學將會發展出這種理論。

米歇爾・比特波爾：在這種情況下，你怎麼檢驗你的理論？

克里斯多夫・柯赫：就像任何其他理論一樣。步步為營，一小步一小步來，先在你身上試驗，然後阿瑟、尊者、處於昏迷或者極

---

* 現象的意識，指人類的一種意識。人類的意識是指具有定性內容的主觀體驗。現象的意識中包含的個體感覺質料稱為感質。

為嚴重損傷狀態的神經疾病病人，他們可驗證我們的理論，然後我們在嬰兒、狗、猴子身上試驗意識的問題，並在更多的其他系統中試驗。

阿瑟・查恩茨：尊者，這相當於我們的辯經場。

達賴喇嘛：太好了！這才是真正的討論。

當米歇爾和克里斯多夫的爭論越來越激烈（同時仍保持和顏悅色），阿瑟將其比喻成藏傳佛教僧院的教學模式。尊者和土登晉巴開玩笑地說，米歇爾和克里斯多夫應該用僧侶們辯論時擊掌提問的風格來強調他們的觀點，在場的僧侶聽眾發出贊成的大笑。

理查・戴維森：我認為馬修提出的意識如何形成的問題是可以實驗追蹤的問題。我提供你一個例子。在克里斯多夫所說的實驗中，有一張憤怒的人臉被很多色塊遮擋著，結果顯示那張憤怒的人臉引發的情緒不是你意識到的情緒。

但是你把那些感受附加到你周圍的很多事物上。如果給你看的是一張中性的人臉（就在無意識地看到憤怒的人臉之後），然後問你是否喜歡這張臉，你會說不怎麼喜歡這張臉，因為情緒在你沒注意的情形下擴散了。

當你意識到情緒時，你就能調整它。意識的一個功能是調整。有許多數據證明，當大腦中的資訊被意識到時，我們就能調整資訊，這種調整方式是我們沒意識到的時候不可能做到的。

阿瑟・查恩茨：這為我提出了一個非常重要的倫理問題，這問題在某種意義上是整個討論最根本的問題。

爭論這些問題是非常激動人心的，歸根結柢，這些問題回到減少痛苦和促進人類昌盛茁壯的目的。如果人不能感覺，如果人

的感覺不像人，那麼對我來說一切就失去了倫理基礎。

這種主觀人類經驗的範疇是倫理的基礎。我們都知道具有一種情緒然後去調整那種情緒是什麼感受。這種可能性是倫理迴路的核心。作為人類，我們對他人感同身受，設身處地，然後透過理性、認真的訓練或文化上的支持，我們就有可能調整我們的感覺，從而採取道德行動以減少痛苦，促進人類昌盛茁壯。

尊者，最後您有什麼評論嗎？

達賴喇嘛：我非常欣賞這種坦率的討論。透過討論，問題就變得越來越清楚。如果每個人都同意，都說：「噢，對啊，好極了。」那麼就不會有進一步的討論及探索了。我真的讚賞自由地表達、思想，持有不同的觀點。非常好，精彩極了！

阿瑟‧查恩茨：這也是這個團體的同道精神與合作精神。我們可以有激烈的爭執、分歧，但是是為了更深入清晰的洞察，所以價值非凡。

達賴喇嘛：在僧院辯經的初級訓練一開始就有這樣的說法，經歷了 *du dra*[16] 訓練（這是藏傳佛教僧院教育的初級辯經）的表徵是，當你能證明什麼不是什麼時，不是什麼而是什麼時，才真正是受過了訓練。我們在這裡也有一點同樣的意味了。

阿瑟‧查恩茨：我想我們正在接近那個境界了。

第二部

轉化

第9章

大腦的可塑性：神經科學和神經可塑性的基礎

溫蒂‧哈森坎普、格西達多南捷

這次獨特的對話會上有許多僧侶聽眾，他們大多數都缺乏科學訓練，所以我們想多提供一些背景知識，尤其是神經科學，為以後的講解做準備。在本章裡，我簡單介紹了神經科學領域，描述大腦結構、細胞解剖學和功能。隨後展開討論，尊者提了一系列問題，引出了神經可塑性的概念，即大腦的改變能力。

在稍後的對話階段，格西達多南捷（Geshe Dadul Namgyal）在討論佛教對神經科學的觀點時又繼續了這個話題。格西南捷從神經科學理論發展的角度簡單闡述了神經科學的歷史，接著討論了神經可塑性可能和佛教思想、冥想修行有關的問題。

細察大腦：解剖學和生理學

溫蒂‧哈森坎普：尊者，非常榮幸來到這兒。過去幾年我參與了艾莫利－西藏科學計劃，在達蘭薩拉的薩拉學院教僧侶們學習科學。參與這個歷史性的研討會，有機會讓這些科學知識在更多的僧侶中傳播，我深感快樂。

今天我要為僧侶們提供一些科學資訊，他們可能還沒有接觸過神經科學，以便幫助他們更理解對話內容。這些知識對尊者您來說可能只是複習，但我希望能協助其他僧眾獲得對大腦的基本瞭解。

大腦的基本地圖

溫蒂·哈森坎普：首先，什麼是神經科學？神經科學家的研究興趣是什麼？就基礎層面而言，它是研究我們體內神經系統的學科。神經系統分成中樞神經系統和周邊神經系統兩部分。中樞神經系統包括大腦，是我們這次對話中討論最多的，但是它也包括脊髓，脊髓從大腦底部通過脊椎延伸下去。周邊神經系統包括很多和脊髓相連的神經，散佈於身體。所以你的大腦實際上與你的整個身體相連。

神經系統為維繫我們生命的正常運作執行了很多基本功能：調節各個系統、呼吸、心跳、消化，以及我們抵抗疾病的能力。所有這些我們不常想起的運作過程都由神經系統控制。它還讓我們利用五種感官獲取有關周圍環境的訊息，並透過各種行為反應。在高等動物如我們人類中，大腦還和我們的思想、感覺、情緒等複雜運作過程密切相關。

我們已經聽到為什麼科學家相信大腦是心智的主要器官。在此我將對大腦作個簡單的解剖學介紹（圖9.1）。大腦外圍起皺的部分是大腦皮層，大腦皮層一般分成四個部分即腦葉。有很多功能和這些區域有關，在這裡只能舉一些主要功能為例。還有很重要的一點是，當我們描述大腦某個特定部位的功能時，事實上很多區域是共同運作，一如網路系統完成某個任務或認知活動般。

額葉和我們的運動控制、運動動作，和很多較高級的認知功能相關，例如評估、決策、調整注意力和情緒，以及語言處理。額葉的後部是頂葉，涉及我們的觸覺和觸覺認知，並整合很多來自其他感官的感覺資訊。大腦的側面是顳葉，涉及我們的嗅覺、聽覺、對聲音的感受，和某些特殊視覺資訊的處理，如對人臉和

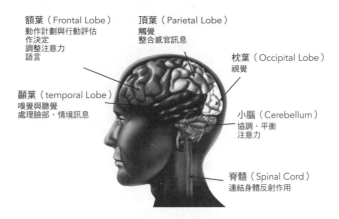

額葉（Frontal Lobe）
動作計劃與行動評估
作決定
調整注意力
語言

顳葉（temporal Lobe）
嗅覺與聽覺
處理臉部、情境訊息

頂葉（Parietal Lobe）
觸覺
整合感官訊息

枕葉（Occipital Lobe）
視覺

小腦（Cerebellum）
協調、平衡
注意力

脊髓（Spinal Cord）
連結身體反射作用

圖9.1　一般認為大腦由四個功能性腦葉以及小腦、脊髓組
成。所有腦葉一同運作，同時各個腦葉各司其職。

周圍情景的處理。在顳葉中還有與記憶、情緒有關的深層結構，
這些我們稍後將會談到。大腦的後部是枕葉，主管視覺，這是人
類非常重要的感官，所以由大腦的大部分專門負責。

　　在大腦皮層的後部是小腦。這個專門區域涉及調節動作的平
衡和協調，也涉及注意力的運作過程。你可以看到脊髓從大腦底
部出現，它的作用是連結大腦和全身。

　　在大腦皮層下面或者內部，有其他也很重要的結構。此處的
眾多結構（圖9.2）統稱為邊緣系統，它們在我們的情緒生活中
扮演著重要的角色。

　　這裡有一個結構是海馬迴，它和記憶運作過程有很密切的關
係。在海馬迴的前面是杏仁核，它是情緒運作過程非常重要的區
域。我確定我們將從理查‧戴維森和塔尼亞‧辛格聽到很多有關
杏仁核的講解[1]。

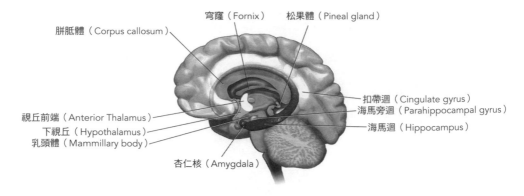

穹窿（Fornix）　松果體（Pineal gland）

胼胝體（Corpus callosum）

扣帶迴（Cingulate gyrus）
海馬旁迴（Parahippocampal gyrus）

視丘前端（Anterior Thalamus）
下視丘（Hypothalamus）
乳頭體（Mammillary body）

海馬迴（Hippocampus）

杏仁核（Amygdala）

圖9.2　邊緣系統位於大腦深處，包含海馬迴、杏仁核，以及其他許多結構。邊緣系統與額葉皮質對情緒和記憶的運作非常重要。圖片來源：Blausen.com staff, "Blausen gallery 2014," Wikiversity Journal of Medicine, doi:10.15347/wjm/2014.010, ISSN 20018762, 根據版權法CC-BY 3.0 而使用。

神經元結構的複雜性與通訊過程

溫蒂·哈森坎普：現在我們觸及了大腦的大致結構，我想更深入談談大腦非常細微的部分。細胞是所有生命有機體的基本結構和功能性單位，所有生命有機體都是由細胞組成的，你身體的不同器官和不同部分各有特殊的細胞以完成不同的功能。

　　大腦由很多不同種類的特殊細胞組成，最主要的細胞是神經元（圖9.3）。神經元的功能是透過電和化學的交流形式傳遞和接收訊息。

　　我想在此為大家複習一下幾個名詞。神經元的不同部分有不同的名字。它的一端有樹型或者手指型的結構，稱為樹突。神經元的中央是細胞體，此處是DNA和所有基本細胞機制所在。然後，有個很長的結構稱為軸突，軸突讓神經元可以向一定距離外的另一個細胞傳遞訊息。在末端的是神經末梢，它專司把訊息傳

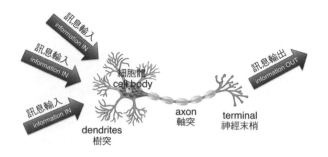

圖9.3　大腦最主要的細胞是神經元。神經元專司以單向的方式傳遞和接收訊息。

遞至另一個細胞。

　　神經元是非常有趣的細胞，它們的目的是通訊，它們朝單一方向傳遞訊息。訊息透過樹突和細胞體進來，沿著軸突，通過末梢傳送出去。

　　讓我們更近一點看看神經元是如何運作的。我提到過它們使用電和化學的交流方式（圖9.4）。

達賴喇嘛：既然有電和化學兩種訊息，那麼是否有可能在某些情況下，一種能運作而另一種無法運作？或者有一種受損了？

溫蒂・哈森坎普：是的，其中一種有可能受損或者受到干擾，所以都可能有問題。很多有毒物質能阻塞電或化學的通訊過程。另外，影響精神運作過程的藥物和毒品通常也影響這些系統，雖然那些藥物一般是針對神經通訊的化學層面。

達賴喇嘛：這些訊息來自什麼地方，也就是說，是如何產生的？

溫蒂・哈森坎普：這個過程非常複雜。但是對於電訊息來說，基本上是分子或離子從細胞內部運動到細胞外部，或者反過來運動。這種離子流動造成電訊息，產生電壓。

達賴喇嘛：那麼可以說這是在細胞內局部產生的。

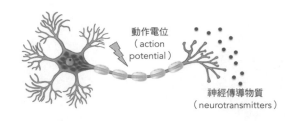

動作電位
（action
potential）

神經傳導物質
（neurotransmitters）

圖9.4　神經元透過電和化學的形式傳遞和接收訊息。電訊息（electrical signal）稱為動作電位，透過神經元的軸突輸送。當它抵達神經末梢時會釋放出化學神經傳導物質，將訊息傳輸給其他細胞。

溫蒂·哈森坎普：是的。在每一個細胞內，電訊息是局部產生的，是對其他神經元傳來的訊息的反應。

電訊息稱為動作電位，即所謂神經元「發射」的意思。電訊息有如電線裡的電荷，就像一個電火花在長軸突裡移動。

當電訊息運動到神經末梢，它會讓一種神經傳導物質釋放出來，例如，多巴胺、穀胺酸、血清素、γ－胺基丁酸、腎上腺素，這些物質對下一個神經元有各種效應，並造成了大量不同效應的通訊。

所以，神經元是彼此通訊的。在活的大腦中，很多神經元向某個神經元發出訊息，單一神經元也向很多神經元發出訊息。據估計，單一神經元可以接收多達一萬個其他神經元的訊息。

你在這裡可以看到通訊的簡單圖示：多個神經元接收，多個神經元傳遞。多個接收神經元的電訊息引發化學物釋放（圖9.5，左），傳送各種訊息到這個神經元。神經元進行某種類似計算的過程，平衡或者統計傳進來的所有訊息。它可能會也可能不會送出自己的電訊息，再次造成化學物的釋放，傳送訊息到另一

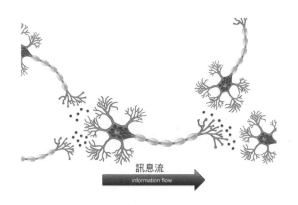

訊息流
information flow

圖9.5　神經元彼此之間聯繫緊密，因此能進行複雜的通訊。本圖顯示兩個神經元（左）朝中間的神經元釋放神經傳導物質。中間的神經元接收全部訊息，如果達到了特定的電荷量，它將會產生一個動作電位，並且釋放神經傳導物質，將訊息傳輸給其他神經元（右）。另外，訊息透過神經元迴路單向流動（在此圖中為從左到右）。

個細胞（圖9.5，右）。

　　這是一片非常薄的大腦神經元樣本（圖9.6）。只取針頭大小的一點，就可以透過化學物質在顯微鏡下看到神經元。這個圖是用早期科學家發明的某種方法製作的，目的是透過特殊著色法顯示細胞和神經結構。你可以看到神經元的相互聯繫有多複雜，即使是厚度只有頭髮絲般的部分，而且這個技術只顯示了細胞的一部分。所以，你可以想像人類大腦中850億個神經元的景象，那真是相當壯觀，而且是令人難以置信的複雜，幾乎像佛教哲學一樣複雜。

當我們思考科學家如何研究大腦時，很重要的是要記住，神經科學是高度跨學科的，可以在多重層面上探討，每個層面都有其方法學意義上的技術和探索範圍。在最小的分子層面上，科學家關

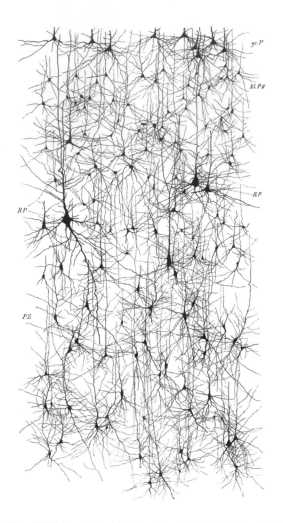

圖9.6　用高爾基染色法顯現的皮層神經元。高爾基染色法即使用鉻酸銀鍍染一定數量神經元的整體。圖片來源：Albert von Kölliker, *Handbuch der Gewebelehre des Menschen, zweiter band: Nervensystem des Menschen und der Thiere*（Leipzig: Englemann, 1896）, fig. 732.

心的是亞細胞元素，諸如蛋白質、DNA 和神經傳導物質等，並且專注於生物化學技術。至於細胞層面，研究對象是解剖學的關聯和神經元或細胞組的電激發性質，多半依賴於化學、物理學和數學。再下一個層面，神經科學家研究大腦中更大的網絡，如知覺或情感系統，使用電或磁振造影技術。最後，在最廣泛的層面，神經科學結合行為、認知及情緒檢測，通常運用主觀報告或心理測試。

這個領域的主要力量之一是它的寬廣度，有助於人們瞭解身心的關聯，但是它也代表了一個重大挑戰，即神經科學家們必須找到將這些層面的探索有效整合的途徑。

討論：受傷後的大腦功能

達賴喇嘛：我知道目前已經發現當大腦的某個區域受傷害時，這個區域的特定功能會漸漸被其他區域接管。

例如，說話的功能，如果大腦的語言區受損，是不是有任何特定區域和語言區域相關，所以它們可以接管這個功能？或者這只是一個整體的修補過程？

克里斯多夫・柯赫：這取決於傷害發生的年齡。對兒童而言，如果大腦語言中心的腫瘤被切除，他們就不能說話，但幾個月後他們又能開始說話。他們可以把語言運作從左腦皮層轉移到右腦。

但是如果在我的年齡受損，我大概無法恢復語言能力。如果我中風了，而且很嚴重，我可能會失語，再也不能流利地說話。

達賴喇嘛：這個事實沒有爭議，不過我的問題是，有沒有決定性的部位能夠接管大腦特定受損區的功能？例如，如果某人由於大

腦的語言區受損而失去語言能力，是不是總有一個大腦特定部位能夠接管這個功能？

理查‧戴維森：大腦可能有幾個部位可接管該功能，但是並沒有一個特定部位總是能接管。尊者，在我看來，關於人類可塑性更高極限的試驗還非常少。這兒的科學家們可能會有些不同意見。

我可以舉個特殊的實例，幾年前有過一個非常重要的研究，有些病人中風後，由於大腦一側受損而半邊身體癱瘓了[2]。

為了醫治這些病人，他們把病人沒有癱瘓的半邊身體放進了一個全身模子中，讓健康的半邊不能動彈。病人整天生活在模子中，長達16週。結果他們發現，受損的半邊身體出現了以前從沒見過的明顯改善，因為大腦被迫重新連線，這是普通醫療目前仍做不到的。

我認為這個研究提出了可塑性的極限的問題，以及可能有哪些可能性。

達賴喇嘛：這是不是意味著行動功能可以恢復到一定的程度？

詹姆斯‧多堤：我認為部分取決於損傷的程度，部分取決於個人的恢復能力。例如，有些傷在語言區的中風病人，之後再也無法說話。也有些人付出了極大的努力，最後有了令人驚奇的改善。

也可能有些盲人，他們大腦裡的正常聽力區顯然比一般人要大得多。

失去某個感官功能（比如視覺）的人經常會發生有趣的現象：大腦負責的其他感官區（如聽覺）會增大，以彌補失去的另一種感官區。例如，大家都知道盲人有高度精確的聽力，這是功能增強的神經關聯性。這方面的研究在有關心智與生命對話的一本書裡有精采的概論：《訓練你的心靈，改變你的大腦》（*Train Your*

Mind, Change Your Brain）³。

達賴喇嘛：這是不是意味著大腦不同區域的功能並非有限、固定不變的？因此，當我們從功能角度談論大腦的不同部位時，不能使用絕對性的詞彙。

詹姆斯·多堤：我們確實知道大腦特定區域和特定功能相連，但是不是絕對的，其中有一定的可變性。例如，一個人中風的區域通常會造成失語症，但是實際上並沒有。當我們觀察功能性的大腦影像時，我們發現語言區從我們原來認定的位置移動了一些。可見這裡發生了某種變化。

　　另外一件有趣的事，是我們現在正在探索如何為失去肢體的人做神經義肢。我們可以將電極置於大腦表面，然後訓練病人怎樣利用和他們的大腦相連的電腦來移動義肢。所以，未來會有一些驚人的可能性出現，但是我認為正如之前理查·戴維森指出的，在瞭解大腦方面，我們還處於嬰幼兒階段。

達賴喇嘛：我們在談論語言區受到損傷的人如何恢復說話。可是，從理論上說，如果把語言區從大腦中全部取走，那會怎麼樣？這種情況下還有可能恢復語言能力嗎？雖然這問題可能有點蠢。

理查·戴維森：這取決於年齡和很多其他因素。

達賴喇嘛：語言區必定非常複雜，有大量不同的網絡，所以你可以某個部分受損，而非把整個區域取出。所以，理論上說，如果你把兩個半腦都取走，會發生什麼事？

大腦中專門負責語言生產的叫做布洛卡氏區（Broca's area），通常位於左半腦，在大腦朝向額葉底部和顳葉相連的一側。該區域

受到重創的病人，如克里斯多夫指出的，仍有可能恢復說話能力，因為說話功能可以轉移到右半腦的對應部位。尊者在這裡問的是：如果左右兩個半腦的這個區域都被移走，那麼語言功能可以轉移到別的地方嗎？他試圖弄清楚，是否原有的大腦區域才能以某種方式保留功能。克里斯多夫答覆如下，在這種情況下，說話能力不太可能恢復。

克里斯多夫‧柯赫：這很糟糕。如果兩側的額下迴（inferior frontal gyrus）都受到損傷，現在和將來都無法說話。在神經學中，通常如果兩側都遭到損傷，不大可能像只有一側損傷那樣恢復功能。

溫蒂‧哈森坎普：這取決於損傷的狀況。通常是周邊的大腦組織會接管功能。我們越來越瞭解大腦令人驚奇的潛在可塑性。

快樂是一種技能：神經可塑性和冥想修行

格西達多南捷：關於遺傳或環境（nature versus nurture）的作用，一直有很多爭論，我們試圖在爭論中弄清楚到底人類發展的原因是什麼。一方面，我們知道人的本性是與生俱來的，你只需要等著本性自然呈現。另一方面，我們需要對個體加以運作。為了讓人的潛力能夠發展，我們需要灌輸很多東西。

神經科學也歷經了這些爭論。有一個時期流行行為主義，行為主義說沒有必要深究，因為內在是什麼並不重要，重要的是外在的行為表現。只要調整我們的環境，所有一切都會改變。一個外在刺激誘發一個反應，在兩者之間沒有什麼值得研究。這是一個極端。

行為主義在1960年代達到全盛，然後隨著遺傳科學的進展而漸漸沒落。遺傳科學把我們帶到了另一個極端，說一切都既定的，存在於我們的基因裡。有些事是與生俱來的，不管我們付出多大的努力也無法改變什麼。這是另一個極端。

神經科學在1970年代中期成為專門科學；在此之前它還不是一門科學。但是在神經科學之前的研究造就了它，特別是神經可塑性的研究。根據最新的研究，已經很清楚並非所有的一切都不可改變。相反的，透過人為的干預，我們可以為自身的福祉而促成改變。這些年，我們看到神經科學不僅發展成了一門科學，而且衍生了分支科學，如認知、情感、進化、細胞、臨床、社會等。和情感神經科學相關的是冥想神經科學，在這門學科中，理查‧戴維森和塔尼亞‧辛格努力證明健康的精神狀態對人的社會化發展的影響。

更早的時候，和其他很多學科一樣，神經科學是基於需要而產生的，大量研究集中在理解疾病和負面精神狀態上。專注於這些壓力狀態是相當自然的事情。但是，一段時間後，探索健康的情緒等領域也變得很有用了。部分是我們想知道我們能不能支持或誘導這種健康精神狀態，如果可能的話，如何在早期階段介入干預、播下種子，最終防止沒人想要的精神失調。

在對神經科學的觀察中，我個人發現研究主要是在尋找相關性。如果只是到相關性為止的話，似乎沒有特別的意義，它只是顯示了各種精神狀態的神經或身體相關物，不管這種精神狀態是非常紊亂還是很健康的。非常重要的是，透過實驗室研究所得到的發現能運用於真實生活。我們的個人經驗現在可以複製，然後在更大的範圍內應用。

透過重複的探索，我們可以證明，是的，這種特定的冥想

方法是有益的，事實也可以證明這種方法確實有益於健康。我對這部分成果很有興趣。否則就很奇怪：你只是尋找相關物，然後呢？我們每個人都能感覺得到冥想實踐帶給我們的益處。但是現在這種個人經驗可以複製、擴展，讓大家都能分享，尤其是用世俗的方式教授冥想修行的新方法。

佛教對神經可塑性的看法

格西達多南捷：現在我們來談談神經可塑性。在這個領域，我們也要瞭解它的歷史。我們對神經可塑性的知識不是一夜之間就取得的。

神經可塑性是大腦中的神經元、神經網絡和神經突觸形成新的連結，甚至改變功能的能力。以前認為這種可塑性在幼兒期就停止了，一旦我們到達了一定年齡，大腦就不再改變。後來發現，大腦的某些方面在過了幼兒期以後仍然保持可塑性。而最近的發現是，可塑性存在於整個生命期，「事實上，變化是規則而不是例外」[4]。

於是，這裡的問題是，為什麼我們需要這樣的變化？如果這只是局限於個人的發展，那麼我們可以滿足於我們個人的人格培養。但是一旦我們修行有成而且可以證明相應的大腦變化，我們就可以研究、證實、複製這種變化，廣泛地加以應用。瞭解這種變化確實會發生，即使是在生物學的基礎上，也非常有益，瞭解變化在大腦的哪個區域發生，我們就可以用正面的精神活動來配合大腦的正面變化。

變化可以有多種發生方式。它可以發生在大腦的幾個層面或者周邊神經系統：在微觀細胞層面，在較大的層面，在可觀察

的、功能性的、結構性的層面。就帶來這些變化的媒介而言，它可以是行為學的、環境的、實驗的、神經過程的、冥想修行的、身體損傷的：我們透過身體或心智所能帶來變化的任何事物。

從佛教的眼光來看，這並不是新東西。我們透過心智做的每一件事都是透過身體得以表達的。當它透過身體表現時，它也影響身體[5]。所以發現兩者的相關性並不是出乎意料的事，沒什麼大不了。進一步發揮其作用而為社會帶來益處才重要。

很多研究者做了極好的研究來試驗冥想修行的生物學效應。透過觀察生物學的效應，我們可以證實某個特定修行確實有益，進而可以傳授給別人。

有時候人們會有疑惑，為什麼要透過冥想研究生物學？冥想有助益，這一點我有親身體驗。當我產生菩提心（*bodhicitta*）[6]，或者在我試圖理解無我時，我感覺非常美好。它解開了我內心裡的糾結，這是經驗性的。但是我想要說的是，研究神經相關性和結構性改變的目的：我們需要合作，一起來理解這些東西，以便將來它們能夠被廣泛運用，讓更多的人能夠從中受益。

在這方面，我聽說理查·戴維森在他的實驗室獲得了非常傑出的成果：他們建立了能夠帶來有益結果的預防性工具。在緊急情況下，就像我們有急救藥箱一樣，我們現在也有冥想實踐的急救工具箱，在我們遇到某種精神性壓力或紊亂時，就可以加以運用。

理查說：「在我們的研究中，我們把快樂和慈悲心視為可以訓練的技能。」[7]所以，快樂是一種我們可以習得的技能。我們知道神經可塑性是事實，不是虛構。變化不應該隨它自然產生，我們應該加以控制，讓變化多多發生。這樣，我們對自己的福祉就有了主動權。

第10章

如果你向湖裡擲一塊石頭：
大腦中的注意力和情緒

理查‧戴維森

我們現在把注意力轉向冥想神經科學，這是新學科，是從西方科學與佛教對話中產生的令人興奮的新領域。理查‧戴維森是威斯康辛－麥迪遜大學健康心智研究中心的創始人和主任，是心智與生命對話群體的重要人物。在過去二十年裡，他是冥想對大腦如何產生影響相關研究的領導人物，如今他仍然是這領域的先鋒。他將在本章介紹情感神經科學（affective neuroscience），講述與情緒調整及注意力相關的大腦機制。然後討論冥想訓練如何影響這些神經迴路，這對於精神和身體的健康都有重要的意義。在此過程中，大家討論了廣泛的議題，包括肉毒桿菌毒素（Botox）、佛教對注意力的觀點，和鐵路交通事故等。

理查‧戴維森：今天我要談談心智的兩個主要系統：情緒和注意力。從西方科學觀點來看，現在似乎對冥想修行影響心智的過程有了共識，即冥想影響我們的痛苦情緒、正面情緒，也影響我們的注意力。我們將重點審視這些我們認為和理解心智訓練效果有關的精神現象。

我想要提出有哪些關鍵性的神經迴路與情緒、注意力相關的問題。然後思考這些迴路是可塑的想法，也就是說，它們可以透過經驗轉化，因此冥想或許可以促成這種轉化。最後，我要用一

兩個例子談談各種不同的冥想修行對情緒、注意力的影響。

情緒和大腦

理查‧戴維森：我要以西方心理學和神經科學的重要人物威廉‧

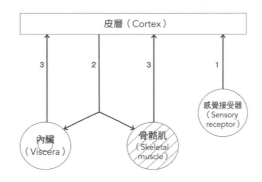

圖10.1　詹姆斯－朗格情緒說。在這個模式中，大腦從身體接受感覺資訊1，將訊息導至肌肉、內臟以對相應刺激做出反應2。然後反饋訊息從肌肉、內臟傳回大腦3。大腦將來自身體的生理訊息演繹為情緒。

詹姆斯開場。除了對注意力的洞察，他對情緒的本質也有一些精彩的想法，可以用圖10.1來表示[1]。

　　威廉‧詹姆斯的觀點是，感覺訊息透過感官，即眼睛、耳朵等進入大腦。訊息往上傳導，最終到達大腦皮層，在圖上用箭頭1表示，這裡是大腦的最高層。從大腦皮層有條下行路徑通往肌肉和內臟，那裡是我們的內臟器官，如心、肺等，用箭頭2表示。

　　這是威廉‧詹姆斯的理論，這部分也被現代科學所證實。我們現在知道從大腦皮層有通道通向心臟、肺，以及不同的內臟器官。這是我們已經瞭解的，沒有爭議。

達賴喇嘛：你是不是說這些內臟器官在知覺過程中發揮了某種作用？

理查・戴維森：它們在情緒過程中發揮了作用。也就是說，大腦感知來自感官的訊息，當感官訊息經過處理後，訊息經過大腦皮層下傳到內臟器官，也傳到了骨胳肌，即我們臉上和身上的肌肉。

　　箭頭3表示從內臟器官、心臟和肺等，以及從骨胳肌返回大腦的路徑。這是詹姆斯關於情緒的論點：例如，如果我們看到一隻老虎在我們面前，感官訊息就上傳到大腦皮層。大腦皮層輸出訊息到心臟、肺、肌肉。我們會經驗心跳加快、拔腿就逃，然後，他說只有在我們體內發生了這些變化後，我們才體驗到恐懼。

　　對威廉・詹姆斯而言，變化首先發生於身體，然後訊息從身體反饋到大腦，將身體的狀態通知大腦。

　　一旦大腦覺察到身體的擾動，恐懼的體驗才會出現。威廉・詹姆斯的著作《心理學原理》中有一段非常有名的話，他說：「我們看到熊，我們逃跑，然後我們才害怕。」[2]這個觀點產生了非常深刻的影響。

達賴喇嘛：以前科學家們說過，先產生恐懼，然後影響到了腿部肌肉，接著血液湧到腿部。當你變得很憤怒時，血液湧向你的手，你感覺想打人。這就是說身體變化、血液迅速流動，起因是害怕。我們認為害怕先產生，然後才有身體的反應，可是你說的正好相反。

理查・戴維森：是的。我說的是威廉・詹姆斯的觀點。哪個觀點是正確的？我們如何以科學方法檢驗？我將舉例說明可以如何檢驗，以得出非常具有經驗性的答案。

尊者，在西方，有一件有點古怪的事，人們讓醫生在他們的臉上打針，為了看起來年輕些。他們注射的是一種分子，即肉毒桿菌毒素。肉毒桿菌的功能是在一段時間裡讓某個肌肉癱瘓，以消除皺紋。我們做了個實驗……

達賴喇嘛：如果做得太過分的話，哪天你就不會眨眼了！

理查・戴維森：沒錯。既然人們自願要做，所以我們藉此機會做了個實驗[3]。我們在受試者臉上某個臉部表情的關鍵肌肉，即皺眉肌，注射肉毒桿菌之前和之後做了檢測。這種藥物注射消除了這個骨胳肌反饋大腦的訊息。

　　這是試驗威廉・詹姆斯理論的一個重要方法，因為我們沒有直接改變大腦。利用注射肉毒桿菌，可以消除從某個關鍵區域骨胳肌通往大腦的反饋。然後我們就可以問，是否改變了人的情緒反應？答案是，它確實改變了。這個實驗和其他一些類似實驗顯示，在某種程度上，威廉・詹姆斯是對的。他不對的地方是認為所有的情緒反應都來自肌肉反饋，而反應其實是雙向的。

　　理查・戴維森描述的研究相當精巧，它利用了有些人自願選擇在特定臉部肌肉注射一種神經毒素，這個做法可能無法僅僅為了實驗的目的而採用。肉毒桿菌實際上是已知最毒的毒素，它的作用是阻止神經肌肉在結點上釋放乙醯膽鹼（神經傳導素），這會導致肌肉纖維的活躍度和力量降低。出於美容目的而使用最低劑量的情況下，它能夠暫時癱瘓特定臉部肌肉而減少皺紋。劑量太高時可能會致命，即造成呼吸肌癱瘓，導致呼吸停止。

　　肉毒桿菌阻斷了從神經元到肌肉的訊息（圖10.1中的路徑2），也阻止了從周邊肌肉到大腦的反饋（圖10.1中路徑3）。大量研究支持情緒處理的「自身模仿」模式，顯示在微觀層面上，我們

在身體上啟動我們正在精神層面處理的情緒。透過癱瘓面部肌肉而中斷這個自身過程可能也中斷了情緒處理。為了檢驗這個想法，徵集了一些原來已經決定要在皺眉的肌肉處接受肉毒桿菌注射的婦女[4]。在注射前和注射後兩個星期，給她們看一些有情緒內容的句子，當她們能理解這些句子時馬上按一個按鈕。試驗結果顯示，在注射肉毒桿菌後，受試對象理解負面情緒句子的水平降低了，但是理解正面情緒的水平不變。這個結果符合詹姆斯的想法，來自周邊肌肉的反饋確實影響了我們處理情緒的能力，在這實例中，由於不能皺眉而干擾了處理負面情緒的速度。但是，理查間接表示，還有另外一些研究認為情緒處理是比這更為複雜的過程：現在普遍認為，情緒不僅涉及身體的生理狀態，還涉及主觀經驗、行為和社會文化背景等。

理查・戴維森：情緒研究史上另一個重要人物是詹姆斯・帕佩茲（James Papez, 1883-1958）。他首先描述大腦中的神經迴路對情緒的重要性，而且不只是一個區域的神經迴路，而是大腦結構群之間的互相作用。

他的描述是這樣的（圖10.2）。迴路的所有關鍵部分都在虛線方塊中。請注意大腦中最高部位的新皮質是在此範圍之外。這不是帕佩茲描述的對情緒很重要的迴路。這在情緒的神經科學研究史上是非常重要的發現，因為說明了情緒是大腦中不涉及皮層的部分所處理的。

在很多年裡，這是有關情緒的經典觀點。一些別的研究改變了這種觀點，其中之一是對二戰腦部受傷者的研究。研究發現，大腦前額部分受傷的病人表現出情緒反常，亦即他們表現出某種情緒波動。對這些現象的研究使得科學家們想到，除了帕佩茲等

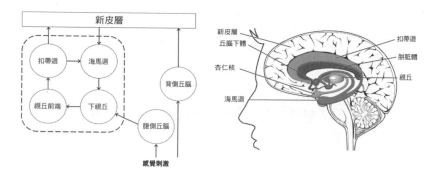

圖10.2 左：帕佩茲對情緒大腦迴路的理解。右：這些結構在人類大腦中的圖解。這些大腦區域所形成的迴路通常稱為邊緣系統。圖片來源（右）：根據OpenStax-Anatomy and Physiology, Connexions web site "1317 CFS Circulation" 修改（https://commons.wikimedia.org/wiki/File'1317_CFS_Circulation.jpg#/media/File:1317_CFS_Circulation.jpg），依據CC-BY4.0版權法使用。

人描述的大腦皮層下的部分以外，大腦皮層的某些部分，特別是額葉皮質，也對情緒具有某種作用[5]。

　　我想在這裡強調的觀點是，情緒就像其他類型的複雜行為一樣，並不是定位於大腦的某個單一部分。它是分佈於整個迴路，不同的結構彼此互動。根據現代神經科學觀點，這些結構的互動是產生情緒所必須的，而不是限於任何的單一區域。我們不能指著任何大腦的單一區域說「情緒就在這裡面」。

情緒的調整

理查‧戴維森：我們認為調整情緒的能力主要在額葉皮質。沒有別的動物能像人類一樣自覺地調整情緒。科學家們認為，這可能和進化過程中額葉皮質的增長有很大的關係。

達賴喇嘛：你是不是說其他動物調整情緒的程度不及我們？你可

以從一些狗和鳥身上看到。在生理層面上牠們想要一些東西，但是在精神層面上牠們體驗到害怕和懷疑。看起來牠們的確有能力調整並克制本能。

理查・戴維森：有些鳥的情況是，如果牠們想要一些東西但是有懷疑或警惕，這種懷疑通常是環境中就在眼前的東西造成的。

達賴喇嘛：沒錯，但是仍然有不同。物理的或生物的因素是牠們想要一些東西。牠們餓了想吃東西，但是另一個心智層面發出了警告：要小心。所以在一定程度上牠們確實有能力控制本能。

理查・戴維森：但是，這不可以稱為純粹精神性的東西，必須有外在因素的觸發。

達賴喇嘛：我不太肯定是不是一定如此。牠們有一定的記憶力，但不像人類的記憶，不過牠們沒有二十年的記憶，但至少記得幾個月的事情。如果一隻鳥或一隻貓，或別的動物，有了遭遇艱難的經驗，那麼這種記憶至少可以維持幾個月。

理查・戴維森：有一套對五、六歲的孩子做過的著名實驗。一個孩子想要的可口零食放在他面前。然後你告訴他，他可以現在就吃糖果，但是如果他等待五分鐘，等實驗者出去後再回來，那麼他可以得到更多的糖果[6]。

這個實驗令人訝異的是兒童實施自我控制能力的差別。有些兒童收放自如，有些小孩只看了一眼糖果就立即抓到手裡。結果，如果他們的生活環境沒有發生重大變故，三十歲時，那些有較好控制能力的兒童的生活狀況也比較好。他們有較優異的能力用各種方式調整自己的行為，在經濟上比較成功，比較不容易沾染毒品。他們成年後有各種更為正向的成果。

這是非常重要的認識，因為等於告訴我們如果能夠教導孩子們用更有效的方式律己，就有益於他們往後的人生。而律己是一

種技能，是由額葉皮質管控調節的。

達賴喇嘛：這實驗是否用其他方式做過？一種激勵的誘因。兒童被置於糖果面前，答應他如果等待五分鐘就能得到更多糖果。孩子知道他會得到更多糖果，所以有期待和快樂的感覺，這是正面的動機：如果我等五分鐘，將得到更好的結果。

如果我們用相反的方式試驗會如何？把糖果放在兒童面前，然後警告他不能吃糖果，必須等待五分鐘才能吃。也許你甚至可以提出一些懲罰性的後果。然後他出於恐懼而不得不等待五分鐘。

在另一種模式中，有些兒童自願等待五分鐘，等到了好處。你提到這些兒童更有自制力，他們的人生更為成功。但是出於恐懼而克制的兒童，可能顯示不出這種正向成果。

理查・戴維森：尊者，這是一個非常好的角度。將出於恐懼的動機和出於快樂期待的動機加以比較，這種實驗我們還沒有系統地進行過。有一些實驗顯示，正面的動機比懲罰更能造成持久的行為改變。我認為一些科學證據顯然證實了這種直覺。

達賴喇嘛：我聽說兒童出生後，母親的愛撫對兒童有重大影響。這是影響了大腦的哪個部分？

理查・戴維森：母親的愛撫可能影響了大腦的很多部分，不只是一個地方。這肯定會影響邊緣系統的區域，和大腦皮層中對情緒與情緒調整有重要作用的區域。

這方面的證據極為有力。例如，我們知道在兒童受到虐待的不幸情況下，額葉皮質會收縮。受到情緒性或生理性的虐待確實會導致這些大腦區域萎縮。

我們還研究了在東歐孤兒院裡成長的兒童，主要是羅馬尼亞，他們遭受了冷淡的對待，後來被美國的中產家庭收養。在他

們約十二歲時，我們對這些兒童進行檢查。他們生活在孤兒院的時間長短不等，少則六個月，長則五年，然後在美國的中產家庭裡生活了至少五年。我們看到的是，即使過了那麼多年以後，他們的大腦仍然有很大的不同[7]。

達賴喇嘛：可見恢復和重生並不容易。

理查・戴維森：的確。其中一個問題是如何最能幫助這些兒童恢復，或者讓大腦的其他部分接管功能萎縮的部分。這是非常困難的問題。

神經可塑性和情緒

理查・戴維森：接下來我想談談神經可塑性。神經可塑性不一定是好的或壞的。它是中性的，取決於我們輸入什麼：如果我們在心中充滿有益健康的思想和友善情緒，就能將神經可塑性轉向良好的成果。如果我們沉浸於負面的思想和大量負面影響之下，就會危害大腦。

達賴喇嘛：我聽說，生活在精神正面的環境裡，比如經驗到慈悲心和愛等的環境裡，會強化神經連結，有利於產生新的神經元。正面的情緒有正面的影響，那麼負面的環境是不是會有同樣的影響呢？

理查・戴維森：負面的環境也會產生影響，但是往相反的方向。

達賴喇嘛：持續的恐懼、憤怒等負面情緒有很大破壞力。這似乎顯示在大腦、神經的層面，有一種更有建設性的情緒的傾向。也就是說，生理上的神經元本身有某種辨別情緒的能力。這可能嗎？

理查・戴維森：是的。大腦中有神經元只對正面的輸入有反應，

也有些神經元只對負面的輸入有反應。所以，神經元有其清楚的區分，而且大腦的神經迴路有些主要負責正面情緒，另外一些更關心負面情緒。

以下是一個負面情緒的實例，顯示壓力對大腦不同區域神經元的影響。圖10.3顯示了您在洛克菲勒大學見過的布魯斯·麥凱文（Bruce McEwen）的研究[8]。他是優秀的神經科學家，在神經可塑性的基本研究方面做了一些非常重要的工作。

圖的上部，是來自對照組動物的大腦細胞，下部是處於慢性壓力之下的動物細胞。你可以看到動物處於高度壓力之下，細胞上的樹突數量明顯較少。這些細胞是位於前額葉皮質和大腦的海馬迴區域，壓力導致海馬迴萎縮或者減小。

圖的右邊是來自杏仁核和前額葉皮質另一個區域眼窩額葉皮

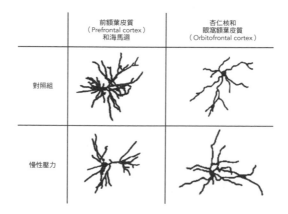

圖10.3　壓力在大腦各區域對神經可塑性的不同效果。處於壓力狀態下的動物前額葉皮質和海馬迴神經元顯示樹突減少，而杏仁核和眼窩額葉皮質神經元樹突增多。圖片來源：經允許改編自Macmillan Publishers Ltd: *Nature Neuroscience*, Richard J. Davidson and Bruce S. McEwen, "Social influences on neuroplasticity: stress and interventions to promote well-being," *Nature Neuroscience* 15（2012）：689-695, doi:10.1038/nn.3093, copyright 2012.

質的細胞。我們來看杏仁核。上面的圖來自於對照組,下面的圖來自慢性壓力之下的動物。你可以看到承受壓力的動物,分支更大。杏仁核是大腦中專門負責威脅和負面情緒的區域。

這些發現對於理解壓力影響我們調整情緒的能力有重要意義。前額葉皮質處理情緒的一個方式是抑制杏仁核。杏仁核的活動和情緒處理有很強的關係,特別是負面情緒,如恐懼、壓力。圖10.3顯示壓力處境有可能建立的一種失調的前饋系統(feed-forward system):當前額葉神經連結萎縮或衰退時(左下),前額葉皮質抑制杏仁核的能力就會降低。與此同時,杏仁核神經元會在壓力下透過更多的分支增加連結(圖10.3,右下),這可能會增強負面情緒迴路。加上來自前額葉皮質的抑制減少,有可能導致神經系統更強化連結負面情緒處理的迴路。這類「壓力導致的憂鬱」是一般熟知的概念,有大量研究在探討這種現象的生物學和臨床學基礎[9]。

大腦中的注意力

理查・戴維森:我已經描述了對情緒很重要的一些大腦迴路,現在我想談談大腦中對注意力很重要的網絡。

科學家已經開始區分情緒的不同層面。我們討論對健康有益和無益的情緒,也談論調整情緒的能力。這些討論有點像阿毗達摩的精神因素清單。同樣,注意力也不只是單一現象,它有不同的特性。我們今天討論三種注意力:警覺、定向和執行控制,它們每一個都和不同的大腦網絡相關。

當突然發出一聲巨響時,你可能會將注意力轉向巨響,我們稱之為警覺,即我們的注意力被環境突發狀況所吸引。我們認為

這是由刺激驅動的注意力，外在刺激把我們的注意力引向它。

第二種注意力是定向。例如，我告訴你稍後要在你的眼睛右側閃一個刺激源。你知道刺激源將出現在哪裡，眼睛一動也不動，你只是知道我很快就要在那裡向你顯示刺激源。定向是將你的注意力引向某個特定地方的能力。你可以用任何感官的感覺定向。我們現在可以坐在這裡而把我們的注意力引向右腳，以及腳上的感覺。

第三種注意力是執行控制，即抵抗干擾，將我們的心智集中於某件事情，抑制來自別的地方、分散注意力的影響。例如，如果我們在一個房間裡和很多人說話，聽到了自己的名字，自然會想確定聲音來自哪裡或者表現出警覺反應。如果我集中注意力繼續談話，這就是執行控制。執行控制是抑制外界讓人分心的聲音，而將心智集中在應該注意的事情上的能力。

達賴喇嘛：在阿毗達摩分類學中，我們用特定的功能性角度談論精神因素。其中一個精神性因素經常翻譯成「注意力」，即 *manaskāra*。這是一個選擇並集中注意力於某樣東西的因素，是一種停留在某個單一點上的能力，類似於執行控制的精神因素，所以你不會被其他刺激分心而維持你的注意焦點。

理查・戴維森：從神經科學的觀點來看，有意思的是，涉及不同注意力功能的某些大腦部分和情緒是重合的。這並不令人意外；我們問自己環境中哪些資訊會吸引我們的注意力，答案是趨向於情緒性的訊息。例如，我們會對環境中情緒性的刺激有警覺反應，對非常中性的刺激就沒有同樣的反應。所以，大腦中對情緒和注意力很重要的區域有某些重合，是在意料之中的。

ADHD 和靜靜的湖泊

理查·戴維森：我們一直在研究冥想訓練如何影響大腦中對注意力很重要的網絡。在西方，7歲到16歲的兒童中大概有15%被診斷為「注意力不足過動症」（ADHD）。很多這類兒童被施以藥物治療，但是我們認為也許還有別的辦法。有過動症的孩子在注意力表現方面非常不一樣：有時候能夠集中注意力，有時候注意力很分散。用反應時間來衡量的注意力差別相當大。

我們想知道高強度的毗婆舍那（內觀）冥想修行是否能夠降低這種差別，並改善注意力。這項研究，我們測試了佛教上座部隱修中心的冥想修行者，該中心隸屬麻薩諸塞州巴瑞（Barre）的內觀禪修社（Insight Meditation Society）[10]。我們檢測了這些參與者在隱修之前、之後三個月的狀況，發現他們在注意力反應時間方面的差別在隱修階段後大為降低。我們也檢測了隱修一週的初學者，結果顯示沒有變化。

我們還用了一種特定的大腦活動檢測，很有意思。這種檢測是相位鎖定（phase locking）。我們要求受試者注意耳機裡發出的聲音。他們聽到的聲音是一聲聲的低頻音響，隔一段時間會突然出現一聲不同的高頻音響。就像「嘆、嘆、嘆」後，突然出現「嗶」的一聲。當「嗶」聲響起時，受試者必須注意這個聲音。這聲音出現在雙耳中。受試者得到指示，當高頻聲音只出現在一側耳朵時，就按下按鈕。這種聲音發生得非常快速，所以是相當費神的試驗。我們可以以此試驗追蹤大腦中發生什麼狀況了。

相位鎖定試驗可以描述如下：如果有個非常平靜的湖泊，你朝湖裡投擲一塊石頭，在湖的另一側你能看到這非常平靜湖面上的漣漪。如果湖泊波濤洶湧，湖面上有很多波浪，你同樣向湖中

擲一塊石頭，是看不到漣漪的。大腦中的情況也一樣。

達賴喇嘛：這是一個美麗的比喻。

理查·戴維森：謝謝。比喻是跟馬修學的，馬修是比喻的大師。我不能掠美。

我們在大腦中看到的是同樣的情況。在三個月的時間裡，修行者的心智呈現出更為平靜的狀態。他們能夠在「嗶」聲出現時同步反應，特別是在大腦的前面部分的反應。這是我們能夠追蹤的主要變化。

黏著的情緒和杏仁體

理查·戴維森：我們已經談過人類調整情緒的能力。這種能力的

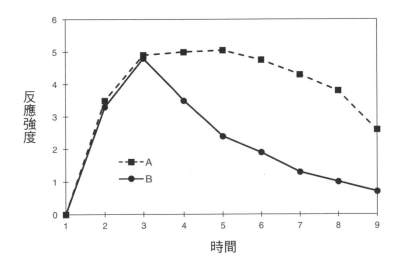

圖10.4　理論上的情緒恢復差別。反應時間模式Ａ顯示情緒的持續，而模式Ｂ則顯示更快速的恢復。

一個特殊層面我稱之為黏著（stickiness）的性質，更為技術性的用語是復原。想像有一個人在清晨和她的朋友或配偶吵了一架，結果影響了她一整天。她的心情很不好，在最初的負面互動後，她可能以緊張或攻擊性的方式和其他人互動。

我們可以把她的情緒視為是「黏著」的。也就是說，她的負面情緒在原來互動發生的時間點後持續存在。她無法快速調整情緒，衝突事件再次發生時，情緒也難以擺平。我們可以圖示理論上兩個人的反應。

這個例子中（圖10.4），在時間3發生了衝突事件。A表現出更長的反應持續時間，而B恢復得更快。B的情緒沒有那麼黏。他或她只是短時間反應然後就恢復正常狀態。

達賴喇嘛： 另外那個人仍然很執著。

理查・戴維森： 沒錯。我們認為人類很多痛苦是情緒的黏著造成的。

達賴喇嘛： 的確。

理查・戴維森： 如果我們能更深入理解和此類反應相關的大腦系統，然後尋找可以發揮影響力的冥想方法，也許能夠幫助人們減少這種痛苦。

在圖10.5的左邊，你看到的是大腦的一個切面叫做冠狀面。如果你從我耳朵前劃開，然後打開我的大腦，你就會看到圖示的大腦切面。圖上那兩個小圈就是杏仁核。我們可以檢測杏仁核啟動後復原的速度。有些人的杏仁核顯示活躍狀態持續較長的時間，還有一些人則迅速恢復。

我們要問的問題是，反應時間較長的人和較短的人到底有什麼不同。結果是，反應時間較長的人一般來說更為焦慮。他們報告說自己更加擔心、身體更緊張、更容易受到外界干擾。你可以

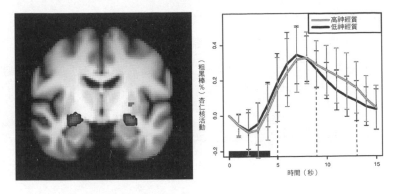

圖10.5　透過杏仁核的恢復時間來檢測「黏著」度。左：圓形為杏仁核在左右腦半球的位置。右：看見負面圖像之後（以黑帶表示）杏仁核內的大腦活動（透過血流測量，或粗黑棒所示）。神經質項目得分高的患者（灰線）比得分低的患者（黑線）恢復時間更長。圖片來源：Brianna S. Schuyler, Tammi R.A. Kral, Jolene Jacquart, Cory A. Burghy, Helen Y. Weng, David M. Perlman, David R. W. Bachhuber, Melissa A. Rosenkranz, Donal G. MacCoon, Carien M. van Reekum, Antoine Lutz, and Richard Davidson, "Temporal dynamics of emotional responding: amygdala recovery predicts emotional traits," *Social, Cognitive, and Affective Neuroscience*（2014）9（2）：176-181, doi: 10.1093/scan/nss131. 經牛津大學出版社允許使用。

從圖10.5右邊看到這一點。灰線表示更焦慮的人，黑線表示較不焦慮而且迅速恢復的人。

　　我們做了一個實驗以瞭解不同的冥想修行怎麼影響這些反應。這個實驗有來自佛教上座部和密宗傳統的修行者參與。修行者有一天時間修行簡單、以專注呼吸為基礎的冥想，另外一天，他們修慈悲心或仁愛心。他們在我們的實驗室裡修行八個小時，每天結束後，我們對他們進行檢測。特別是在慈悲心修行那天結束後，參與者杏仁核的訊息降低，而反應程度較低，復原速度更快。

　　我們還發現，參與者一生中冥想的總時數和他們的復原相

關。總體而言，他們修行的時數越多，反應越快。

　　身為科學家，我們要做的事情之一是非常誠實，面對問題、並且暴露研究工作的一些糗事。我想跟您談談我們面對的問題。我們發現，沒有經過冥想訓練的一般人，復原時間的差別非常大。有些人天生就恢復得非常快，還有一些人要很長時間才能恢復，他們承受的痛苦就更多。我們在冥想修行者中發現的情況是，修行時間最長的人的恢復能力，跟從來沒有冥想經驗的控制力最好的人相等。

　　這個結果有很多解釋。其中之一是，我們的受試者都是西方修行者，也許很多西方修行者一開始就是因為非常焦慮而被冥想修行所吸引。也許他們要花好幾年時間修行才能達到那些從沒修行過、但是情緒天生平衡的人的水平。

達賴喇嘛：這有可能，因為有些人需要有驅動力才會參加冥想。也許他們有些心智浮動的問題，所以他們在尋找一種解脫。總而言之，到西方佛教中心的人有相當一部分似乎是有些焦慮，有某種心理困擾。

　　既然我們談到杏仁核及其在經驗和情緒中的作用，那麼能不能談談關於自我中心的傲慢——「我、我、我」？是不是和杏仁核有什麼關聯？

理查・戴維森：杏仁核很可能有參與其中。

塔尼亞・辛格：尊者，我們稍後將談到這個問題。在我們的縱向研究中，我們記錄了一些人每天所說的話，然後計算他們自發地說「我」、「我們」和「別人」的次數。

　　我們想看看是否和杏仁核的活動相關，那正好回答了您的問題。我們的假設是，那些說「我、我、我」比較多的人，杏仁核的活躍度應該更高。

超越大腦：進入身體

理查‧戴維森：當我向一般聽眾談論冥想修行的研究時，我最喜歡講的故事是發生在 1992 年第一次見到尊者的時候。尊者您問我和佛朗西斯科‧瓦瑞拉，以及其他和我們在一起的科學家，是否願意跟南捷寺的年輕僧侶談談我們的科學研究。

我們帶了一些設備，所以決定為他們示範一下怎樣記錄大腦活動，而不是光做個枯燥的學院式講話。那天擔任小白鼠角色的是佛朗西斯科。我們把電極安放到佛朗西斯科的頭上，非常小心謹慎地，以保證得到的記錄是有效的。我們站在佛朗西斯科的前面，那個時代的筆記電腦體積比較大，所以沒人能看到這些設備後面的佛朗西斯科。最後，我們讓出位置，所以兩百多個坐在地板上的僧人終於看到了我們剛才在忙什麼。當時，所有的人都笑了──就那樣爆笑。我們莫名其妙，還以為他們在笑佛朗西斯科頭上戴著很多電極，非常滑稽。

最後我們才明白原因何在。他們大笑是因為我們要研究慈悲心，卻把電極放在頭部，而不是放在心臟的位置。這對我們是非常重要的一課。我們花了很多年才更深入理解他們試圖告訴我們什麼，終於，我們回到了心臟。

除了研究大腦，我們還可以觀察其他器官及其運作。在一個研究中，我們觀察了西藏傳統修行大師們的心臟。他們是修練了很多年的長期修行者，一生修行時間累計平均三萬四千小時。他們都做過三年閉關。在修慈悲心時，他們的心跳速率比初學者的升高，增加的很少，但是非常穩定一致。

更有意思的是，在心臟和大腦的某些區域之間有某種強烈的關係，修行者在修慈悲心時，這些區域的活動相當明顯。換句話

說，修慈悲心時，心和大腦之間有一種偶合效應（coupling）*，或交流增加，即我們在圖上看到的灰色區域（圖10.6），而這和慈悲心修行有關。對初學者，圖的黑色部分就沒有這樣的變化。

這是只有修行大師才有的非常獨特的現象，顯示慈悲不只是由大腦表達，而是大腦和心臟之間交流的增加。我們認為這可能跟慈悲修行對身體的某些助益有關。

達賴喇嘛：和血壓有關係嗎？修行時，血壓是升高還是降低？

理查・戴維森：血壓沒有明顯的變化，我們確認過了。如果一個人因受刺激而出現某種形式的憤怒或激動，我們可以看到慈悲心修行會使血壓下降。

我們也對和發炎有關的分子做了研究。發炎對很多不同的疾病非常重要。它影響了心臟病、哮喘和某些癌症。我們認為更深入瞭解冥想修行如何影響發炎，將很有幫助。

在這個研究中[11]，我們在一個人的手臂上做了幾個很小的水泡，在大約四十五分鐘的時間裡讓皮膚慢慢升起而產生一個真空。那一點也不疼。我自己也做過，是非常溫和的小手術。然後我們在上面抹些藥膏，藥膏的有效成分是從辣椒提煉出來的，所以會讓皮膚有一點發炎。這種藥膏會造成所謂的「閃燃」[12]。我們可以檢測發炎部位的大小和痊癒的時間。結果，經歷過八週以正念覺察力為基礎的減壓（MBSR）修行的人，發炎痊癒得更快。

修行精深的人顯示了造成發炎的分子更少。再次說明我們觀察到的冥想修行導致的變化不僅僅是在大腦裡，而是在全身，而且很可能有益於我們的健康。

---

* 偶合效應，指任何兩個系統具有相互交換能量的作用。

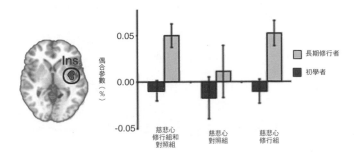

圖10.6 慈悲心修行過程中，心跳速率和島葉活動之間會產生神經心臟偶合。圖中左邊島葉的偶合啟動區域以圓圈標示。長期修行者在進行慈悲心修行過程中顯示偶合增加；初學者則未顯示任何增加。圖片來源：改自 *NeuroImage* 47（3），Antoine Lutz, Lawrence L. Greischar, David M. Perlman, Richard J. Davidson, "BOLD signal in insula is differentially related to cardiac function during compassion meditation in experts vs. novices," pp. 1038-1046, copyright 2009. Elsevier 公司授權使用。

未來的方法

理查・戴維森：我想在結束的時候討論一下未來，用我們現在有的兩種新方法，我們可能做些什麼。

這不是一個關於冥想的實驗，而是有關同卵雙胞胎的實驗。他們有完全相同的DNA，但是在生活狀態和焦慮方面，大不相同。如果你看到了足夠多對同卵雙胞胎，你會發現一些雙胞胎非常相似；也會發現有些雙胞胎雖然有相同的遺傳，但也顯示有些不同，他們的生活經歷各異其趣。

利用擴散磁振造影（diffusion tensor imaging）技術，我們可以看到不同大腦區域之間的聯繫。重要的是，兩個雙胞胎的生活狀態越相似，他們的神經連結也越相似。他們的生活狀態越不同，神經連結也越不同，儘管遺傳上是相同的。

這證明了即使在遺傳上完全相同的兩個人，大腦明顯受生活經驗影響。而且，說明了有些不同可能是透過表觀遺傳機制產生的。表觀遺傳學是對我們基因的調控，我們的基因可以像音響設備的聲音控制鍵，可以打開或關閉，也可以調得高或者低一點。

另一種令人興奮的方法發表於最近的論文中，叫做「培養皿中的人類大腦」[13]。這聽起來像科幻小說，但是這些作者都是非常著名的科學家，論文發表於非常重要的科學期刊。利用這項新技術，你可以刮擦皮膚，得到少量細胞，然後把這些細胞放在一個培養皿中，將它們轉變為幹細胞。處於幹細胞階段的細胞可以轉變為身體中的任何一類細胞，還可以把它們轉變為不同種類的神經元。當它們轉變為神經元時，你可以觀察這些神經元的基因表現（gene expression）*，結果你會看到它們和皮膚細胞時不同的形式。

運用這些方法，你可以觀察一組精神失序的人，如精神分裂病患。研究證明，當你用這種技術將皮膚細胞轉變為大腦細胞時，突然之間你就看到了不同的基因表現，這有助於我們理解疾病的本質。

這種技術可以運用於其他狀況下的人。我們可以用這種方法觀察大腦細胞而不必侵入大腦，只需從皮膚上刮一些細胞。我期待未來幾年裡，我們可以利用在培養皿中培養的神經元，詳細觀察冥想修行如何影響基因功能和基因表現的方式。

達賴喇嘛：在生物學過程的這個層面和階段，這結果是純粹來自生物化學的性質嗎？它們和意識、精神性過程沒有關係嗎？

理查・戴維森：我們並不知道答案。

---

* 基因表現，即用基因中的訊息合成基因產物的過程。

達賴喇嘛：噢，那我問錯人了（笑）。在某些領域裡，人們接受心智或情緒。而你說它們純粹是一種化學反應。

　　順著這條線索，你能不能想像透過這種過程，實際上可能創造一個完整的人類大腦？

理查‧戴維森：我很懷疑這個可能性。

達賴喇嘛：對了，答對了。我喜歡這個回答。

克里斯多夫‧柯赫：這裡有一些實驗數據提出了不同的意見。2012年，諾貝爾獎給了日本科學家山中伸彌，就是他發明了理查‧戴維森描述的技術。山中證明的是，你可以從皮膚上取得一個幹細胞，把它放在培養皿裡、加上一些分子，將它變成一個眼睛——從一個細胞到一個眼睛，所有的細胞都在其中。這眼睛沒有正常的功能，因為在孤立狀態下它缺少很多生物學的相關因素，但是它看起來就是一個完整的眼睛，有視網膜神經節細胞和光感受器。雖然離變成大腦還很遠，但是可能性是存在的。

達賴喇嘛：這我能理解。

理查‧戴維森：尊者，感謝您。我期望未來幾年繼續跟您對話。

阿瑟‧查恩茨：我們要看你到底能不能在培養皿中培養出一個大腦。

第11章

我感受到你的痛苦：
同理心和慈悲心的社會神經科學

塔尼亞・辛格

本章介紹社會神經科學領域，聚焦於人們如何互相往來、理解的問題。塔尼亞・辛格（Tania Singer, 1969- ）是馬克斯・普朗克研究院人類認知與大腦科學研究所社會神經科學部主任。她的研究結合神經科學、心理學、生物學和經濟學的跨領域方法探索社會行為。她也是冥想科學領域名列前茅的人物。她將認知的觀點取替（cognitive perspective-taking）和情緒感染、同理心和慈悲心區分開來，前者代表理解他人的認知途徑，後者是動機和情緒的途徑。她將這些議題與西方、佛教的情緒理念的差異聯繫起來，與有偏頗和無偏頗的慈悲心聯繫起來。本章最後是非常有意思的關於智能（intelligence）的意見交流，就像全章所討論的，智能是培養慈悲心的關鍵。

塔尼亞・辛格：尊者，非常榮幸能再次跟您談話。我想補充理查・戴維森的講述，提出我們是否能夠訓練慈悲心和同理心的問題。在我們回答僧侶提問時，一位僧院學者問我們是否能確認大腦與某些非常珍貴的東西相關聯，如慈悲心。我希望來證明我們能夠。

我還想告訴您一個如何研究僧人的故事，特別是和我最喜歡的研究對象馬修・李卡德的合作，幫助了我們更理解我們的研究

模式。我要為您示範我們如何以科學方法將第一人稱觀點與經驗結合起來，進而透過這種合作發展新的思想方法。

理解別人的途徑

塔尼亞・辛格：我先介紹一個我們以慈悲心訓練縱向研究為基礎發展出來的模式（圖11.1）。

在研究中，我們給參與者三組不同單元的訓練，每個單元歷時三個月。第一個單元的三個月中，我們訓練參與者透過穩定心智體驗現在。具體地說，我們訓練注意力，例如，讓心智從過去或未來回到當下。在同一單元中我們還訓練內在體感知覺（interoceptive awareness），或者對來自身體的訊息的知覺：感覺熱和冷，感覺心跳等。這些運作過程都可以從它的基本大腦迴路加以辨識。

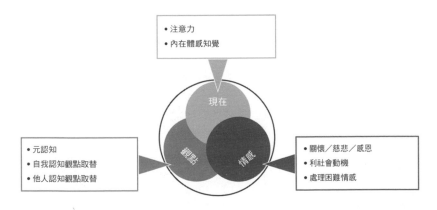

圖11.1　資源模式（The ReSource Model）：慈悲心的核心能力訓練。此模式的基礎為三個領域的訓練；現在單元訓練注意力和身體覺知；情感單元訓練慈悲心、利社會動機和處理困難的情感；觀點單元訓練後設認知（meta-cognition）以及對自我和他人的觀點取替。

在另外六個月中，我們分成兩個訓練單元，各三個月：一個是情感（affect），一個是觀點（perspective），前者更為情緒化、動機驅動，後者是更為認知的。在情感單元中，我們訓練參與者培養慈愛、感恩、好意、關懷和慈悲心的感覺，也教他們在感覺憤怒和恐懼時該怎麼做。在另一個單元中，觀念的組成可能類似於佛教所說的正見[1]或智慧。它和認知性的理解以及後設認知有關，即覺知自己的心智在做什麼。我們也訓練瞭解你的概念的能力、自我構建和自我如何運作。我們就是以這種方式將重點集中在涉及自我和他人時所採用的觀點取替。

現在我要說明在我們的評估中涉及的基本因素（圖11.2）。在開始訓練研究時，我們收集了參與者的遺傳和成長訊息。我們想瞭解人們基因構成和教養方式的不同是否可以預測他們如何學

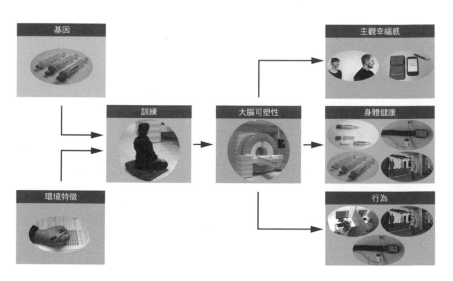

圖11.2　心智訓練研究的基本因素。基因和環境會影響訓練效果。成效檢測指標包括大腦可塑性、主觀幸福感、身體健康和行為。

習，不同類型的人學習不同的方法是否會更容易。

我們假設精神性訓練改變大腦，而這些改變也預示了主觀經驗的變化。所以我們檢測主觀經驗，也注意受試者的健康、壓力荷爾蒙、心率、免疫系統等。最後，我們觀察行為。人們的行為是否有所不同？正如理查·戴維森向您證明的那樣[2]，我們設計了許多不同的任務來檢測注意力、社交行為等。這就是這個研究模式的基礎。

為什麼我們要把情感和觀點分開？為什麼要做區分呢？部分是因為社會神經科學領域首要關心的是我們如何理解他人。既然我不在你的頭腦或身體裡，我怎麼知道你的感覺或想法？

過去幾年裡，越來越多的研究顯示，瞭解他人有很多不同的途徑。一個是所謂情感性的途徑：我可以感覺你的感覺，或者當你受苦時我能夠感同身受。這個途徑包括同理心和慈悲心。另一個理解他人的途徑，是透過以知識為依據的推測。例如，我知道佛教徒認為即使大腦死了，意識還存在。這是和大多數西方科學家的觀點不同的一種假設，西方科學家作為唯物論者和化約論者，認為大腦死亡時意識就終止了。你的信仰本質就是我做推測的參考，不是因為我能感覺到什麼，或者我能體會你的感受，而是因為我知道有關的佛教哲學。根據這些知識，當我們在談論意識時，我就可以想像你可能在想什麼，即使這可能和我正在想的不一樣。這就是我們所謂的認知的觀點取替或心智理論。在某種程度上，我可以進入你的心智，因為我對你的思想與信念世界有所瞭解。

相較於觀點取替，同理心的定義是進入情緒性感動的共鳴狀態而直接感受他人的感覺。例如，如果你感到疼痛，我也會有所感受，好像是我自己的疼痛一樣。這是一種直接感受到的感動共

鳴，而不是認知。我們對他人的同理心或認知知覺的能力，依賴於兩個不同的大規模大腦網絡（圖11.3）。

達賴喇嘛：當你對某人產生非常強烈的慈悲心時，實際上你會對此人有更強烈的同理聯繫。

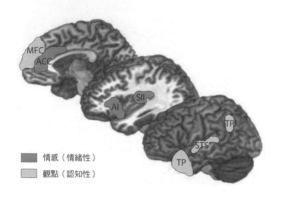

情感（情緒性）
觀點（認知性）

圖11.3　大腦中的情感與觀點系統。額葉皮質內側（MFC, medial frontal cortex）、前扣帶迴皮質（ACC, anterior cingulate cortex）、腦前島區（AI, anterior insula）、次級體感覺皮質區（SII, secondary somatosensory area）、顳葉端（TP, temporal pole）、顳葉上端溝（STS, superior temporal sulcus）、雙側顳頂交界區（TPJ, temporoparietal junction）

塔尼亞・辛格：我們來談談這個問題，因為這是一個重要的區分。慈悲心不一定是要感覺到他人所感覺的同樣東西。如果你在疼痛中，我也疼痛；如果你感覺快樂，我也感覺快樂，這是同理心。我們分擔同樣的狀態。而慈悲心則是當你在疼痛中，我感到關切，有衝動要為你解脫痛苦，但我並沒有感覺到疼痛。所以，我有慈悲心和同情的動機，但未必會分擔你的狀態。

　　如果你研究大腦內部，很多研究證明理解他人如同理心和慈悲心的情感途徑，依賴於跟認知途徑不同的大腦網絡。在圖11.3中，大腦淺灰色區域是所謂精神化的或認知的觀點取替網絡。這些區域在兒童中發展得較晚，而與情緒相關的網絡、圖中的深灰

色部分，發展得最早。兒童從18個月大就已經有同理心，甚至早於他們的大腦充分長成，而且他們有能力對他人的想法作認知推斷。我們在兒童早期是先以情感的方式互相聯繫，後來才透過較複雜的認知瞭解互相聯繫。

大腦中的同理心和慈悲心

塔尼亞・辛格：現在我們把焦點放在對同理心和慈悲心的研究。為什麼區分它們很重要？當神經科學家開始探索同理心之類的現象時，他們問，我怎麼知道你處於疼痛之中，我沒感覺到自己身體疼痛啊？那麼我怎麼會知道你的感覺？科學家的假設是觀察你的疼痛，啟動了我大腦中通常處理疼痛的神經網絡。由於重新啟動了這部分的神經網絡，我現在就能理解你處於疼痛中的感覺。這經常被認為是同理心的分享網絡假設：「觀察他人的情緒狀態，會自動啟動我們自己體驗同樣情緒時的同一神經系統。」[3]

現在的問題是，如果你痛苦，我也會痛苦，這有幫助嗎？能幫助我成為樂於助人的好心人嗎？有助於我做有益世界的事嗎？雖然西方人傾向於認為富有同理心是好的，那是一種我們應該發揚光大的特質，但是社會神經科學家卻沒那麼大的把握。

為了研究這個問題，我們決定邀請僧侶到我們的實驗室，用功能性磁振造影（fMRI）研究大腦中的慈悲心有哪些不同形式。馬修是其中一個參加者。當他身處掃描儀中時，我們要求他進入不同的慈悲心相關狀態。他可以從主觀告訴你更多有關他做了什麼，但是他引發了所謂無關緊要的慈悲和慈愛的體驗。

我以為他正在同理某個人的痛苦，但是大腦訊息卻顯示完全不同，實在令人出乎意料。這看起來與我們對未經訓練的受試

者做過的幾百次試驗不同，要求受試者對他人的痛苦產生同理心時，總是會啟動大腦的某個痛苦區。而馬修啟動的是我們所知與報答、慈愛有關的正面感覺的網絡。當他從掃描儀中出來時，我問他「你在幹嘛？你不覺得痛苦嗎？沒有感到疼痛嗎？網絡非常不同，你啟動的是我們認為涉及正面情緒、溫馨和親和的網絡。」馬修從他的第一人稱觀點解釋了他的感覺。他說他感覺到非常強烈的溫情和關懷，以及強烈的想減輕他人痛苦的動機，但是這種感覺未必是痛苦。

然後我們要求他體會對他人痛苦的同理心，而不是慈愛和慈悲。我們對他說「回去，並且只要有同理心——感覺痛苦，不要感覺慈悲心，只要想想你的身體在承受痛苦。」這次我們看到大腦中和痛苦相關的網絡亮了，所以他的大腦是正常的：他想像痛苦並且進入同理狀態時，我們能看出來。

這個實驗幫助我們發展出一個區分同理和慈悲心能力的模式（圖11.4）[4]。模式顯示我們都有同理心，我們天生就有和他人的痛苦發生共鳴的能力。

然而，如果這種感覺過於強烈，將造成個人煩惱或所謂的同理煩惱。它將導向負面情緒和壓力，並壓垮我們。

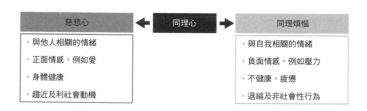

圖11.4　同理心、慈悲心和同理煩惱模式。每個人生來就具有同理心的能力。
然而，如果未經訓練，過度體驗他人的痛苦會導致煩惱，導向負面效應（圖右）。慈悲心訓練可以轉化我們應對他人痛苦的能力，並導向正面效應（圖左）。

為什麼這很重要？在專門助人的職業中，例如醫療業，有很多人自殺。很多每天跟他人的痛苦打交道的專業人員結束了自己的生命，因為他們不知道如何應對。我們的研究說明，如果你知道如何把同理心共鳴轉變為慈悲心，你就沒事了，就知道如何對他人產生關切的正面情緒，並且發展利社會動機，這是一種強烈的助人動力。

　　有馬修這樣的頭腦固然很美好，但是科學不相信只有一種頭腦。在接下來幾年，我們擴大實驗範圍，對接受了慈愛與慈悲訓練的非冥想者做了同模式測試。這是為期一週的研究計劃，時間很短，但是一個開始。我們訓練了一個對照組，利用精神性技術改善記憶，另一組人則接受慈愛與慈悲訓練。參與者在研究所裡接受一整天相關技術訓練，然後被要求在以後的一週裡每天自行練習一小時。一週結束時，他們再一次接受大腦掃描儀檢測。

　　對這裡的聽眾而言，用不著我來解釋什麼是慈愛，但是世俗訓練針對的是從來沒有做過冥想練習的大學生。我們告訴他們一開始先想像自己的母親、好朋友或者他們的孩子，並對他們產生慈悲感。然後我們要求他們把這種關切的感覺（通常是對所愛之人的體驗）延伸到其他人。

　　在訓練前後，參與者觀看了BBC新聞有關世界苦難的短片。世界充滿了苦難，我們有許多關於人類死亡、飢餓、為孩子意外死亡而痛哭的女人等的新聞片段。

　　我們在受試者觀看強烈的負面材料時掃描了他們的大腦，問他們感受到了多大的負面情緒和壓力。一開始，他們報告說體驗到非常負面的情緒。這伴隨著大腦中已知與處理負面感情、痛苦和壓力的網絡被啟動。反應非常劇烈。

　　但是在受試者經過了慈悲心訓練後，顯示了對這些短片的正

面情感反應增強，甚至在實際看到他人處於悲痛狀態時的反應也是如此。在神經層面，和記憶訓練的對照組相較，慈悲心訓練引發了之前和正面情感相關的神經網絡的活動。這些大腦區域，是我們之前檢測馬修冥想慈愛和慈悲時被啟動的相同區域。

塔尼亞的研究證明，僅僅經過了一天的慈悲心訓練以及隨後一週的日常練習，人們就可以轉化他們對負面經驗的反應方式——主觀報告和神經檢測都得出這樣的結論。在之後的研究中，塔尼亞的團隊擴展了他們的研究工作，試圖梳理出同理心和慈悲心的區別[5]。他們用類似的測量（例如對負面短片的主觀反應和神經學反應）檢測參與者，他們先在一週的同理心訓練後測試，然後在接下來一週的慈悲心訓練後再測試一次。

他們的發現相當有意思。在一週同理心訓練後，受試者報告說觀看令人痛苦的短片有越來越強的負面情緒，相應的大腦活動顯示已知處理負面情感的神經網絡活動。然後，慈悲心訓練轉化了這個效應，增強了正面情緒，負面情緒減弱到了底線水平。此外，和慈悲心訓練相連的大腦活動顯示了已知和正面情緒相連的神經網絡。

總之，這個研究提出（1）僅僅利用同理心應對痛苦經驗可能引發更強烈的痛苦感覺和更負面的情緒；（2）應對痛苦處境的慈悲心的產生和其他情緒調整策略不同，它涉及強化正面情感，同時不忽視苦難的存在。所以，慈悲心可能代表一種強而有力的策略，可以提高面對苦難的適應力，並降低沮喪情緒。

討論：悲傷的益處

達賴喇嘛：這裡說的情緒「負面」和「正面」的定義是什麼？

塔尼亞・辛格：佛教傳統和西方科學對此的見解不同。我們不從功能的角度，或者它們是否適合，是否有益或有破壞性定義情緒，而是根據它們的感質（qualia）來定義。

土登晉巴：塔尼亞，我的理解是，現代心理科學問的是，當情緒出現時，你感覺如何？如果你感覺挺好，那就是正面的。如果你感覺很糟、不開心，那就是負面的。這是現象學式的定義。

塔尼亞・辛格：是的。它是根據好惡的感覺來決定的。

理查・戴維森：我想指出，我認為這將是西方心理學、神經科學和佛教對話成果最豐富的領域之一。在西方科學中，有益和無益健康的問題還沒有得到正視，但我們可以加以檢測。這將導向非常不同的情緒架構，我認為其中有很多重要的意涵。

達賴喇嘛：根據情感（作用）區分正面、負面的情緒，很重要。就是你是否因此而感覺快樂或感覺舒服。因為我們想感覺這種情緒，並且享受這種情緒，於是稱之為正面的。有些人可能從憤怒，或者嚴厲的話語中感覺到某種滿足，但是這種滿足是短暫的。長期而言，持續的憤怒有害健康，所以它仍然是負面的。

理查・戴維森：悲傷（sadness）是重要的情緒之一，有時候有益。它在當下也許和快樂無關，但是之後它可能有一些益處。但是憤怒不同。

達賴喇嘛：在佛教中我們有四聖諦。第一個聖諦和悲傷有些關聯。第三個聖諦有可替代的選擇。達到解脫境界的是第四個聖諦。所以，悲傷可以有某種好結果。否則它就沒有什麼用了。

理查・戴維森：沒錯，正是如此。

尊者說到了佛教四聖諦中的第一個，*duḥkha* 的真理，通常翻譯為受苦、焦慮或不滿足。第一聖諦有時候解為「人生即苦」（all life is suffering），但是這個詮釋被誤解成某種悲觀主義。其實，這個說法是為了提出一種實際、現實的觀念，即眾生在一生中都會遇到某種痛苦和苦難，不如人意本來就是我們存在的一部分。它可能是明顯的苦痛（精神上的痛苦、疾病、死亡），可能是想要保持事物的現狀但是現實中的一切都會變化因此帶來的壓力，或者與萬物皆空有關的根本不滿[6]。總之，苦難是人類處境的一部分。深刻理解第一聖諦「苦」，不可避免地包含某種悲傷，但是尊者接著解釋說，這種悲傷可以轉化為邁向解脫的驅力。

達賴喇嘛：悲傷可以幫助你理解苦難的原因，但是更深入地思索苦難並不一定導致悲傷。我認為有一個更為整體的進路。例如，在第四聖諦，一旦你對第三聖諦，即苦難的終止有了清晰的理解，以及達到苦難終止的正確途徑，即第四聖諦，那麼深思苦難事實上會產生更大的意志力和熱誠。在內心深處你可以有充滿勇氣、非常正面的精神態度。如果你領悟到苦難但是你感到充滿了決心，那麼它就不是悲傷。

塔尼亞・辛格：您認為需要先有對苦難的同理心，然後才能發展慈悲心嗎？

達賴喇嘛：這是有點複雜的問題，因為在西方同理心的概念中，似乎需要有共鳴。為了要有同理心，人也需要感覺到他人的痛苦。

塔尼亞・辛格：是的。

達賴喇嘛：如果某人有身體上的痛苦體驗，要你去感覺他身體的痛苦是不可能的，但是你可以有精神上的痛苦感覺。

對他人的關切有兩種。一種是建立在生物因素的基礎上[7]。這種是偏頗的。它和依附混在一起，所以有時候會造成煩惱或頹廢，因為依附是建立於無明。

另一種對他人的關切，是透過人類智能和訓練來理解，而不是透過生物因素。這種不會偏頗，沒有依附。任何建立於依附或無明的情緒總是有局限性。但是建立於理性、理解等的強烈感覺或情緒，這種心智是無形無際、沒有極限的。這個對他人福祉的第二種關切需要有主見、決心。這種關切只有人類的智能才能發展出來，動物沒辦法。

當代科學對同理心和慈悲心的描述大多是根據生物過程。為了釐清這兩者的關係，我們必須問某人的慈悲心是不是訓練的結果，在這種情況下，兩者關係可能是不一樣的。當然，我們可以透過訓練發展出慈悲心，即使是非信仰者也可以，你不需要宗教也能發展出慈悲心。

塔尼亞·辛格：我認為尊者指出了一些重點。由於這些訓練和研究為時只有一週，我們只是非常粗淺地接觸了這個系統。

達賴喇嘛：當然。這只是個開端。

慈悲心是一種因應策略

塔尼亞·辛格：在為期一週的慈愛訓練後，我們看到啟動了的系統是已知與關係和關切相關的系統。如果給媽媽們看她們新生兒的照片，啟動的是類似的系統。它伴隨著溫暖、愛和正面的感覺，而我們的受試對象也報告了同樣的反應。

這不是您所說的高層次的慈悲心，它植根於對血親的關懷，植根於一個在進化中適應以確保母子聯繫的系統。這是一種非常

古老的關懷系統，動物也有同樣的系統。

在修習的開始，你或許為了發展慈悲心的感覺而啟動了這個系統。有意思的是，經過一年或兩年慈悲心訓練後，我們會看到什麼。受試者是不是顯示出啟動了完全不同的網絡？我想是的，但是我們現在還沒有答案。現在還只是發展這研究模式的第一步。

但是我認為非常重要的是，我們可以證明在一週的精神性訓練之後，已經可以觀察到功能性的大腦可塑性，也就是，參與者大腦中發生了變化。他們不是兒童，而是成人。在西方社會，關於大腦的運動區和記憶有很多可塑性研究，但是在有關動機與情感，或心靈特質的養成方面的研究則不多。能夠證明一週後就能夠改變與動機及情緒有關的網絡活動，已經是一大步。

另一個重要的結論是，這些人提供了一些新東西。在訓練之前，痛苦淹沒了他們的大腦，他們在觀看新聞短片時有非常強烈的壓力反應。在一週的慈愛訓練之後，他們開始啟動一個和善良、力量相關的新系統。我們後來問他們是否有不同的體驗，他們報告說，感覺非常神奇！他們說他們不再感到無力抵抗痛苦。他們感覺壓力減少了。

慈悲心是更優的因應策略。另一種策略是同理心過於強烈，被負面情緒壓垮，耗得精疲力盡，或者變得憤世嫉俗，甚至想自行了斷。處於這種狀態的人傾向於斷開一切聯繫，他們試圖逃離，不想再有任何感覺。

我認為這些資料證明你可以給人們不同的策略，那就是慈悲心。這個策略從一開始就有生物學的基礎，從那裡到普世的慈悲是大邁進。我認為你需要其他的大腦網絡，如額葉，因為你必須放棄狹隘的生物反應，這種反應喜好「內團體」（in-group）的利

他精神，卻不一定促進針對「外團體」（out-group）成員的利社會行為。

　　例如，有一些實驗證明，人們對於他們喜歡的人，或者認為是和他們同一群的人，容易產生同理心。如果某人跟你不是同一群人，你就看不到這人處於痛苦之中，你只看到他和你不同群。於是同理心就不見了。這是一種生物反應，克服這種反應需要訓練。我們需要比一週更長的研究。

達賴喇嘛：同理心，根據你對同理心和慈悲心的定義，我認為很大程度是建立在自我中心的態度上。

塔尼亞・辛格：是的。同理心，或者我們說的同理煩惱，是自我中心的。

達賴喇嘛：同理心無法延伸到你的敵人。

塔尼亞・辛格：沒錯。

達賴喇嘛：那麼慈悲心呢？

塔尼亞・辛格：慈悲心可以。

土登晉巴：我想對同理心的自我中心特質提出疑問。一個普通人——我不是在佛教背景而是在世俗背景下討論——在經過訓練後或許可以對自己視為對手或敵人的人產生慈悲心。為了產生慈悲心，這個人必須感覺和對方有關聯，那麼同理心就會出現。

塔尼亞・辛格：這是我們的模式裡有的。必須有同理心，我們的前提是，具備一點同理心是必要的。這是中性的。基本上，我能感覺到痛苦所以我知道我必須做些什麼，問題是什麼時候同理心會轉變為同理痛苦或個人煩惱。

土登晉巴：你能不能用白話解釋一下同理心到底是什麼意思？

塔尼亞・辛格：同理心就是和他人分享感覺的能力。你感覺痛，所以我也感覺痛。同理心煩惱就是當同理心過度，分享情感過度

而完全被情緒上的共鳴所產生的壓力和痛苦感覺所壓垮。

達賴喇嘛：例如，我們傾向於對自己的親人有強烈的同理心。我把同理心稱為與自我相關的理由，是因為它即使不是自我中心的，其根本理由也必定涉及「我」。

塔尼亞·辛格：沒錯。因為是我的親人，所以現在變成了我的痛苦。

達賴喇嘛：你提到那人是你「內團體」的人。這再次說明了涉及「我的」感覺。一旦你知道那人屬於別的團體，痛苦就消失了。

我們可以作個區分，有偏頗的慈悲心多半以他人的態度為準。無偏頗的慈悲心則無關他人的態度而一視同仁地存在。你的敵人和你對他的態度仍然很負面，但是他仍然是人類的一員，所以在此層面上，你把關切延伸到他的福祉。

塔尼亞·辛格：您談的正是我一開始示範的模式（圖11.1）。你的認知觀點取替能力需與你的動機和情感能力結合起來。只有當它們結合時，你才能發展出更廣闊、無偏頗的慈悲心。在這個訓練研究中，參與者在第一步就顯示正在發展關切、善意和動機，但是他們還沒有發展出更高的鎮定能力和無偏頗的慈悲心。

雖然同理心可能是一種「中性的」能力，當我們和他人有共鳴，感覺到他人的感覺，它就可能、當然並非必須，轉變為十分自我中心的苦惱、個人無法適應的痛苦狀態。這可能對護士和教師及其他職業的人造成極大的問題，所以瞭解有益的關切、慈悲心與無益的苦惱狀態的差異，非常重要。

達賴喇嘛：在這兩種路徑中，當同理心轉變為個人苦惱時，那是同理心還是缺乏某些能力的作用？如認知理解？

塔尼亞·辛格：這是一個非常好的問題，我認為兩者皆有。

達賴喇嘛：果真如此，為什麼你為此而責備同理心？（笑）

塔尼亞・辛格：您說的完全正確。有研究證明，即使是非常幼小的孩子在這方面也不一樣。母親開始流血時，有些兒童的反應是痛苦的、負面的臉部表情，並且往後退。另外有些兒童會上前幫助母親，沒有痛苦的表情。也許是童年早期成長的個別差異影響了他們如何反應，他們可能有從同理心走向痛苦，或者從同理心走向同理關切和幫助的傾向。

達賴喇嘛：良心和勇氣也可能發揮了一些作用。

塔尼亞・辛格：是的。我認為你可以藉由學習怎樣選擇其中一條路徑而非另一條路徑，例如，學習怎樣調節情緒，學習用不同的角度觀看世界，不是聚焦在「我，我，我」，而是聚焦在他人，能夠清楚地區別自我和他人。

另外，也可以看到，同理心透過情緒感染而變成個人痛苦。這是非常不自覺地將自我和他人混合在一起，我不再意識到我是跟你不同的人。

這在母親和孩子之間常常發生。當孩子處於壓力之中，母親會備感壓力。但是這幫不了忙，孩子甚至會變得更悲傷更痛苦，因為母親變得很苦惱而不是關切、安慰他們。

在發展心理學中，關於母親們在這方面的不同有非常有意思的研究。這有賴於他們依附母親的關係史。有些母親可以非常慈悲、關心處於痛苦中的孩子。有些母親則陷入自己的苦惱，無法安撫孩子，反而讓孩子更加痛苦。

我想將來的研究可以用於辨別哪些人會傾向於變得自己苦惱，以及如何輔導他們選擇另外一條路徑，這對醫療服務的益處無與倫比。在西方社會，醫生們沒有精神能力方面的訓練。他們在醫院處理大量的苦痛，而他們自己卻沒有受過任何精神訓練。他們靠著個人素質和適應力單獨應付這種處境，這是一個問題。

也許詹姆斯‧多堤可以提供更多這方面的情況。

討論：培養慈悲的種子

詹姆斯‧多堤：作為對此話題有極大興趣的內科醫生，非常不幸地，我可以證實醫生們沒有足夠的訓練能洞察自己的感覺，處理自己的感受。

雖然我認為這種狀況正在發生重大改變，但是某種心態仍然是存在的。我最近跟一位重要的醫學院院長有過一次談話，內容是我們應該提供學生們慈悲心訓練，讓他們能夠更鎮定地應付我們今天討論的問題。他說：「學生的課程已經太多了，無法安排慈悲心的訓練。」你能想像嗎？作為醫生的核心基礎是我們慈悲待人的能力，西方醫學卻完全漠視。

在這種情況下，我們期待在這個研究基礎上的教育復興，也寄望從神經科學得到的發現，這些發現已經開始改變原來的觀點。

我們現在看到一些學院有興趣利用冥想修習來讓醫療保健的工作人員能更鎮靜、減輕疲勞過度的狀況。我們已經看到了深刻的影響。

遺憾的是，醫療業可能非常頑固。它就像一個習慣了自己生活方式的老人：他們不想改變。這需要時間，但是我很有信心，變化的過程已經開始。

阿瑟‧查恩茨：我認為我們面對了一個非常重大的挑戰；我們現在的焦點是普遍應用性的問題。一方面，我們冷漠、懷疑，為了維持自己的心理平衡和冷靜的職業判斷而讓自己與病人及處在痛苦中的人們保持距離。另一方面，我們可以全神投入，導致自己

精疲力竭、自我毀滅。我們傾向於在這兩個極端之間求得平衡。

這幾乎就像中觀學派的立場。這裡必定有一條中間道路，在這條中間道路上，同理心的關切使你和他人的感覺相連，但是又能夠作出一個醫生、一個關懷他人的人、一個母親或父親、一個人生伴侶或朋友的明智反應。

我想到了藝術，藝術工作也需要控制自己的感覺於某種平衡的特質，從而可以寫出美麗的詩句，或畫出代表美麗和情感力量的畫作。

我在想，佛教傳統中有沒有這種保持中間道路態度的修行？有沒有讓一個人可以真正擁有鎮靜、敏捷而明亮的特質，而不必執著或逃避的教育方法？

達賴喇嘛：理解和洞察在這裡發揮了非常重要的作用。也許其他人覺得某些事物難以通透，但是不同的看法和理解可以讓你有更好的方法加以掌握。

這不僅是針對關注的內心世界，它適用於所有地方。充滿意義的對話要求我們關心他人的利益和自己的利益，並且達到平衡──不是透過情緒而是透過智能達到平衡。

詹姆斯・多堤：阿瑟，你剛才的話非常深刻。另一個有趣的層面是，如果你觀察藝術家和藝術家們創造的一些最偉大的作品，它們其實是從極大的痛苦中產生的。當然，我們的願望是要減少痛苦，但是很多偉大的事物、洞察力，也可以從苦難中獲得。

阿瑟・查恩茨：沒錯，透過巨大的努力和巨大的意志去承受痛苦。

馬修・李卡德：很多護士受過應該和病人保持距離，不要在情緒上太親近，也不要太疏遠的教育。如果太疏遠，他們就會不關心病人，如果太親近，他們就要一天天遭受同理心的痛苦，而終於

忍受不了，以至於被壓垮、崩潰。

　　實情如此，如果他們只有同理心的話。當然，問題不是要擺脫同理心。我們想要繼續知覺他人的感覺。但是我們需要把同理心放到利他的愛心和慈悲心的更大空間中。這個空間就像是同理心痛苦的一個緩衝區。由於利他和慈悲是正面的精神狀態，會增強我們的勇氣，給予我們以建設性方式來應對他人苦難的資源。沒有慈悲的同理心就像沒有水的泵浦，會迅速過熱而燒壞。所以我們需要愛心和慈悲之水持續不斷地冷卻同理心痛苦，以對抗情緒崩潰。

理查‧戴維森：尊者談到需要透過訓練以達到無偏頗的慈悲心。我對佛教傳統的有限瞭解告訴我，當我們生而為人，帶著光明的心智來到人世間，這個心智具有慈悲的特質，所以冥想修習只是讓我們重新熟悉我們已經具有的特質，而不是訓練我們獲得原本沒有的東西。

達賴喇嘛：是的。

理查‧戴維森：那就是說，修行是認知已經具備的特質。

達賴喇嘛：那更像是一顆種子，而不是完全成熟的特質。

理查‧戴維森：現在科學界正在發生的一件奇妙事情是，有些研究證明，非常幼小、五到六個月大的嬰兒，似乎已經表現出某些方面的慈悲心。

達賴喇嘛：在某種程度，是嗎？

理查‧戴維森：是的，在某種程度。有一個假設是，在生命的最初階段我們就有這些特質，然後隨著發展，我們遇到了苦難，心智被玷汙了，被染色了。

　　然後，作為成人，我們需要透過訓練來重新發現這些特質，這些特質就像尊者所說，在生命之初就像種子一樣種下了。這個

說法在佛教傳統裡有意義嗎？

達賴喇嘛：我認為不僅在佛教傳統中是這樣。所有的主要宗教傳統都強調愛心和慈悲實踐的重要性。

事實上那更像是一種潛能。例如，人有知覺的基本能力，但是我們必須加以培養，透過發展知識和教育以改進這種特質。

理查·戴維森：我經常說明這個道理的方法之一是以語言為例。我們知道語言是一種獨特的人類特性，但是有一些針對野化兒童的研究案例，那些不是家庭教養長大，而是在野外自己存活的兒童，他們沒有語言，不會說話。

同樣的，慈悲心可能是我們來到這個世界上時都帶有的一種潛能，但是我們是不是需要有一群人圍繞著我們，表現出慈悲心，才能使得那顆種子得以發芽？

這從根本上來說和語言一樣。如果你不是在一個有語言的人群中長大，你就不會發展出語言能力。如果你不是由一個關愛你的人教養長大，種子就不會發芽，你就不會表現出慈悲心。

達賴喇嘛：環境當然有著非常重要的作用。生物學上，社會性動物和非社會性動物有很多差別。人類是社會性地發展的，智能是促進優良特質的關鍵因素。

塔尼亞·辛格：我還有一個問題要問尊者。您說，主要是智能使得我們能發展慈悲心。在慈愛訓練的第一步，當我們觀察大腦，我們看到動機系統和關切系統非常強烈的啟動現象，這些是親子關係的基礎，也對其他關係非常重要。

在西方，我們把愛定義為一種情緒。您是不是說，我們需要情緒性的動機，也需要智能來發展出完全的慈悲心？

達賴喇嘛：一般而言，慈悲心、慈愛等特質在西方心理學中，是情感領域的一部分；但是在佛教概念中，我們把它們看成是渴求

和願望的精神性過程。為了讓這類過程能有效地被引導，需要由洞察力和智慧來駕馭和輔助。即使是動機，為了保證動機有被正確引導，也需要洞察力和理解力，這是緊密相連的。這是我的看法。

如果你僅僅停留在佛教心理學所謂渴求和願望過程的範疇裡，就會有墜入極端的危險。這裡有身體的行動、語言的行動，和精神的行動，它們有可能成為建設性的，或破壞性的。

我們之前說過固有存在的缺失。事物都是相對的。智能給了你判斷的能力：在這些情況下你應該這麼做，在那些情況下你應該那麼做。我認為這能力都歸功於智慧和智能。也許是上帝創造了它，讓我們幸運地擁有這種特殊的智能，使得我們能夠這樣做。

這就是為什麼教育如此重要的原因。有的情緒看起來非常正面，但是如果你盲目追求它們，可能會造成問題。人需要平衡，從整體來判斷，情緒不是整體性的，只有智能能整體性地判斷。

理查・戴維森：我們很多人談得很多的一個大腦區域——前額葉皮質，是思維和情緒結合的區域。當我們用我們的思維來指導情緒時，似乎就涉及到前額葉皮質了，我們稱其為一個匯合區。

信任、催產素和大腦

塔尼亞・辛格：我想繼續我們之前的討論。我們談到了行為、認知過程和神經運作過程之間的關係。

有一個一般性模式是每個認知神經科學家共有的。我們談到過環境的不同層面之間互動的現象。這些現象可以包含我們呼吸的空氣是否受到了汙染，到我們是不是出生在戰爭或和平的歷史

時刻，以及我們的母親，我們和母親共度時間的質量。

我們還談論了行為和主觀性的第一人稱經驗。在場的僧院學者是這方面的大師。在西方社會，我們只是剛開始瞭解一點點。尊者您指出，我們所使用的衡量標準，正面－負面，並不很精確。我們還在研究這個問題。

然後我們還談論了認知過程。這些認知過程事實上是建設性的。它們包括記憶、注意力、定向注意力等，它們各有經驗元素。例如，當我們談論慈悲心時，可觀察的行為是慈悲性的行為，而認知過程則是主觀的溫暖感覺。

然後我們談了神經層面。每個認知過程都涉及大腦；這是大腦和身體的互動。也許這是佛教不同於西方科學的地方。我們假定每個認知過程或精神過程都對應著大腦的某個部位。

然後我們更進一步，談到了神經元以外的因素，這就是對人的發展和神經功能有重大貢獻的基因。我們從理查‧戴維森那裡聽到，基因可以影響我們的大腦如何連結，但是我們還有神經傳導物質，正如溫蒂所描述，這是神經元之間收發訊息所必需的。沒有神經傳導物質，我們大腦裡的細胞就不能互相溝通，也無法和身體交流。例如，憂鬱就來自於大腦中缺乏某種所謂血清素（serotonin）的神經傳導物質。你可以顯示和檢測缺少血清素的結果。

現在我想談談某種神經傳導物質和它與大腦、行為的關係。我想談的這個例子是大腦中的親和系統（caring affiliative system）和神經肽催產素（neuropeptide oxytocin）。

首先我想介紹一下這些大腦系統稍微複雜的圖像。我們可以粗淺地劃分三個不同的動機系統，這些系統存在於心理功能的層面，也存在於生物層面。

動機是驅動行為所必需的，其概念是：如果你沒有動機，你就不會行動，而且你會憂鬱。如果你有足夠的動機，就會追求目標。每個動機系統都有某種功能。

土登晉巴：你能不能從大腦的角度解釋系統是什麼？

塔尼亞·辛格：它是根據功能來定義的。我們稱其為一個系統，因為它來自於一個屬性網絡。它不只是大腦的一個區域或者一個結構。

這些系統之一是尋求或需求系統。也許佛教徒會說這是一個執著系統。它來自於目的和驅動力：「我想要。」在生物學面上，尋求系統可能是危險的但也是有益的：它能令人振作，有正面的效果。沒有這系統，我們不會好奇，不會提出問題。但是危險在於，如果你一直處於這種狀態，總是在尋求什麼，你會上癮，欲求會越來越多。

達賴喇嘛：這也是你的欲望對象的部分功能。

塔尼亞·辛格：是的，沒錯。如果你尋求知識，這沒問題，但是如果你尋求更多的錢，更多的名聲，就可能成問題。心理學家們區分權力動機、成就動機、表現動機等。它們都是更廣泛的尋求系統的一部分。需求與大腦中和多巴胺有關的神經傳導物質相關，在上癮的情況下，多巴胺失去平衡[8]，對工作上癮和對酒精上癮都是如此。

另一個非常重要的系統是理查·戴維森談過的威脅系統。威脅系統的功能是保護。不同的動機系統產生不同的情緒。這裡，威脅系統可能跟恐懼相關，可能跟進攻相關。你處於危險之中，所以你可能以憤怒、可能以後撤的恐懼反應。恐懼反應在生物層面上跟大腦中的杏仁核區域相關，這是一個高度警報系統，理查·戴維森談到過。當杏仁核過於活躍時，我們身體內的壓力系

統就被啟動。我們也可以用血液中皮質醇的荷爾蒙來測量壓力系統的活躍程度。如果你處於壓力狀態，典型的結果是皮質醇水平升高，原則上這是我們身體的適應反應，但是如果這個系統長期被啟動，久而久之你會生病。

第三個動機系統對精神平衡非常重要，那就是關懷或親和系統。它會導致寧靜，不是高度亢奮、一爭輸贏的感覺，而是安詳、溫暖、愛意、安全和親密的感覺。我們可以透過來自他人的訊息和愛撫，釋放出所謂催產素的荷爾蒙來啟動這個系統。

達賴喇嘛：舔也會嗎？例如，人類養的寵物，像貓和狗會舔牠們的主人。那好像是動物的舌頭在吃什麼津津有味的東西。你能不能看到牠們主人的催產素升高？換言之，如果寵物舔主人時，人類是不是也感覺很好？

塔尼亞・辛格：你是說人類？很可能是的。

達賴喇嘛：人類和動物相當不同，但是涉及到情感，當動物對我們表現出情感時，會有很大的作用。

理查・戴維森：尊者，這方面事實上有一些科學數據。在西方有一些計畫，將狗帶到醫院裡跟病人相處一段時間。狗是非常有情感的動物，有研究證明，病人有幾項生物壓力指標會多少降低，包括皮質醇。透過讓寵物表現出對病人的情感，病人會變得更為安寧。

塔尼亞・辛格：有一種感覺神經纖維，即C－纖維，對類似母親撫摸之類的接觸特別敏感，對愛撫和柔情特別敏感，它也影響親和系統。

我想給您看一個實驗，說明我們如何把某種神經肽和大腦活躍度及信任行為連結起來。您聽說過杏仁核可以被出乎意料的事件或刺激所啟動，或者對其環境很重要的事情，比如令人恐懼

的面孔所啟動。杏仁核得到警報而啟動，可能導致身體的壓力反應，心跳開始加快。此外，皮質醇的釋放，久而久之也可能造成傷害，它顯然不是一種我們每天該有的良好反應。

　　問題是，啟動關懷系統是不是能夠降低對人的健康可能造成後果的恐懼和壓力反應。

達賴喇嘛：也就是說，當一個人感覺到威脅時，是杏仁核發出警報？

塔尼亞・辛格：沒錯。杏仁核就像一個警報中心。它也對尚未達到有意識知覺層面的威脅做出反應。例如，我有蜘蛛恐懼症。我不喜歡蜘蛛。當一隻假蜘蛛放到我身邊，我的杏仁核會做出反應，我會驚叫逃跑而沒有意識到這隻蜘蛛甚至不是真的，只是一個玩具。杏仁核不管牠是不是真的，這個反應沒有經過我的智能。

　　從察覺有一隻蜘蛛，杏仁核在毫秒之中就做出反應，到我的身體逃走，這一系列事情是飛快發生的。只是當我逃出屋子後才意識到：「噢，天哪，我怎麼了？我被一隻玩具蜘蛛嚇得這麼狼狽。」

達賴喇嘛：杏仁核好像會衍生錯覺。你能不能說它是錯覺發生的地方？或者說智慧和無知都從杏仁核而來？

理查・戴維森：是的，沒錯。不只是一種，而是兩種都有。

達賴喇嘛：在這意義上，杏仁核純粹是做出反應。但是它產生的意識經驗和知覺有可能是錯誤或扭曲的，那又是另一回事。

理查・戴維森：在蜘蛛走了以後，或者某人已經意識到這不是一隻真蜘蛛，這時杏仁核繼續做出反應，這就是真正的錯覺。這和杏仁核不能復原有關。當杏仁核繼續做出不適當的反應，就會造成愚昧和幻覺。

塔尼亞・辛格：就像反射，它可能是有用的。如果出現了一頭獅子、真的獅子，在我思考是不是獅子並得出結論這是一頭真獅子之前，獅子早就把我吃了，所以最好是先逃跑。所以說，在某些情況下，它對生存是有利的，但是在另外一些情況下，它會製造錯覺，就像出現了假蜘蛛。

新的研究證明，催產素能夠做到一些其他大腦化學物質做不到的事。用噴霧器向鼻孔內噴一些催產素，它能通過血液進入大腦。我們不能用所有神經肽來做這實驗，所以能夠做算是滿特別的。最近幾年，很多人專門研究催產素，因為它可以用嗅的方式吸收，而且效果只持續二十到五十分鐘。

經濟學家們做過研究，他們給一組人催產素，給另一組人一些聞起來像催產素的安慰劑，這些安慰劑中完全沒有催產素，然後他們一起玩金錢遊戲。遊戲是這樣的：比方我和土登晉巴玩這個遊戲。我有很多錢，我可以送一些錢給晉巴。不管我送多少，晉巴都會收到加倍的錢。然後晉巴可以決定是否送還一點錢給我，這些錢也會加倍。他也可以決定把賺來的錢都留給自己。

如果我先開始，我必須信任晉巴會報答我，把錢送還給我。如果我把所有的錢都給了晉巴而他分文不還，我會感到非常糟糕。所以我必須決定是不是應該相信他。當我們做這個實驗時，會發生什麼狀況？參與者從十二歐元開始。安慰劑那組，有些人只送出三歐元，有些人送出四歐元，還有一些人甚至送出了十二歐元，這是他們所有的錢。這說明不同的人，行為有所不同。

嗅了催產素的那一組，大部分人都送出了他們所有的十二歐元。可見他們對人的信任度增加了。如果你做這個遊戲的同時接受功能性磁振造影掃描，你可以看到在把錢送出去給你的玩伴之前，杏仁核的活躍度降低了[9]。擔心被人背叛的恐懼減少了，我

會想「晉巴一定是個好人，我把錢全給他吧。」

根據這個實驗以及其他類似的實驗，科學家們提出了下列問題：催產素跟動物、人類的親和系統密切相關，如果它有這樣的效果，那麼慈悲心能不能有同樣的效果？我們能不能透過精神訓練和慈愛訓練引發同樣的效果，讓人變得更信任、更善良、更放鬆？

我們今天看到的研究說明慈悲心訓練具有所有這些效果。你看到大腦中跟親和系統及正面獎勵有關的網絡的變化，也看到幸福感和利社會動機增強。

為了成為更好的人，我們是不是應該更多啟動親和系統？在我們今天的對話後，我相信這只是我們故事的一半，因為這是植根於動機系統。尊者您指出的是，我們需要這個動機和溫暖的感覺，同樣我們也需要智慧、理解和智能。

我們需要在兩方面都得到訓練，以發展出慈悲心的一個整體形式，因為有一個關鍵我還沒有告訴您：催產素只在內團體有用。如果我接受了一些催產素，然後和某個來自於其他宗教的人，或者我認為和我不同團體的人一起玩經濟遊戲，催產素並沒有作用。催產素影響了你說的生物的慈悲心，它增加我們團體內的親和性，但是這不是普世的慈悲心。為了把親友的慈悲心轉化為普世慈悲心，我們需要我們的額葉和智能，還需要更多研究和更多訓練。

討論：智能模式

以下的討論是上午結束時和下午講解神經科學之前進行的。這個討論話題不在預先規劃中，結果證明是非常有意思的探討，在和

尊者討論時，會有出乎意料而富有啟迪的轉折發生，這是一個完美的實例。

達賴喇嘛：我們談了很多涉及情緒的大腦區域，但是涉及智能的大腦區域卻談得不多。大腦的哪個部分涉及做調查研究的能力？

理查・戴維森：這個取決於什麼類型的智能。今天的很多科學家認為有多種類型的智能。有智商測驗測定的智能，有音樂智能，有我們所謂的情緒性智能，我們的朋友丹尼爾・高曼做過廣泛的研究[10]。

我認為這裡的一個重要問題是認識到，就像情緒和認知有很多不同側面，智能也有很多不同的類型，由不同的大腦網絡負責。

在大腦的相對大小和智能之間，似乎確有某種相關性。如果你看大腦尺寸和身體尺寸的對比，較大的生物有較大的大腦，部分原因正是因為牠們有較大的身體，一般而言，大腦的相對尺寸和智能高低之間有一定關係。但是這是一種關於智能的非常粗糙的想法。神經科學家思考智能問題時，我們想要知道所談論的是什麼樣的智能。

達賴喇嘛：你談到很多種智能和感覺經驗密切相關。我想問的智能是純粹運用心智的能力。我們談過概念性和非概念性的智能。這是屬於思想範疇的東西。

塔尼亞・辛格：讓你推理和思考他人心思的大腦網絡，和讓你思考自己心思的大腦網絡幾乎是相同的（圖11.3）。我們會說，這是當思想和刺激無關時被啟動的大腦網絡。即使沒有感覺輸入，我仍然自己在思考。

在大腦額葉和頂葉之間有一個中間網絡，我們有時稱之為預

設網絡（default network）[11]。之所以如此命名，是因為即使你沒有給在功能性磁振造影掃描儀中的受試者任何任務，你仍然可以看到這個網絡是亮著的。為什麼？因為這個人在思考。即使他的眼睛閉著，他沒有做任何事情，但是他在想、在思考。

達賴喇嘛：即使感覺功能並不活躍，它仍然進入感覺經驗的記憶。

塔尼亞‧辛格：是的。你需要從記憶或者其他地方提取思想的資訊。

達賴喇嘛：我更想說的是推理過程。你說的那個系統－預設網絡，是一個慣常的例子。

塔尼亞‧辛格：它是一連串的思維片段。

理查‧戴維森：人們對愛因斯坦的大腦有過一些研究。我曾經有過一片愛因斯坦的大腦，他的大腦存放在幾個不同的大學裡。有些研究專門針對大腦頂葉的一個特定部分，它是正對著大腦的背面，就像溫蒂示範過的，那是很多感覺系統匯聚的地方。視覺、聽覺和觸覺都在這裡會合。愛因斯坦在他的文章中寫到了形象思維。有些研究認為，他大腦的這一區域連結點比較多，可能和他不尋常的推理能力有關。但是，這些結論至今仍然只是猜測。我們仍然對此所知不多。

達賴喇嘛：愛因斯坦是致力於瞭解實在之本質的天才。而直到現在，在科學工作中，大多數研究是基於感官的輸入，例如，根據看到的東西做研究。

阿瑟‧查恩茨：愛因斯坦主要還是理論家。他的研究多半是基於推理而不是實驗或觀察。他想出一種可能的狀況，然後，很有意思的是，他描述了深入這種洞察力的方式，通常是先有一種感覺，感覺自己好像在運動，其次是形象，只有到了最後才透過語

詞。第一個階段是非概念性的，然後變得越來越概念性。

　　音樂經常是他創造性過程的助手。愛因斯坦的妻子回憶他如何進入有關廣義相對論的思考洞察[12]。那天早晨他走下樓梯，她看出他心神不定。他說：「親愛的，我有個好主意，一個非常精彩的想法。」他坐了下來，開始彈鋼琴。然後他寫些筆記，再彈琴，再停下來寫筆記。這樣過了半個小時，他上樓去了。接下來的兩個星期他一直待在房間裡，寫出了廣義相對論的理論邏輯推導和數學式。看起來就好像他一開始是透過音樂把他的理論形成文字。

達賴喇嘛：也許音樂提供了他所需要的安寧。

阿瑟・查恩茨：音樂有一種冥想的特質，能給他寧靜，使得他的思路完全清晰。

理查・戴維森：有一件非常重要的事情需要強調的是，我們談到了諸如注意力、情緒，以及塔尼亞在同理心和慈悲心方面的研究，說明智能不是固定在大腦的任何單一區域。它要求很多不同大腦迴路之間動態、複雜的互動。要瞭解特定情境脈絡下構成智能的模式，仍然需要許多的研究。

　　我想談談另一點。科學家可以從逝者的大腦學到很多東西。我想我們事實上需要一個喇嘛大腦銀行（笑）。我可是認真的！大腦銀行在瞭解精神分裂症、自閉症和其他重要精神失調方面發揮了關鍵的作用。我認為我們可以從高深修練者的大腦獲得一些非常重要的資訊。

達賴喇嘛：但是大腦一旦死亡，很多經驗痕跡可能就不再存在了。例如，在密宗經文中說道，有各種經驗跟氣的運行（*prāṇa*）有關，但是一旦人死了，它們就消失了。所以，最好是有一頭活著的實驗豚鼠，就像馬修那樣。

理查・戴維森： 我們能和他們交談，那是非常美妙的事情（笑）。

達賴喇嘛： 然後你還能獲得主觀方面的資訊。

上午的會議到此休會，大家午餐、休息。我們對話會的傳統是參會者在一起午餐，順便討論一下上午的會議。塔尼亞、理查和其他幾位對上午會議的主要焦點——智能問題做了一點背景研究。下午，在規劃的活動開始之前，理查用點時間提供了一些補充的資訊。

理查・戴維森： 我們在午餐時匆匆瀏覽了一些科學文獻。我們想對您關於智能的問題做個答覆。

主流觀點認為智能就是能夠用智商測驗（IQ test）測量的東西。智商測驗由幾個部分構成。在智商測驗後，你得到的數字代表了這些部分測驗分數的總結，典型的測驗有十二個部分，六個與語言相關的部分，六個非語言的部分。例如，有個部分的測驗是要你倒著數，從他們給你的一個數字開始，比如758，要求你一次四個數往回數。

達賴喇嘛： 若做這個測驗，我會得零分。

理查・戴維森： 尊者，我覺得，您說的智能比智商測驗測量的智商豐富得多。我們在上午回答您的問題時感覺不得勁，因為圍繞著這張桌子的大多數人都明白，智商測驗所測量的只是人類智能的一小部分。

我們需要一個包含更多內容的定義。智能的構成應該包括如何對各種不同情境做出高明的反應，它應該是比智商測驗所測量的範圍廣泛得多的概念，就像大腦是透過很多不同區域一起完成手頭的一件事情。

這個圖像顯示智能的概要，這是由智商測驗所定義的智能（圖11.5）。在圖A中，淡灰色表示大腦中受遺傳影響最大的區域；它們的遺傳性最強。這些圖像的目的是為了展示大腦的側面，所以前面、圖中最左邊的部分，是額葉皮質。您可以看到這個區域有很多灰色部分。那些是灰物質、大腦的細胞體，這個區域顯示出特別強烈的遺傳影響。

圖B描繪了智商測驗分數和前額葉活躍度的關係。它說明了由智商測驗測量出高智能的人的大腦前額葉區域顯示出更高的活躍度。這表示對智商測驗測定的智能而言，前額葉皮質非常非常重要。

達賴喇嘛：這裡你所說的是以遺傳為基礎的智能表達，它似乎是較為先天的。那麼經訓練而造就的智能呢？

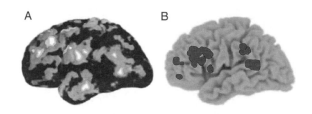

圖11.5　前額葉皮質有參與智能運作。（A）智能的遺傳貢獻（淺灰色區域為遺傳性最強的部分）。（B）在個人認知要求嚴格的任務中，智商測驗分數與前額葉啟動之間的相關性（灰色區域）。圖片來源：（A）經允許改自 Macmillan Publishers, Ltd,: *Nature Neuroscience*, Paul M. Thompson, Tyrone D. Cannon, Katherine L. Narr, Theo van Erp, Veli-Pekka Poutanen, Matti Huttunen, Jouko Lönnqvist, Carl-Gustaf Standertskjöld-Nordenstam, Jaakkow Kaprio, Mohammad Khaledy, Rajneesh Dail, Chris I. Zoumalan, and Authur W. Toga, "Genetic influences on brain structure," *Nature Neuroscience* （2001）4（12）: 1253-1258, copyright 2001；（B）經允許改自 Macmillan Publishers, Ltd,: *Nature Neuroscience*, Jeremy R. Gray, Christopher F. Chabris, and Todd S. Braver, "Neural mechanisms of general fluid intelligence," *Nature Neuroscience* （2003）6（3）: 316-322; copyright 2003.

理查・戴維森：這是非常重要的問題。這不一定反映訓練而成的智能。現在我們在西方所做的智商測驗極大部分受遺傳影響，並不是說智能不可能也受訓練的影響，只是說，遺傳是影響來源之一，而訓練可能是另一個來源。

我們知道，如果你參與了某種訓練以加強前額葉皮質的活動，的確能改變前額葉皮質。例如，你訓練一個人做所謂工作記憶。工作記憶是類似這樣的要求：有人告訴你一個電話號碼，然後你喝杯茶，五分鐘後你得記住這個號碼。將一樣東西記在心裡需要具有工作記憶。這是一件至少在某種程度上可以加以訓練的事，而當你訓練時，它會影響前額葉皮質。

達賴喇嘛：是的，可是這更涉及記憶，而不是智能。

理查・戴維森：結論是前額葉皮質不只影響記憶，而且也影響智能的一些層面。

土登晉巴：我認為這裡說的是，如果你有良好的工作記憶，你就能回憶起必要的資訊，從而採取明智的行動。

克里斯多夫・柯赫：工作記憶事實上是智能和流動推理的最好指標之一，工作記憶不是長期記憶，而是迅速儲存資訊並在一分鐘後回憶起來的能力。這個能力和智商密切相關。

如果我快速地問你，你從這兒怎麼走回家，你離開時路的右側是什麼，你回答這些問題的能力是基於靈活、流動的智能形式。它和智商相關，也預測了你生活的前景。流行的智商測驗能預測你在學校裡的表現，你以後是否會落到坐牢的地步，你的收入將有多高等，所以它和真實生活行為的後果相關，但是它並不能預測智慧。

達賴喇嘛：從西藏僧院教育的經驗來看，我們將人的各種能力加以分門別類。有些學生記憶力超強，所以他們能夠非常廣泛地背

誦。有些人的才能在辯經和批判性討論。

所以，僧侶中有些是大學者、非常好的辯經能手，但是背誦經文時，他們只能勉強對付四行的詩節。然後你能看到相反的情況，有些學者能夠背誦成百上千部經卷，但是辯經時，他們幾乎一竅不通。還有第三種人，他們擅長綜合性的掌握，能夠抓住要點，會用更為綜合性的方式理解事物。

這些都是我們所謂智能的不同層面。

理查·戴維森：這正是我先前想要說明的觀點：智能有很多不同的形式，而您所描述的不同種類很可能和大腦的不同網絡相關，而不是都只和同一個網絡有關。

塔尼亞·辛格：您所說的現象非常有意思。在科學中我們有一些與此相關的術語。我們稱智能的某個層面為晶體智能（Crystallized Intelligence）。這是以知識為基礎的智能，即那些人可以記住大量東西，並且在爭論時能夠回想起資訊。

然後我們有流動型的智能，就像一條河。這是認知的靈活性，即利用不同的資訊片段並把它們結合在一起的能力。流動的智能和前額葉皮質相關。記憶是儲存在顳葉或海馬迴等其他地方。

達賴喇嘛：這似乎和佛教教育理論的另一個層面相對應。我們談論清明的智能，即那些具有清晰思維能力的人；然後是高明的智能，即那些具有廣泛而大量知識的人。

有高明智能的人具有快速理解事情的能力，但是他們在細節方面不一定擅長。有清明智能的人具有真正看到事情實質，用清晰的思路把事情釐清的才華。

還有所謂的快速智能，這種人不需要花很大力氣就能理解事情，他們有能力立刻抓住要點。還有一種是穿透性智能或深刻智

能，這種人能夠透過事情的跡象思考，不會停留在事情的表層。

　　儘管如此，如果大腦科學家們不能給這些分類找到大腦相關物或表現，那麼也許我們只能說：「那麼，這些都是很好的構成分析。」有效益的討論就是這樣。

這裡，尊者再一次講解了西方科學家將會非常感興趣探究的佛教思想領域。從佛教觀點所做的細緻的智能分類與當今心理學研究並不一致。如果仔細觀察細節，它們有可能提供一個研究各個人之間自然智能差別、智能和行為之間的關係，以及各種冥想訓練效果的新模式。

~~~~ 第12章 ~~~~

巧妙收拾灑出的牛奶：
臨床心理學中的正念覺察力

索娜·迪密吉安

本章，我們開始審視西方社會運用冥想的一些方式。索娜·迪密吉安（Sona Dimidjian）是科羅拉多大學博爾德分校的臨床心理學家。她的研究利用以正念覺察力（mindfulness）為基礎的行為治療醫治、預防憂鬱症，特別是婦女懷孕期和產後的精神健康問題。索娜探討了西方保健系統中的臨床心理學如何及為什麼要以正念覺察力修習為工具。她的講解顯示，訓練人們把注意力從思維內容轉向思維過程本身，可以學會辨識即將出現的憂鬱症狀，並且採取一些步驟以保持精神狀態良好。索娜還講述了用於臨床研究的不同研究設計，指出了隨著進展而需要改善的領域。

索娜·迪密吉安：今天我來談談臨床心理學的傳統。我是教授也是臨床心理學家，有一些正與憂鬱症奮戰的病人。

我想先給您看一張圓石市科羅拉多大學的照片（是一張校園照片，校園周圍是秋天的樹葉和白雪覆蓋的群山），我的家和工作都在那裡。這是一個美麗的地方，就在美國洛磯山脈的丘陵之中，我從馬修的照片中對比知道，科羅拉多大學景色還比不上西藏和尼泊爾那麼壯觀，但仍然是一個非常美好的生活、工作地點。

先給大家看這張照片是因為在臨床心理學歷史上，這個大學

在1949年舉行了一個重要的會議。這次會議確定了訓練臨床心理學家的方法，指出將科學引進課程是至關緊要的，雖然心理學有醫學實踐和臨床應用的久遠歷史，仍有必要與科學原理、科學方法做整合。

我從昨天與僧人們的精彩會議[1]，和與僧院住持們的談話中，得知心理學史上1949年的這一刻，跟在此地發生的事情，以及我們今天在這裡對談的理由的重要程度是無法比擬的。但是我認為這是一個重要的連結點，因為那次會議以及以圓石模式著稱的那個模式，指導著如今在很多大學心理學系進行的訓練。那個模式提出科學和修行可以整合，互相提升。這顯示兩者之間有過重要的對話，因此科學沒有繞過或者隱藏應用與修行的重要性，而且整合這兩者有助於讓它們各自更豐富、更活潑、更進步。

西方已經發展出一些不同的臨床方法以減輕人類的痛苦。我在這裡強調將科學方法帶入這些應用研究的重要性，其中得到了最大、最徹底實際試驗的是行為治療和認知行為治療。我今天想談這些方法，因為主要就是這些治療方法結合了冥想修行，並在西方醫療保健體系中實施。

為此，一開始我們必須懷著敬意感謝在西方歷史中做出這些努力的先驅者們，其中有我們所熟悉的喬・卡巴金（Jon Kabat-Zinn, 1944- ）。在上世紀七〇年代，他從佛教傳統中學習冥想修行，並且開始在純粹世俗的背景下運用於西方醫療保健體系的病人。

他在一個涵蓋性的術語下運用這些修行方法，這個術語就是正念覺察力（mindfulness）。以正念覺察力為基礎的減壓療法（MBSR）是他發展出來的全新計劃[2]。最初主要是運用於健康問題如慢性疼痛，但遭到了一些懷疑。

可是，一段時間之後，我們看到人們對類似計劃產生了巨大的興趣。例如，醫學研究院的一份報告說，在2009年所確定的重要工作中，國家醫療研究的重點之一是評估在焦慮、憂鬱、疼痛、心血管和其他慢性病領域以正念覺察力為基礎的干預。可見，在經過一段時間後，終於認知到正念覺察力冥想修習在幫助人們改善某些病痛方面有重要的作用，這些病痛在西方和全球都是難以治癒的慢性病。

這個認知提出了一些重要的問題，也是臨床心理學領域的研究試圖找出答案的問題。我想透過討論研究的細節來談論其中一些問題，這些研究圍繞著一個特殊的干預方式，即以正念覺察力為基礎的正念認知療法（MBCT）。我想談四個問題。第一，利用正念覺察力冥想處理諸如防止憂鬱等問題的原理是什麼？為什麼我們認為教導人們進行正念覺察力冥想有助於防止憂鬱？第二，我們是怎麼做的？以正念覺察力為基礎的認知療法的工具是什麼？第三，它有效嗎？我們怎麼知道它是否有效？最後，從更廣泛的視野展望，存在著什麼樣的機會和挑戰？

為什麼是正念覺察力？

索娜・迪密吉安：以正念覺察力為基礎的認知療法，將認知行為策略與實踐和正念覺察力冥想結合起來，是非常有意思的整合，是由卡巴金引入醫療保健體系的。正念覺察力一詞到底是什麼意思，在心理學的學術圈內有許多辯論。這是卡巴金提出的操作性定義：「正念覺察力意指用一種特別的方法給予注意力：即有目標、當下、不作判斷的」[3]。

稍後我會介紹MBCT的方法，它是我的優秀同事辛德・西格

爾（Zindel Segal）、馬克・威廉斯（Mark Williams），和約翰・蒂斯岱（John Teasdale）設計的，是一個為期八週的課程，主要是教授一些技能來幫助人們防止憂鬱，促進身心健康。

但是，首先讓我們來看一下我前面提出的問題，亦即為什麼我們要把冥想修習用於這個目的？為了回答問題，身為臨床心理學家，我想從這個問題開始：我們試圖減輕的問題，它的本質是什麼？

憂鬱是很多人罹患、由多種因素構成的複雜問題。科學界現在投入了許多努力來理解憂鬱到底是什麼。今天，我們在臨床上定義憂鬱為一種長期、持續的沮喪，會讓人迴避以前喜歡或者讓人歡愉和有意義的事情。

我們對憂鬱的瞭解是它趨向於用某種方式頑固地存在，甚至人們從重度憂鬱痊癒之後，仍然有可能再度憂鬱。事實是，人們經歷憂鬱的時間越長，就越容易再次復發。

對這個事實一個令人信服的解釋是認知反應的構建，這跟人們的思維對悲傷經歷的感受方式有關。我想告訴您一項研究，這是我的朋友和同事辛德・西格爾做的[4]。他醫治了一些曾經憂鬱的人，直至他們感覺良好為止。然後問他們現在抱持的態度，他們有多相信這些態度，所謂的態度包括「如果我工作失敗，那麼我這個人很失敗」；「向別人徵求建議和幫助是一種示弱」；或者「如果我愛的人並不愛我，就說明我這個人不可愛」。

參與這項研究的人提供了他們抱持這些態度有多強烈的答覆，然後辛德要他們聽一段非常悲傷的音樂，要他們回憶生活中感覺非常悲傷的時候。然後他再次問他們抱持這些或類似態度有多強烈。最後，檢測他們在以後的十八個月期間是否又感覺到憂鬱。他發現反應不太強烈的人，即他們的態度在感覺悲傷後沒有

多少變化的人，比較不會再陷入憂鬱。

這也顯示以前曾經憂鬱的人體驗到悲傷之類的情緒時，就是他們容易再次憂鬱的時候。您之前和理查談到這個時，提到過在有了悲傷體驗時，重要的是要有一種勇氣和採取行動的信念[5]。

我們在這些研究中看到的是，當人們對悲傷的反應不是行動，而是一種放大了的負面思想時，他們就有很大的風險再次滑入憂鬱之中。有時候我治療的病人會說：「我不想要悲傷了，我想要擺脫悲傷的體驗。」就像我們前些時候說過的，作為人類這不僅是不可能，或許也是不可取的。但是我們能夠做到的是，幫助別人在這種時刻調整悲傷情緒，技巧地對待悲傷和從中產生的想法，這些方法能夠幫助他們在長時間裡安然無恙。這些就是以正念覺察力為基礎的認知療法想要貢獻給大家的工具包。

MBCT的工具包

索娜・迪密吉安：我要用點時間來描述一下以正念覺察力為基礎的認知療法這套工具包裡的工具。從正念覺察力冥想的角度，我們教導人們正規訓練，覺察呼吸、身體、聽覺的經驗，然後由此轉向思維過程本身和情緒體驗的正念覺察力修習。我們要求參加課程的人每天做三十到四十分鐘的正規修習，也要求他們以非正規的方式做日常雜務，比方說在進食、刷牙、開車或者喝茶時修習。

這樣做的目的是讓人們透過這種修習，開始對自己心智的本質更熟悉，更接近。對於有過憂鬱經歷的人，則意味著更為熟悉自己心智的煩亂性質，以及利用快速自動反射模式應對困難和挑戰的習慣。

然後我們由此基礎轉向認知行為策略，這要整合一些問題，如憂鬱的範疇？憂鬱的警告訊號是什麼？你如何把透過冥想修習培養的注意力和覺察力應用於注意到心智如何以自動的方式移動？

在我們小組集體討論和學習時，我們經常用到自動駕駛飛機的比喻。憂鬱的時候，你的心智就像一架自動駕駛飛機，它通常不是飛進廣闊晴朗的藍天，而是飛進了氣流紊亂、烏雲密佈的天空。這種修習幫助人們在初期就注意到這點，並學會怎樣轉換自動駕駛模式，以更技巧的方式反應。這些修習是在小組狀況下教的，有益於人們互相學習，也有機會在老師指導下學習。

在八週的訓練中，注意力焦點從比較可觸摸的東西，一開始是吃葡萄乾的體驗，漸漸轉移到較為不可觸摸的對象，然後轉到心智最容易被自動思維流綁架的時刻。

達賴喇嘛： 這些人的背景有什麼不同？他們的教育程度較高還是較低？經濟上是富裕還是中等？這些差別有多大？有一些其他因素也會影響憂鬱、復發等。所以，你不能把所看到的所有益處完全歸結於冥想修習，還可能有其他背景、遺傳因素，非常複雜。

索娜・迪密吉安： 我完全同意。過去幾年裡我觀摩了尊者您很多次的心智與生命對話，其中我最喜歡的是您的問題經常直指議題領域的要害。我認為您現在就是如此。確實，十分複雜，如果可能的話我要回到這個問題上來，因為您所說的這些個別差異恰恰就是我們研究者需要開始深入的地方。

達賴喇嘛： 在臨床實務和研究中，是不是有過這樣的考慮，比如病人的背景特點，無論是社會經濟因素還是教育水準因素等？然後，在這些個別差異的基礎上，提出不同的治療方式以符合病人的獨特背景？是不是有過這樣特殊的考慮？有宗教背景的人又會

有什麼不同？年齡也是一個因素。年輕人還沒有遇到過很多問題，所以一旦他們遇到問題就特別慌亂。較老的人，比如阿瑟和我，我們一生歷經過很多問題，所以由於精神內蘊，心理上要強健得多。

索娜‧迪密吉安：所有這些：年齡和發展因素，社會經濟地位、教育，以及個人經歷，我想是非常重要的。

這種干預方法可以幫助憂鬱症經常復發的患者。一個著名的研究顯示，一生中有過三次或更多憂鬱期的人，如果他們參加了MBCT班，將減少他們未來再次憂鬱的風險，這種風險會減少大約一半[6]。

至今為止的研究還指出，憂鬱較少復發的人就沒有這樣的效果。干預法似乎對他們沒有預防復發的同樣好處。

達賴喇嘛：為什麼？

索娜‧迪密吉安：這是很好的問題，而且問題依然存在，有待科學給出權威的回答。有一個理論是說，當人們經歷了較多的憂鬱期後，他們的思維對傷感體驗的反應方式得到了強化，於是逐漸變成自動反應。這是這種訓練方式特別有幫助的原因。

有時候還有另一種解釋，雖然至今還只是理論，是說在生活中經歷了較多憂鬱的人更願意參加所要求的學習和練習，因為他們從痛苦的經歷中深知心智迅速進入自動模式所帶來的負面後果。我稍後還要回到您所提出的這個問題。

索娜在此提出的觀點呼應理查先前的評論，即什麼樣的人更願意參與冥想訓練[7]。他和達賴喇嘛討論了被吸引參加冥想修行的人可能比不參加的人有更多的焦慮問題的可能性。這是冥想研究中涉及所謂自我選擇的一個重要問題。在冥想參與者和其他人之間

可能存在著基線的差別，這是為什麼簡單地比較這兩組人並不是理想方法的主要原因：能夠辨識的差別可能不是由冥想經驗所造成，而是驅使這些人來參加冥想修習的原始因素所造成的。索娜在隨後的講解中指出，更強的實驗設計就是試圖掌握和控制這種混淆因素。

正念覺察力有效嗎？

索娜‧迪密吉安：我想引用兩段參加了這個訓練課程的人描述的經驗。他們描述了這裡的核心技能，即發展出一種讓自己暫停的能力，將本來沉湎於思想的內容或者對這些內容的放大，轉換到覺察自己的思維過程。我給您舉個例子，這是一位參加課程的媽媽，她說在感覺特別困難的時刻：「我抱著兩歲的孩子，倒一些牛奶在杯子裡餵他，而他卻把杯子摔了。牛奶灑得到處都是。那真是一片狼藉。我感覺非常沮喪，然後我做的第一件事是深呼吸。」

達賴喇嘛：這讓我回想起有一次，我在某個儀式上被請求給兩個小孩餵小兒麻痺症疫苗的藥水。一個小孩非常聽話，立即張開嘴，我輕而易舉地做好了。另一個小孩卻拒絕合作，緊閉著嘴，所以我不得不讓孩子的媽媽來幫忙餵！（笑）真是有點沮喪。

索娜‧迪密吉安：這是一個精彩的實例，就是在那樣的時刻，你在那一刻停頓的能力，事實上你從中發現了快樂。相反的，經歷著憂鬱的人就容易把這種事歸結為個人因素。他們會說：「我怎麼搞的，就是沒辦法讓這孩子吃藥？為什麼我就做不到？是不是因為我太遜了？」

　　另外一個參加課程的人說：「我認為自己不受真正強烈的情

緒擺布，辨識（這個部分是核心技能，真正關鍵的能力）自己的思想內容並不是事實，從而瞭解自己的思維流動並從中抽身而出的能力大大增強。」

我們可以從這些話裡看到正念覺察力訓練對人們日常生活的影響。還有相當多的科學研究使用更客觀也更系統的方法評估正念覺察力訓練效果。我想告訴您另外一項研究，是辛德・西格爾對憂鬱症病人所做的研究[8]。在這項研究中，他用抗憂鬱藥物治療病人直到他們感覺良好不再憂鬱，然後他隨機將他們分成了三個小組。第一組病人繼續用藥。第二組病人停止抗憂鬱藥而代之以一種安慰劑。這兩組的病人不知道他們現在用的是真正的藥物還是安慰劑。第三組病人則參加了為期八週以正念覺察力為基礎的認知療法訓練。

這個研究將病人隨機分成三組，這一點非常重要，就是因為尊者您提出的那個問題。如果有變量的不同，比如人們的教育或家庭背景或他們的病史，隨機分組的目的就是保證這些差異是同樣地分佈於三個小組。這樣就能幫助我們對治療的效果作因果推理。

他發現的結果是，症狀有不穩定反覆，即憂鬱有所改善但仍然有症狀時好時壞的現象的人，正念覺察力的課程比安慰劑的效果要好得多。

以正念覺察力為基礎的療法應用於憂鬱症是熱門的研究領域，特別是現在的抗憂鬱藥物有一些副作用，對很多病人的效果甚至和安慰劑差不多，在病人停藥後無法有持久的效果以防止復發。鑑於近80%經歷過憂鬱的人可能會復發，這最後一點就特別重要。由於這個原因，人們受正念覺察力訓練有助於改變索娜在上

面表述的負面思想模式，使病人對免於一再重複的憂鬱懷有越來越多的希望。2011年，對六個隨機控制的試驗發現，MBCT可能對有過三次或更多憂鬱期的憂鬱病人特別有用：對這些人而言，MBCT和一般治療相比，憂鬱復發情況減少了43%[9]。大量研究還發現，與維持性的抗憂鬱藥物相比，MBCT可以提供一些益處，由於抗憂鬱藥物被視為標準治療方式，所以這是一項重要的比較。

正念覺察力研究的未來

索娜‧迪密吉安：尊者，這張圖表顯示了提到覺察力的科學文獻出版數量（圖12.1）。您可以看到，最近十來年有關正念覺察力的出版品數量有了明顯的增長。這是大家對這種干預方法及其潛在益處抱著極大熱情和興奮的證明。

我和好友兼同事謝麗爾‧古德曼（Sherryl Goodman）最近

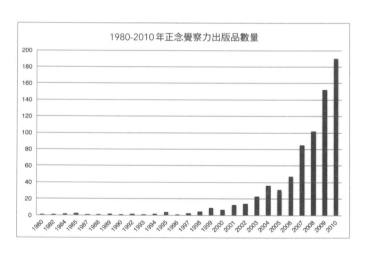

圖12.1　科學文獻中關於正念覺察力研究的指數增長。

幾年在艾莫利大學所做的工作是其中之一[10]。我們為因為懷孕而在她們生命中這個階段易於陷入憂鬱的婦女提供八週的MBCT訓練課程。我們在她們懷孕時教導這個課程，目的是要防止對嬰兒和幼兒的負面影響，科學研究已經確定，在孕期和產後發生憂鬱的母親，對後代有負面影響[11]。我們收集的初步數據證明，參加MBCT課程後，婦女的憂鬱症狀得到改善，而且改善效果能夠持續整個懷孕階段直到產後。

這些發現令人興奮，但是我想提出一個謹慎的告誡。圖12.2是讓我們作為科學家保持誠實的方式。您在橫軸上看到的是假性效果的機率，或者說另一種假設就能解釋你所觀察到的結果的機率。縱軸上是我們對證據的相信程度。這個數據指出科學證據有層級，並不是所有證據都平等。

隨著這個領域的發展，我們希望看到的是從非實驗設計的左

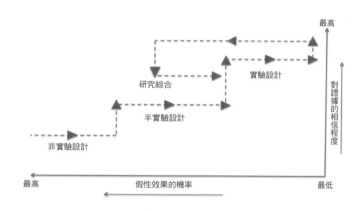

圖12.2 常用的臨床研究設計。非實驗設計和半實驗設計的發現可以有不同解釋，因此科學家們對使用這類設計得出的結果存疑。實驗設計更加可信，科學家們比較確定得出的結果可以解釋實驗用來檢驗的假設。圖片來源：經麥克米蘭出版有限公司允許重印自 Neuropsychopharmacology（2005）30（3）：445-460, doi:10.1038/sj.npp.1300571, copyright 2005.

下角走向實驗設計的右上部。現在,我剛才提到的我們對懷孕及產後婦女所做的研究,對我來說是令人興奮的。但是它仍然處於非實驗設計的左下角,無法告訴我們其因果是什麼。我很想指出的是,我們知道正念覺察力訓練對懷孕婦女有幫助,但是我無法據此研究作出這個推斷。

我們今天聽說了不少有關冥想修行效果的報告,在我生活的地方也經常聽說這種報告。有人可能會對我說:「我開始做冥想修行,我注意到現在我每晚只需要睡兩小時,真是太好了!」雖然報告引人入勝,但是並未告訴我們這種關係的因果本質是什麼。直到現在,在這個研究領域裡,我們的很多研究還是集中在非實驗性或半實驗性設計領域。

我們這個研究領域的危險是,當大量研究在圖表左下角積累起來,人們就認為他們可以對這個證據保持更大的信心。當有更多的人,更多的案例報告,或者更多如我所示範的開放性實驗增加我們的信心,但是問題是這裡仍然存在著假性效果的很大可能性。最重要的是,我們必須走向嚴格的實驗設計,讓我們能做尊者強調的那種研究:隨機分配人們到有控制條件的不同組,檢驗您所提到的種種因素。我們面對的挑戰是,做這種研究需要很長的時間。塔尼亞在慈悲心領域所做的研究用了幾年時間來計劃和實施[12]。我正在對懷孕婦女做研究,從非實驗性的設計走向實驗性設計,將需要十幾年的時間。

索娜的研究最終做到了她所強調非常重要的嚴格設計。透過隨機控制的試驗,她在有憂鬱史的懷孕婦女中檢驗了 MBCT 的效果。她發現,MBCT 對於幫助這樣的婦女復發憂鬱是有效的,接受了 MBCT 的婦女在懷孕或產後頭六個月復發憂鬱的只有18%,相較

之下，只接受一般健康照顧的懷孕婦女復發率則將近50%[13]。

　　一般而言，重要的是我們在熱情和謹慎之間找到一個平衡點。一方面，我們要確信人們沒有把這類修行看得太重，不要根據現有的證據就把它看成靈丹妙藥。另一方面，我們要確保人們不要因為研究面臨的挑戰就放棄繼續鑽研的努力[14]。

　　有一件事有利於我們堅持追求最好品質的科學，那就是把從事科學本身看成一種道德修行。尊者的教誨是偉大的引導，讓我保持這種動機。克耳文爵士說過：「再也沒有什麼是比目空一切地看待科學的實際應用更大的錯誤。科學的生命和靈魂是它的實際應用……從世界起源到現在的很多最偉大的進步是出自於把知識轉化為有利於人類某種目的的認真願望。」[15]我認為我可以代表所有在這裡的科學家和學者說，我們都相信，從事科學本身就是我們在這個世界上的道德修行。

第13章

持續、鮮活的傳統：慈悲心訓練的應用

詹姆斯・多堤、格西洛桑丹增那吉

本章重溫了在不同情況下促進自己與他人慈悲心的兩個計劃。這兩個計劃都得到了達賴喇嘛的直接支持，在過去五年裡應用於商業、學校、監獄，以及從老人到兒童的各種不同人群。這裡的講解是為了讓僧院的僧侶聽眾瞭解訊息，所以主要是講給他們聽，而不是給達賴喇嘛尊者聽。

詹姆斯・多堤是史丹佛大學的神經外科醫師和臨床教授。他也是慈悲心與利他心研究暨教育中心的創建者和主任。格西洛桑丹增那吉從孟古德的哲蚌寺洛色林學院獲得格西拉然巴學位，又有艾莫利大學的博士學位，他是該大學的宗教學教授。他擔任艾莫利—西藏合作計劃的主持人，領導該計劃。

在此，詹姆斯討論史丹佛大學的慈悲心培養計劃，強調我們現代世界面臨的挑戰，主張這些挑戰大多是「心的問題」，需要注重內在世界的解決方案。

隨後，格西那吉講解了艾莫利大學以認知為基礎的慈悲心訓練，討論了最近所發現的它對壓力、大腦功能和情緒的影響。

慈悲心培養計劃

詹姆斯・多堤： 在我開始演講之前，我想向尊者表示感謝，尊者是我們在史丹佛大學的研究與教育中心的贊助人。我總是為尊者

關於慈悲心及其重要意義的講話精神深深感動。

幾年前土登晉巴為我安排覲見尊者，在我們簡短的交談後，尊者對我們在史丹佛所做的研究十分讚成。我邀請尊者到史丹佛講解慈悲心，希望在大學裡引發師生對我們的計劃的興趣，他立即答應了。

但是這次會面最異乎尋常的是，尊者和晉巴用藏語進行了一陣熱烈交談。交談結束時，晉巴對我說：「尊者對你們正在進行的努力印象很深刻，所以他希望捐款給你們。」那是一筆非常慷慨的捐款，真是讓我們十分震撼。從達賴喇嘛手裡拿錢，我不知道是不是合適，但是我還是接受了（笑）。我們中心就是這樣起步的，現在它是史丹佛神經科學研究院的一部分。

非常令人高興的是，在過去三年裡，晉巴每個月有一週到史丹佛協助中心，和我們一起發展慈悲心培養（CCT）計劃，這是我們正在進行的工作重心：學習一些培養人們慈悲心的方法，以幫助他們克服痛苦。

我今天想做的是簡短綜述至今為止有關以冥想修行來改變大腦的討論，集中在慈悲心以及越來越多顯示其價值的證據。我也會對這種訓練的運用作評論，不僅針對個人及特殊情況的應用，也會涉及對社會整體的影響。

我自己對這個領域的興趣實際上是受到個人經歷刺激的結果。在此，我不講所有的細節而只告訴您，我是在非常貧窮困苦的環境中長大的。我的父母都沒有上過大學，我經常感到毫無希望，陷入沮喪之中。

當人處於這樣的境地，我想你們很多人都能想像可能會導致負面的行為和痛苦的情緒。事實上我就有過這樣的行為。我不僅處於可能會傷害自己的危險之中，甚至有進監獄的可能。

但是，難以置信的事情發生了，而且這件事也是我第一次有關神經可塑性的經驗。我十三歲那年，走進了一家魔術商店，魔術商店的主人不在，但是他母親在。她不懂魔術，但是她懂得別的東西。我和她聊了大約二十分鐘後，她看著我的眼睛，用她非常善良的眼神注視我，對我說：「如果你接下來六個星期每天都到這裡來，我就教你一些將改變你生活的東西。」

她教我的，不管你信不信，就是正念覺察力修行。它結合了觀想技巧，以及某種程度的正面思考力量。這種互動轉化了我的心智，從以前看世界覺得幾乎沒有什麼可能性，到後來看到了無窮的可能性。透過這個歷程，我學到了調整注意力和注意焦點，也學到了一個道理——只有我們自己才能決定我們會有什麼樣的未來。

生活在現代世界

詹姆斯・多堤：過去幾天，您聽了我的同事們討論進化、神經解剖學、同理心、慈悲心、親和行為，以及遺傳和環境的影響，還有內團體和外團體的概念。研究很精彩，是了不起的智力運作。我們可以學到很多東西，但是現實是，除非我們用所學到的知識可以改善人類的狀態，否則，至少對我來說，這些研究沒有什麼太大的效益。

我所說的人類狀態是什麼呢？我來提供一些例子。在工業化國家，特別是美國，我們有流行性的乖離、憂鬱和孤獨現象。四個人中就有一人感覺當他們處於疼痛或痛苦時，沒人可以訴說。對很多人而言，作為一個既有過去記憶，又有未來概念的人類一員，他們感受到的不是快樂，而是遺憾、焦慮、恐懼和不快樂。

另外一個有意思的地方是，我們這個物種的進化本來不是為了生活在現代世界的。我們被資訊和責任所淹沒，坦白說，我們必須承擔的責任是我們人類沒有能力承擔得了的，這已經成為問題的一部分。

請記住，城鎮是五千年前才出現的。直到一萬年前，我們還是以十到五十個人為一群的狩獵和採集維生的部落。狩獵和採集有長達兩百萬年，都是人類的主要生存策略。然而不同尋常的是，決定人類之所以是人類的DNA在二十萬年裡沒有顯著的變化。如果我們能夠發現一個二十萬年前冰凍的人，並且讓他復活、進入我們的社會，從理論上說，他是能夠像我們一樣生活的。但是，想像一下他所看到的世界景象。從根本上說，我們的DNA沒有顯著變化的事實就蘊含著「內團體」這個概念。

我想從進化開始談。我們知道昆蟲物種有很明顯的合作證據。對哺乳動物，特別是人類而言，這裡很多人談到了強烈的母子依附關係[1]。但是為什麼？為什麼這種關係有其必要性？我來解釋一下，您就可以明白了。

人類的進化發展出抽象思考的能力，具備龐大的工作記憶力、複雜的溝通和語言，擁有心智的理論，將自己的情緒跟自己及他人聯繫起來的能力，這些能力讓人類付出巨大的代價。這些代價包括很長的妊娠期，較少的孩子，以及我們的後代只是為了活下來就需要跟母親有很多年的互動，而母親並沒有獲得多少生物學上的回報。由於這個事實，為了保障人類的存續，發展出了非常複雜的機制把母親和孩子連結在一起，以保證孩子的存活。

這些機制之一是我們這次對話中已經提過的催產素，即養育和連結的荷爾蒙。當人類從小家庭延伸到狩獵和採集部落，人際關係對合作和生存至關緊要。一個部落不僅要面對險象環生的生

存環境，而且周圍還有覬覦他們所擁有物資的其他部落。

有意思的是，當這種關係或合作發生時，基本的生物學機制也啟動了大腦中與回報、愉悅相關的區域。這再次成為對合作的強力刺激，不僅直接促進家庭內部的合作，也促進群體或部落內的合作。

很多人引用達爾文的話，說最強最無情者才能生存。其實達爾文還寫過：「透過自然選擇，同情心將會增加；那些有最多富有同情心成員的團體，將繁榮昌盛，養育出最多數量的後代。」[2]從這段話裡你可以明白，現在也有很多研究能證明，無情可以在短期內占優勢，但是長期而言是不利的。只有合作的物種才能長期生存。

我們前幾天討論了神經解剖學和大腦功能，其中還討論了杏仁核，這是大腦中和通常稱為恐懼反應，或者戰鬥－逃跑反應相關的主要部分。人在受到威脅的情形下，大腦的這個部分就會發揮作用。你可以想像它的效益：例如，早期人類生活在非洲，面對一頭獅子或者其他危險時，這種大腦機制就能讓我們存活。

這個機制也會啟動我們的交感神經系統，從而釋放出種種荷爾蒙使我們跑得更快，不管是不是要逃離危險。如果逃離了危險，荷爾蒙就立即降低，恢復交感神經系統和副交感神經系統之間的平衡。交感神經系統和戰鬥－逃跑反應相關，而副交感神經系統和平靜、放鬆、合作感相關。

我們的社會發展現在已經遠遠超出了生物學進化，導致了不平衡。由於現代社會的壓力，快速的技術、過多的資訊、經濟和社會壓力等，很多人生活在警覺或過度警覺的狀態，時時處於焦慮之中。這種焦慮會轉變為恐懼和痛苦，進而嚴重危害健康，從憂鬱症到睡眠失調、心臟問題、到各種疼痛問題。但是，解決有

望，我們下面就來討論。

史丹佛大學的CCT計劃

詹姆斯·多堤：我們是幸運的，過去三十年裡，科學家們一直試圖努力揭開心智訓練對大腦的效益，從而為所有人開發訓練的可能性。就我向您介紹的自己的例子，以及在座許多人說的，效果是相當有力的。

幸運的還有，我們有佛教和佛教修行者參與，他們是這些努力過程的完美夥伴。一千年來，佛教修行者花費了許多時間、心力發展精神生活的分類學，理解怎樣訓練大腦的過程。他們在西方科學對神經可塑性想法還只有一絲微光時，就已經瞭然於心。事實上，西方科學在很多年裡曾經以為大腦根本無法改變。

現在我想提供您一個實例，這是我們在史丹佛大學發展的計劃。我們已經談論過同理心、慈悲心和利他心。為什麼我們關注這些？我們知道正念覺察力修行可以賦予我們較大的集中注意力的能力。我們還看到，慈悲心可以使我們的杏仁核功能和再啟動方面具有更大的恢復能力。我們還知道這些修行可以協調我們的自主神經系統和副交感神經系統。合作和善良會啟動大腦尾狀核和依核的獎勵中心。

我們在史丹佛大學發展的計劃是一個八週的課程，包括佛教的*metta*（唱誦慈經）和*tonglen*（自他相換法）[3]修習。每週有兩小時的指導，每天有二十到三十分鐘的冥想訓練。

八週的課程從教授注意力和安定心智開始。然後我們讓參加者聯想一種對別人的愛的感覺，他們可以從深層感受到關心愛護的感覺。對我們多數人來說，這種感覺和我們最關心的人有關，

通常是我們的家人或小孩。

另一個要素，也是西方社會明顯的問題，是自我慈悲的概念。西方社會有很多人喜歡過度挑剔，結果就是他們不能輕易給他人慈悲心，因為他們並不關心自己，不愛自己。所以我們花了大量時間訓練人們的自我慈悲心。

然後你把對自己深愛的人所感覺到的慈悲心，擴展到你本來不在意的某個人。後續每個星期的修習目標是強化這種不斷擴大的關心與愛的感覺，將你的心向別人開放，接受他人的痛苦。

我們現在已經對這個技巧做了研究，顯示它確實有可能不僅增加對別人的慈悲意識，而且增加對自己的慈悲心。人們經常感到難以接受來自他人的慈悲和關懷，這個修習也顯示接受慈悲的能力有了顯著的改善。

這類訓練的可能性是什麼？至今做過研究的訓練項目大多是八到九週，對短至一兩週期的干預性訓練也有研究，研究都顯示訓練是有效的。這些訓練能改善心臟功能、血管功能、改善精神狀態如憂鬱和焦慮，但是我們還不確切知道這些效果是否能長久維持。

在經歷了初期的干預性修習之後，是需要繼續修習一段時間，還是需要持之以恆的修習以維持它對健康的益處？我們目前還沒有答案，但是有很多研究者在相關領域試圖找到答案。例如，塔尼亞‧辛格將開始一個重大的縱向研究以探索長期成效問題。

透過觀察高深的佛教修行者，我們能夠想像修行的效果非常深刻。我想，我們大家都希望這些修行能夠繼續呈現它對其他人的效果。但是為了把這些修行引入社會，它們必須世俗化。我希望我們能夠學習如何改進這些技巧的世俗形式，讓它們變得可靠

且有長久良好的效果。

冥想干預的前景

詹姆斯・多堤：我想談談我的同事們和我都在思考的一些機會。大家對在教育系統中運用正念覺察力有很大的興趣[4]。我們考慮將史丹佛計劃中的正念覺察力訓練跟慈悲心修習結合，在學校裡使用。目標是給學生一些工具，讓他們能夠更專注，並且希望他們在學習上有更好的表現。

在美國，至少霸凌是學校裡真實存在的問題，我們希望這些修習在有助於改善。在某些學校裡，有些修習計劃已經證明有效。但是到現在為止，我們還不知道哪個計劃最有效，如何好好打造，長期效果如何。

我談一下企業界的情況。對我們大多數人來說，清醒的大部分時間是在工作，然而在美國，每年由於工作場所的痛苦和壓力而導致的損失高達兩千到三千億美元。為什麼我們在工作場所會有壓力？這是什麼意思？典型的情況是，人們在工作中感覺恐懼，我之前談過恐懼反應和過度警覺的問題。當你長期處於這種狀態，就很難成為有效率的工作者。

事實上，恐懼、缺乏信任、缺乏溝通，或者覺得工作沒有意思，是影響生活滿意度和快樂的大問題。這會導致曠職，即不願出勤，或者假性出勤，即人在工作但是並沒有真正在工作。這個問題為醫療保險制度帶來了龐大成本。一個有壓力相關問題的人和一個健康雇員相較，花費要高50%。

美國有世界上最多的被監禁人數。但是你真的相信大多數人坐牢是因為他們是壞人？我得指出，事實上他們大多數人就像你

我一樣，但是他們在生活中沒有得到關愛和照顧。

監獄系統最大的問題是什麼？其中之一是累犯率，囚犯在被釋放後又犯案回到監獄；另一個嚴重問題是暴力。但是我們已經看到，在經過挑選的監獄裡推行正念覺察力修行，暴力現象可以減少50%到75%。

我要提供另外一個有趣的實例，這計劃希望能打開人們的心。有一組挑選過的囚犯，他們被判定是不在乎他人、暴力、卑劣的人，讓他們有機會養育、照顧和幫助訓練服務犬，促使他們打開自己的心，完全投入其中。不尋常的是，當他們打開心扉和動物建立了互相依賴的關係後，最終他們必須放棄這些動物。他們從中學到了愛、建立關係，然後如何捨棄，這種互動對囚犯有重要的影響。他們因此重拾尊嚴。他們既覺得自己可以得到這些動物的愛，也意識到可以透過捨棄這些動物來貢獻他們的愛。這是一個非常奇妙的例子，說明了這類干預可能產生的良好效果。

現在我們在史丹佛做的一件事是跟從戰場返回、患有創傷後壓力症候群（PTSD）的退伍軍人一起展開修行訓練計劃。塔尼亞談過科學嚴格性的問題[5]，接下來我要告訴您的計劃目前還未完成，不過我們已經開始設計實驗、檢驗其效果。我們現在有幾組診斷為PTSD的退伍軍人參加了訓練計劃，這些干預計劃的效果相當顯著。

這是一種非常難以治療的狀況，冥想修習並不特別有效。以前已經試行過各種不同的心理學干預方法，但效果有限。看起來我們已經在做的早期工作，和其他人也在進行的計劃可能會有相當好的效果，退役軍人們變得較能注意和調整情緒了。他們有了和他人相關的感覺。他們開始看到與他人聯繫的重要性和價值，能夠有更開放的心態，而不再切斷跟別人的聯繫或者處於恐懼之中。

在結束時我想談談更大範圍的事情，有關內團體和外團體的問題。之前有過一個研究，我們在較小的內團體給你用鼻噴霧的方式攝入一些催產素，它使你感覺想要擁抱別人，愛他們。它也會產生經濟上的效果：你把所有的錢都給了那個人[6]。我們在二十萬年裡作為狩獵和採集者的DNA沒有改變，這使得催產素的正面效果只限於很小的內團體。我們所有人所面對的挑戰是，我們能把這種內團體效果延伸和擴展到涵蓋一切有情眾生嗎？

我們在此再次談到慈悲心。我們的社會面臨的問題不是存在而是關於心的問題。不管是全球暖化、生態破壞、戰爭，還是貧窮問題，這些很顯然都是人類的心的問題。

在我們把技術和科學聚焦於我們內心領域之前，這些問題不會解決。尊者說過：「慈悲心和善良不是奢侈品，它們是我們人類生存的必需品。」我相信這個大廳裡的所有人都理解。我希望科學家們的才華加上今天所有在場者的開放之心，我們可以開始面對這些問題，可以擴展我們的內團體，不再只涵蓋我們的鄰居。它將容納遠隔大洋的其他人，它將是整個世界。當我們做得到時，人類將可以真正昌盛繁榮。

以認知為基礎的慈悲心訓練

格西洛桑那吉：能夠在這兒談談我們過去幾年在艾莫利大學做的以認知為基礎的慈悲心訓練（CBCT），我備感榮幸。

1998年，尊者訪問艾莫利大學並在畢業典禮上演講。他在演講中說：「我相信教育就像工具。工具是不是用得恰當，是不是有效，取決於使用者。教育是一個層面，另一個層面是做個好人。一個好人意味著一個善良、關心他人福祉意識的人。教育和

一顆溫暖的心，一顆慈悲心，如果你將兩者結合起來，那麼你的教育和知識將結出豐碩成果。」[7]

我們看到現代世界對此有巨大的需求。也許不是我們在場的人，不是藏傳佛教大僧院的冥想修行者們，但是我們明顯看到已開發國家的教育系統並不完善，一如這幾天很多演講者已經指出的[8]。

我們缺少了靈性的教育。1999年，尊者出版了一本書《新千禧年的心靈革命》（*Ethics for the New Millennium*）[9]，他指出我們需要靈性的革命。這世界有過很多革命，工業革命藉由我們的物理能力為人類帶來了龐大的利益；醫藥和科技等物質世界也發生了革命，但是尊者指出我們需要靈性革命。

尊者不是在倡導特殊的組織性宗教。相反的，他將靈性定義為基本的人類價值，以某種形式存在於人類內在，例如，慈悲、愛和慷慨。這些普遍價值是多數宗教的基礎，但是並不限於宗教，而且，也不限於人類。我們也在老鼠、猴子、大象等其他動物中看到慈悲心和同理心。

在這些重要的特質中，尊者首先倡導慈悲心，以促進靈性革命。慈悲心是道德行為的基礎，如果我們想過道德的生活，最需要的就是慈悲心。

我們如何把慈悲心和同理心引入教育呢？因為這些價值在宗教中都有牢固的基礎，人們也許會對把談論慈悲心納入教綱有所疑慮。我們需要想辦法說服更龐大的教育體系及大眾，慈悲心是可以在世俗基礎上被理解的。這就是為什麼尊者在他最近的著作《超越生命的幸福之道》（*Beyond Religion: Ethics for a Whole World*）中向科學界呼籲：「我始終覺得，如果科學能夠證實這種修持不僅可能而且有益，那麼也許可以透過主流教育體系加以推

廣。」[10]對這些修行方法的科學研究非常重要，它證明這些方法並不僅僅基於信仰和信念，也可以用世俗方式來教導，並且有益於個人和社會。

慈悲心訓練的六個認知要素基礎

格西洛桑那吉：如何培養慈悲心呢？我在前面提到了CBCT計劃。這是一個以 *lojong*[11]，即印度－西藏佛教傳統中的心智訓練為基礎的計劃。是訓練心智，以培養慈悲心和菩提心（*bodhicitta*）而進行的廣泛修練，也是今天西方常見的冥想修練，如正念覺察力、注意力等，這些都可以在早期印度－西藏佛教經典，如《入菩薩行論》（*Bodhicaryāvatāra*）中找到系統而簡要的說明。在西藏，這些是佛教僧團透過學習而展開的修行，而且已經實行了一千多年。這是一個仍持續、鮮活的傳統。

為了訓練心智以培養和他人的聯繫感，訓練中運用了一些十分特殊的佛教宗教元素。例如，在培養慈悲心的修行中有一個步驟涉及對轉世的信念。在這步驟中，你認識到一切眾生都是你的母親——不只是說他們都像母親一般，而是他們中的每一個、所有的有情眾生，都曾經在某一世中是你的母親。這種想法當然無法運用於世俗文化。但是在大部分情況下，通常也沒有必要為了使基礎修行世俗化而做這種思想轉變。

根據這些修行的根本元素，我們列出了CBCT的六個要素。第一個是發展注意力的穩定性。我們已經從理查・戴維森及其他幾位的介紹中瞭解到了注意力在我們生活中的重要性。沒有注意力我們什麼也做不好。現代人的注意力正在降低，美國人的平均注意力是8秒。你知道金魚的平均注意力有多久嗎？9秒；金魚

的注意力還勝過人類，請問這說明了什麼？

當你在做一件事時，被別的事情分心了，返回這件事的平均時間是20分鐘。如果你在做一件8小時的事情而被一個電話或別的事情分心，希望不是每8秒就發生一次，而你返回原來做的事情需要20分鐘，那將浪費多少時間，多少創造力？

CBCT的第二個要素是培養對思維和情緒的洞察力。有研究報告認為，沉思默想占據了我們47%的時間[12]。這又是巨大的浪費，不僅如此，如果我們想糾正或轉變這種潛在的破壞模式，假如沒有對它的洞察、假如對它無知無覺，怎麼能夠糾正或轉變它呢？所以，培養針對我們內在思維與情緒世界的洞察力非常重要。

很多年前，我在德州的一間醫學院演講，看到他們有個醫學人道主義的計劃，我非常感興趣，於是問了其中一位醫生。他說，醫學界需要在醫學院裡強調基本的人道主義價值，少了這些，就會出現過度的同理心、壓抑和其他形式的行為問題。在美國，醫學界的自殺率高於其他任何職業，如果醫學院學生沒有辦法認識他們的內在感覺，不能學會應對這些感覺，他們就只能壓抑自己，失去瞭解和因應它們的機會[13]。

下一個要素是自我慈悲的問題。我說的「自我慈悲」的意思不只是對自己好；我說的是藏文中的 *nge jung*[14]，意思是一種避免苦難的不可動搖的願望。這是從我們的錯誤或不健康的生活方式，如過度的沉思默想、偏執、憤怒，或妒嫉中產生的深刻決心。所有這些情緒因素都會影響你的健康，透過真正的反思，不只是坐著思考，而是透過系統的分析，我們可以理解這些不健康的模式是可以轉化的。我們自己就能做到。這就是我們所說的「自我慈悲」。

第四個要素是發展無分別心，或平等的心態。在其他培養慈悲心的課程中，無分別心經常出現在一開始的步驟中。恰如尊者指出的，我們都有內在的慈悲能力，能對我們親近的人感受到慈悲心懷。但是我們能不能把慈悲延伸到擁抱陌生人？那些我們很難打交道的人？我們能不能將我們的慈悲心，就像詹姆斯所說的，超出我們的家人和朋友圈的「內團體」，延伸到陌生人，甚至對手？

　　在 *lojong* 傳統中，有專門的方法可打破透過朋友、陌生人、和敵人的劃分來看待世界的習慣。我們必須理解，所有的有情眾生都想離苦得樂。所有的生命有機體都想生存，逃避任何可能妨礙其生存的因素，即使最簡單的有機體也具有這基本本能。

　　所以，面對眾生皆想離苦得樂的事，想通了這一點，對現實有了深刻的知覺，就可以打破僵化的藩籬。由此還可以理解另一個事實，即朋友、陌生人和敵人並不是永遠不變的。他們並不是固定的，朋友可以變成敵人，反之亦然。

　　慈悲心訓練以這種方式為我們所謂的無條件的愛提供了基礎。如果你開始不把自己和他人的關係建立在他們的外表、能賺多少錢或者地位，而是建立在彼此基本的共同需求上，然後努力去認識這些價值，那些膚淺的條件就無關緊要了。

　　下一步是發展充滿感情的愛和同理心。在藏文中，充滿感情的愛有一個說法：*yi wang gi jampa*[15]。同理心有一點複雜。在《新千禧年的心靈革命》中，尊者將其表達為 *shan dug ngal la mi zöd pa*[16]，也就是無法忍受看到別人的痛苦。例如，很多父母發現自己老是想著如果他們的孩子受到傷害會怎麼樣。這是人對自己的家人、孩子以及親密朋友的感情所導致的。

　　慈悲心和愛的秘密，在 *Lam rim chen mo*，也就是《道次第廣

論》[17]中有明確的分析。充滿感情的愛是以高質感和溫情對待他人，是一種摯愛感。

我們從現代心理學得知，同理心對慈悲心非常重要，不是那種不健康的同理心壓力[18]，而是同理的關懷。在這個基礎上，當你看到別人受苦時，你會不由自主地想要幫助他解脫痛苦。你不一定會積極行動，這只是一種自發的反應。

最後，你必須加強你的慈悲心。藏傳佛教格魯派的創始人宗喀巴用收穫來比喻：為了讓你的莊稼齊整地生長而有最好的收成，首先你要夷平田地。同樣的，為了讓慈悲心成長，我們需要藉由發展一視同仁的無分別心，夷平我們的心。一旦慈悲心的種子在我們經驗的土地上播下，我們必須給予照料。我們需要給這平整的土地澆水，讓播下去的種子繼續成長，獲得豐收。親密的愛是澆給土地的水，它會使得你的慈悲心不斷得到滋養。

CBCT的影響力研究

格西洛桑那吉：我想跟大家分享有關CBCT計劃的影響的一些發現。這個計劃是2005年針對大學師生，特別是艾莫利大學中日益增長的精神健康危機而發展出來的。這一年有兩名大學生自盡身亡。這個計劃是要探索我們能不能找到某些指標，使得真正的慈悲訓練可以幫助人們應對大學裡的日常壓力。

大學環境是充滿壓力的，第一年的新生感受特別深。有件事我想告訴這裡的僧侶們，在西方我們過著複雜而忙碌的生活，天天活在慢性的壓力之中，這種壓力是很多現代問題的根源。赫爾伯特・本森（Herbert Benson）早年在哈佛大學做過冥想研究，顯示70到90%求診的病人和某種壓力有關。我們需要瞭解慈悲心訓

練是否能夠幫助減輕壓力。

　　我想談談兩種和壓力相關的生物化學物。一是皮質醇，是典型的壓力荷爾蒙。一是白細胞介素6，或者叫IL-6，這種分子和免疫系統有關，當它被啟動時，就會造成炎症反應。炎症反應如果失去控制，就會成為很多問題的根源。當你染上病毒或感染的時候，你需要炎症反應，但是現代生活充滿壓力和刺激，就像一輛車不停運轉但是哪裡也沒去，久而久之發動機就會磨損毀壞。同樣的，IL-6升高和心臟病、阿茲海默症及其他許多疾病有關。

　　我們研究觀察六週的CBCT訓練後這些荷爾蒙是否有什麼不同。結果，我們沒有看到受過訓練和沒有受訓練的對照組之間有明顯的不同。可是，在冥想組內部，有些人做了很多冥想，還有些人在課內有做、課外就沒做了。所以我們將他們分成「低修」和「高修」組。

　　訓練之前，他們的上述化學物對壓力試驗的反應沒什麼不同。六週的冥想訓練後，高修組的IL-6和皮質醇明顯較低。

　　理查‧戴維森提過，當你受到壓力而皮質醇值升高，你還需要測量它需要多長時間降低，因為這可以顯示你的適應力。高修組的IL-6、皮質醇迅速下降，顯然適應力要大得多。

　　塔尼亞和理查以及其他人都提到，同理心作為慈悲心基礎的重要性。我們也發現，慈悲心冥想能促進同理心。我們檢測大腦中幾個區域的活動，特別是額下迴（inferior frontal gyrus）。這個大腦中鏡像神經元（mirror neurons）特別豐富的部分[19]。這些神經元專門感受別人的感覺。我們發現冥想修習組在完成了艾莫利大學的訓練計劃後，當他們看著別人的眼睛，能夠更準確地解釋別人的情緒狀態。他們額下迴的活躍度也提高[20]。所以，修習慈悲心能使你的同理心更準確，而且能活化涉及社交認知的大腦區域。

訓練兒童的慈悲心

格西洛桑那吉：我們的數據顯示，慈悲心訓練能夠對健康族群的壓力荷爾蒙值、同理心準確度、憂鬱症、杏仁核反應等產生正面的影響。那麼我們能不能教導高風險族群這些技巧？例如，寄養家庭的兒童，他們是由於種種原因而不能和親生父母生活在一起的兒童。已經有大量證據顯示，在童年時期經歷過創傷處境的兒童容易發生很多問題，包括今天討論過的憂鬱症。

負責寄養兒童計劃的公共服務部喬治亞州分部專員沃克（B.J.Walker）說：「我們並不缺乏針對寄養兒童的各種計劃，但是這些計劃都只注重改變外在環境。我們需要的計劃是能帶來內在變化的，我覺得艾莫利的慈悲心計劃正是我們的孩子們所需要的。」

這話讓我想起《入菩薩行論》中如何對付憤怒的話。經文說：「何需足量革，盡覆此大地？片革墊靴底，即同覆大地。」[21]即是說改變自己的內心視野是必要的。

還有另一種荷爾蒙C反應蛋白（C-reactive protein, CRP），是強烈的壓力指標。在寄養兒童中，我們發現高修組的這種荷爾蒙減少了，如圖所示（圖13.1，左）。在八週的冥想修行後，修習次數高的兒童變得更有希望（圖13.1，右）。

對IL-6和皮質醇的研究與發現都說明實際參與冥想修習，而不僅僅學習有關冥想的知識，以獲得其益處的重要性。在這兩項研究中，所有參加者都參與了冥想訓練，但是這些數據證明，課後花更多時間修習的人獲得的益處更為明顯。這些發現符合冥想是透過依賴於經驗的神經可塑性而發生作用的想法：透過反覆修習，

對大腦神經網絡和系統的影響越多，得到的益處也就越大。

現在，我們可以推廣這個訓練給哪些人呢？可以傳授給小學生嗎？在亞特蘭大，我們選擇了兩所學校，一所是私立學校Paideia，另一所是公立學校Morningside。布魯克（Brook Dodson-Lavelle）是這個計劃的一位指導老師。她說：「一開始我有點擔心能不能把這些概念教給很小的孩子，但是他們掌握這些教導的創造力和能力完全超出了我的預期。」

CBCT的概念很複雜。這些小孩子真的能懂嗎？你需要用不同的方式把這些想法傳達給他們。例如，當我們談論情緒和情緒性的知覺，我們把負面情緒描述得像小小的火花：如果你不把火花熄滅，它們就會燃燒成森林大火。在說明互相聯繫的時候，我

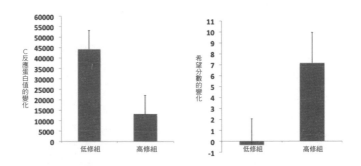

圖13.1　寄養兒童接受CBCT訓練前後，C反應蛋白值和希望分數的變化。冥想較多（平均值）顯示較低的C反應蛋白值，說明炎症較少，而且希望分數較高。圖片來源：洛桑那吉摘自Thaddeus W. Pace, Lobsang T. Negi, Brooke Dodson-Lavelle, Brendan Ozawa-de Silva, Sheethal D. Reddy, Steven P. Cole, Andrea Danese, Linda W. Craighead, and Charles L. Raison, "Engagement with Cognitively-Based Compassion Training is associated with reduced salivary C-reactive protein from before to after training in foster care program adolescents," *Psychoneuroendocrinology*（2013）38（2）：294-299, doi:10.1016/j.psyneuen.2012.05.019.

們描述食物，例如三明治，有許多人跟三明治相關，從製作三明治的人、種植糧食的農夫到把它們運送到超市的人等。

這裡是一些參加了這個計劃的孩子所說的話。一個五歲男孩說：「我的生活中有好多森林大火。」這就是情緒性的知覺。一個八歲女孩說：「如果你真的好好想想，你可以用各種方式把每個人都互相聯繫起來。」，這就是同理心和無分別心。一個六歲女孩想到了有那麼多人參與了她吃的飯，說道：「這關聯在什麼地方結束呢？它永遠沒完沒了！」這就是對彼此聯繫的一種理解。

這些都告訴我們，我們需要找到一種方式來向冥想傳統學習，不是視之為宗教，而是為了培養內心的技能：注意力、同理心、無分別心、慈悲心、互相的聯繫。我想呼應尊者說過的，我們傳統中蘊藏的知識是非常深刻的，是今天的世界所亟需的。土登晉巴提到了今天在場的僧眾，他們現在將要在課程中學習現代科學，這樣做的目標不只是要知道科學說了什麼，科學在做什麼，而是希望大家從學習現代科學中，更理解佛教傳統中蘊藏的豐富知識，同時要探索如何運用傳統寶藏利益大眾。

～～～ 第14章 ～～～

教育的核心：透過冥想經驗學習

阿隆·斯坦因、阿瑟·查恩茨

在本章中，兩位主講者都具有在教育體制內引入冥想修習的經驗。阿隆·斯坦因（Aaron Stern）是音樂家、教師，是新墨西哥州聖塔菲（Santa Fe）一個教育改革機構「愛學學院」（Academy for the Love of Learning）的創辦人。阿隆一開始就談到激勵人類學習的原因，他思考了他在音樂和創造性世界的體驗，這些經驗怎樣引導他去建立一所獨特的學校。阿隆認為在累積概念知識之外，為了得到完整的教育，我們必須強調直接、鮮活的經驗。稍後阿瑟提出了發展世俗冥想教學法所面對的挑戰和機會，指出這種新的設想和西方科學、哲學教育史的平行性。他提出，冥想修行可以幫助學生培養穩定性、注意力和好奇心，支援教育的真正目的：尋找更高尚的目標，成為更具有道德的人。

成為創造音樂的人

阿隆·斯坦因：我是以音樂家的身分參加會議的，我想今天就以此開場。我不是訓練有素的科學家，但是我在這裡發現了我的一個大家庭。我們在一起學到了情境脈絡（context）在我們所做的事情中是極為重要的一部分。任何事情的發生都在情境脈絡之中。在某種意義上，我在工作上像是一條跳出了水面的魚，我跟你們說明時，我想你們會理解原因何在。來到這裡的確幫助我看

到了我身處其中而不自知的情境脈絡。這是令人震撼的，並給予我極大的鼓勵，有助於我釐清思路。

說到情境脈絡，我想談談我是怎樣開始我的工作的。我在二戰剛結束時出生於美國，全世界剛剛歷經了兩次大戰。很多人喪生，百廢待舉，我想這對我們的意識有極大的影響。不僅原子彈的爆炸及其巨大的破壞力震撼了我們，我想它的漣漪效應事實上影響了我們思考和感受事物的方式，而且至今仍以某種方式影響我們。在我的成長過程中，我就生活在這種爆炸及其破壞後的環境裡。

在美國，在全世界，我們開始看到無數令人震撼的社會和政治動盪。宗教體制開始進入失去方向的階段。有些我們原以為能夠讓我們朝著期待的方向發展的事情，顯然是失敗了。體制化的一切都受到懷疑，事物的界線都在消失。就好像是既然我們引爆了那些核彈，我們就自以為可以為所欲為，因此在某種程度上，也就沒有任何事情值得在乎。各種實驗有如百花齊放，多彩多姿。

我們尋求解決方案、健全的心智和如何成為更好的人類的基本資訊時，如何尋找我們知道能夠成就，但在混亂的世界卻無從發現的仁慈？這時，某種事物把我們引向了東方。我就是成長於混亂世界，它的特點之一就是無窮無盡的物質主義。我們不太會從內心解決自身的問題，於是就試圖用物質主義、電視和電影，還有占有欲，不斷的占有，來填補缺口。

這就是我們這一代成長的基本氛圍。在內心裡，我是個熱愛音樂、熱愛一切、感受一切的孩子。所有的一切似乎與我融合，我感覺到了，感覺到了，感覺到了。我深刻感受到終結二戰的大爆炸漣漪效應和我們文化中的混亂。而張揚中的美國的極端物質

主義對我也有一種內在的影響。

我在世界所觀察和經驗的一切，與我渴望心智健全的深刻意識之間發生斷裂（disconnect）。斷裂是我唯一能用的詞——知道有一些意義、有一些目的無法實現。對我而言，斷裂的感覺如此強烈，非常痛苦，非常迷茫。於是我去學鋼琴。我喜歡阿瑟說到愛因斯坦彈鋼琴。我想像自己在早晨彈著巴赫，它為我的生活帶來秩序意識，也給我一種表達的方式。

儘管我早年是音樂家，我也體認到這個世界上還有一些和人的發展有關的事情需要我去做。那時候我不知道這個術語：人的發展（human development），但是我想要理解事物如何運作，我自己怎樣運作，世界怎樣運作。在我九歲或十歲時，我就相當明白要投身於學習的體驗之中。我書讀得不太好，不擅於分門別類。我沉浸於體驗：我需要投入生活，不斷地做，做，做。

教育中的鮮活體驗

阿隆・斯坦因：我快三十歲的時候，不知所以地成了音樂學院的院長，它的歷史悠久，在美國音樂學院中排行第二，是一所非常嚴格的學校。這所音樂學院致力於保存音樂的傳統，這是它的任務；同時，它也致力於創造新的音樂。所以它有保存傳統和創新的雙重使命。

那段期間儘管我熱愛音樂，但是我對人的發展的關注開始啟動，而且很明顯。我對觀察學生們如何學習變得極為有興趣。

特別是我觀察到，有一組學生才華橫溢、技巧高超，鋼琴彈得飛快。他們在童年時就占盡優勢，研習音樂，學習所有的音階和琶音和絃，他們可以在鋼琴上馳騁千里。他們光彩奪目，但完

全是機械式的。在音樂上，他們已經死亡。這對我是一個非常奇怪的矛盾：技術上無與倫比，音樂上卻無可救藥。

然後還有另外一組學生。他們是熱情澎拜的音樂製造者，但是沒有技巧可言。我觀察到一件事，這些學生能夠冒那些技巧高超的學生想都想不到的風險。他們能夠用一種我無法想像，其他訓練有素的音樂家也想不到的方式結束一篇樂章。我對自己說，如果我們要尋找通往更好的世界的道路，那麼這樣的想法、這樣解決問題的方式、這樣的創造力，正是我們所需要的。如果我們只是不斷重複，而不敢跳進未知，躍入新天地，我們也許就將繼續待在那種導致二戰結束的大爆炸可怖狀態中。

這成為我的問題和探索的基礎。後來我到東方來旅行，在這兒，我發現自己身處於洞窟之中。這是個真實的故事。我坐在一個洞窟裡面，迷失了方向，跟同行的人失去了聯繫。就在我坐在洞窟時，心裡有了一個想法：「我知道接下來的人生要做什麼了。」那時我三十歲。我對自己說，我要創建一所完整的學校，這學校的成立基礎是：不失原創性，又向創新的可能性開放的教學方針。

我回到美國，三個月之內就遇見了二十世紀西方最重要的音樂家之一，了不起的列奧納特·伯恩斯坦（Leonard Bernstein），他是指揮家和作曲家，寫了很多樂曲、歌劇、交響樂和百老匯音樂劇，但他又是一位非常投入的教育家。就這樣我遇到了自己的導師。

第一次見伯恩斯坦的時候，我拿著列印的一大疊報告向他說明我的教育方法如何進行，將引導學生邁向什麼目標，為什麼這個方法很重要。他坐在那裡看著我，後來他突然說：「我想我們今後會有很多時間在一起。」果然如此，從那以後我們在一起合

作了十年。我們一起構想了現在的愛學學院，稍後我來談談這所學校。

在伯恩斯坦臨終的時候，我陪伴著他。他去世前一晚，我們有一場深刻的談話，談到了愛學學院和其他很多問題。他永遠活在問題之中。他的存在、生活，總是有很多驚奇。當他走近生命的終點，他的主要問題是：「難道我們就學不會嗎？」換句話說，我們能學習嗎？尤其是，我們能被轉化嗎？我們怎樣才能讓自己被轉化？有方法嗎？需要哪些技術？我們如何檢測這些技術？簡而言之，我們如何變成我們渴望成為的人類？這就是伯恩斯坦生命將盡時的問題。

我從個人經驗中知道，我們能夠被轉化。在我還是孩子的時候，被外在世界所迷惑，認識到世界沒有教我某些事，我變得非常積極地探索自己的內心。我有一個非常積極的內在學習實驗室，正如我稍早前提到的，鮮活的經驗是我最大的興趣。

這就是我的信念。傳統的分門別類教育，雖然我理解它們的意義，卻幾乎僵化了。對我來說，我生活的最大興趣和動力是投身於經驗之中，並透過經驗改變和成長。所以，對伯恩斯坦的問題「難道我們就學不會嗎？」我的回答是：「我們當然能學會。我們當然能轉化。」至今我仍秉持同樣的信念。

愛學學院

阿隆·斯坦因：我的那個回答現在已經變成了一所學校，就是愛學學院。我們特地用「學習」，而不是用「教育」一詞。從我們的眼光來看，學習對於教育而言，就像靈性之於宗教。「學習」在教育領域，具有神聖修行的特性。

我們有美麗的校園，一個充滿神聖的所在，有人稱之為「後宗教」的地方。我們在探索轉化性的學習方法，它如何運作，如何改變我們，對我們有什麼樣的影響；透過轉化性學習後，當我們彼此相遇，當我們與世界相遇的時候，這種學習經驗對我們有什麼樣影響。這是透過體驗深刻學習的真實代表。

我在想今天上午索娜給我們看的圖（圖12.2）。眼下我們在愛學學院做了很多實驗性的工作，但還不算是科學實驗。如何檢測我們所做的事，探索它的影響，找到一些科學家幫助我們形成和理解我們所做之事的意義，這一切都才剛剛開始。

我們正在學習和看到的是，一切都透過關係而發生 —— 我們和我們探索的目標的關係，我們互相之間的關係[1]。由此而產生了我們所謂的學習場（learning field）。它有兩個領域：被探索的內容和致力於探索的人的參與。如果情境脈絡設置合適，參加者得以互動而發生了某種衝突的時候，在我們釐清那些令人苦惱的情緒的過程中，會產生一種智慧場，於是我們可以一起深化對這個問題的探討。這是相當驚人的事，我認為在科學家朋友幫助我們對這件事找到檢測和理解方法後，我們將發現這是非常重要的現象。

我們也研究身體的體驗。我們知道思考著的心智經常充滿錯覺、記憶和種種可能耍我們的東西，所以我們試圖找一些方式透過身體來體驗。我們有某種感覺，身體不會撒謊而心智、大腦有時候會撒謊，所以我們在研究中探索很多不同的體驗模式。

我們也做了很多在內團體共同創造意義和目的努力。最近我們邀請一群在聖塔菲的公共學校系統內教書的老師加入，向他們介紹了正念覺察力和冥想修習，他們報告說他們體驗到了心智的安寧，之前對生活感覺迷茫，現在則產生了對意義與目的的理解

和探索。

　　我在結束前想和大家分享我們正在進行的基本學習練習。回到我告訴你們的關於音樂學院學生的故事。我們在愛學學院有一個強烈的感覺是，我們必須創造體驗、活生生體驗的機會，作為學習的基本模式。

　　可是，我們也體認到，現有的理論、分門別類的知識，之前探索、發展和研究出來並以文字呈現的知識，對於批判性的探討過程也極其重要。所以我們從體驗開始，然後轉向現存理論以充實體驗。我們試著轉向其他人已經書寫、研究過的知識，這樣我們可以充實我們的體驗而不是生搬硬套，避免自己被套入一個理論而非鮮活的經驗，就像馬修所說的那樣。在某種意義上，這跟美國學校一般的教育方法相反。

　　在此，我給大家帶來最後的問題：在藏傳佛教吸收西方科學的某些觀點之後，我們如何小心概念不會被誤認為活生生的體驗？這是一個非常重要的問題。我提議我們常回到這個問題上來。當我們在運用新的概念性知識時，我們也必須不斷詢問我們變得更仁慈了嗎？我們更快樂了嗎？人類文明更昌盛蓬勃了嗎？

討論：改變的勇氣

詹姆斯・多堤：我只想解釋：我認為，每個人的願望都是相同的，也就是我們都體認到，我們有內在的生命需要涵養，涵養這個內在生命使得我們的生命得以茁壯。

　　就此而言，我認為我們必須試圖理解我們之間的互相聯繫，並且理解如何達到我們可以自由貢獻自己，貢獻愛的境界。現代社會使得我們無法達到這種境界的困難之一是恐懼。不管是在學

習如何熱愛學習，或者僅僅是學習如何無條件地愛他人的情境脈絡下，這都是我們所有人要面對的挑戰。

人們問我：「和達賴喇嘛見面是什麼感覺？」我任教的史丹佛大學競爭激烈，有時候很殘酷無情，很多人到頭來是全副武裝地與別人交往。你武裝保衛自己，顯示自己不是脆弱的，有如在表態：「我嚴正以待，我一切瞭若指掌，我功成名就。」而戴上面具、披著盔甲，是需要付出心理代價的。

我發現很有意思的是，如果你放鬆一點，顯現你的脆弱，結果其實是人們會來擁抱你。和尊者或其他具有偉大心靈的人往來，你會突然感覺被愛所擁抱，再也用不著背負盔具的負擔。這是一種非常奇妙的感覺，我想這就是我們想努力的境界，也是讓我們成為真正的人類的原因。

戴安娜・查普曼・瓦爾什（Diana Chapman Walsh）：我們有一些剛剛開展的有趣計劃，把所謂的「實驗性」具體化。這些計劃是實驗性的，但肯定不是索娜在她對確定性帶來挑戰的分類中的意義。我們該如何把這兩個領域整合起來？

卡洛爾・沃思曼（Carol Worthman）：我的世界是國家衛生研究院，是基礎科學和應用生物社會科學的世界。在我加入一個致力於青少年身體、精神健康的基金會後，遇見了很多教育工作者。這讓我很驚奇，因為我原先認為教育和醫學是相等的，應該有一個「國家教育研究院」之類的機構，為兒童高品質教育的基礎研究和系統研究提供資金。

我很詫異地發現，根本沒有這個機構。這意味著我們注意到了社會成員的身體健康，但是沒有以某種方式照顧他們的心智，例如，透過關照成長過程，引導他們獲得身心健康的正面結果。

我帶著這個問題來對話，因為如果我們想推進教育的願景，

就像各位發言者所說的，我們需要努力促成一門研究教育的科學。我的意思不是要把教育研究變成像我這樣的化約論者會從事的科學，而是我們需要倡導和發展出一些能促進有效教育方法的機構。

戴安娜·查普曼·瓦爾什：這一點很重要。我們聽到尊者不斷強調我們需要把這種新想法引入教育領域，如果我們做得好的話，就能改善社會。

要想做好，就需要把我們這幾天談論的、來之不易的科學知識引進教育中。但是，有關學習的科學知識最近才引起密切關注。對教和學的很多傳統研究是在封閉的教育學院裡，直到最近才有較多跨學科學習的研究，開始發展出如索娜告訴我們的多種方式。

阿隆·斯坦因：我到過很多地方研究傳統的公立學校教育，至少在美國，很多教師說在他們的正式教育中，他們沒有學過任何有關兒童發展階段和童年發展目標的內容。大多數教師說，同行之間的大部分時間是彼此學習如何更成功地做好他們所說的「應試教育」。

這是美國公立學校的狀況，雖然是概括性描述，不過相當精準：教室門打開，孩子走進來，坐到座位上，鈴聲響起，孩子們都坐在那裡，開始上課。四十八分鐘後，鈴聲響起，教室門打開，孩子們出去。這是一種工業模式，公立學校的規定就是如此。我們愛學學院則不同，我們稱之為交叉授粉，豐富的「學習場」在公立學校是沒有立足之地的。公立學校沒有這樣的空間、機會。他們看不到其中的價值，所以，那裡當然有很多恐懼，因為，很不幸的，教師有一定的課程目標必須完成。對於建立這一套的體系的人而言，這一切很難改變。

格西洛桑那吉：要把這類計劃引進學校所面對的挑戰之一是，至少在美國，現在大多數公立學校課程絕大部分是建立在標準測驗的基礎上。你必須得到好分數，教學是以學生能得到什麼樣的分數來驅動的。即使是大學生，甚至我兩年前教的佛教冥想課程的學生，還是最關心能得到什麼分數。

這本身就是個挑戰，當教育系統本身是由這種評估形式驅動時，所有的表現都要計分。評估情緒智能和社會智能可以用其他的方式，但是並不被學校所採納。所以我認為我們需要更多的研究、科學發現。如果有了科學發現，就比較容易說服人們相信這些計劃的價值。

2005年，我們開始對大學一年級新生進行CBCT研究。在第一天的課堂上，雖然學生是自願參加計劃的，我仍然注意到他們缺乏興趣。在第二堂課上，我帶了一篇關於冥想改變大腦注意力和記憶力的雜誌文章。我告訴他們文章的內容，學生們馬上就受到了吸引。再下一堂課就能看出他們更有興趣了。所以，我認為我們非常需要更多的科學證據。

拉杰什・卡斯圖利蘭甘：我不是藏人也不是西方人，我可能是這裡的少數族裔，但是我突然想到，與其說這是科學和佛教的對話，也許更可以說，這是兩種不同德性（virtue）的互動。

這裡有些是「硬」的德性，事實上是兩種傳統共同的東西，比如理性、嚴謹性，以及知識的精確性，尊者提過很多。但是也有一些是「軟」的德性：慈悲心、可變性、創造的想像力。

所以，與其想著科學如何面對佛教或佛教如何會通科學，也許我們可以用更人性的語詞來思考：我們如何培養更寬廣的德性，使得這兒的所有人都成為更完整的人？

塔尼亞・辛格：為什麼你將有些德性稱為硬的，有些是軟的？是

什麼使得慈悲心比智能更軟？我認為這是危險的說法。在西方，長久以來就認為記憶和認知比慈悲心更重要，有更強的生物學基礎，所以慈悲心就被看低，不受重視。我認為它們實際上都在同一個軟硬度層面上，本質上都是智能的一部分，也都有生物學基礎，都能在同樣層次上用同樣方式進行實驗性研究，非常重要。

拉杰什·卡斯圖利蘭甘：我只是想從自己作為認知研究者的角度，說明我們把有些東西稱為硬的，有些稱為軟的。這是一種經驗意義上的說法。

馬修·李卡德：尊者說，非暴力並不意味著消極，因為它要求面對壓迫和暴力時有勇氣和決心。想想甘地的「海鹽長征」，想想緬甸的和尚光著腳、赤手空拳面對軍人的槍口。

同樣的，慈悲心帶來勇氣，而同理心的壓力則會消耗你的內心力量。當你以別人的痛苦對你情緒的影響來反應時，你看到的痛苦越多，負擔也就越多。如果你已經處於脆弱的狀態，為什麼還要雪上加霜？

佛教有一種交換的修行：貢獻快樂以交換他人的苦難。你可能會想「我做不到。我已經有夠多的痛苦要面對。」但是，正如尊者所說，如果你對苦難的反應是以他人為主體，那麼你見過的苦難越多，你就越有勇氣。戰場上的醫生有時候會像心懷慈悲的人那樣哭泣，但是他不會在每個受傷的人面前哭。他得持續不懈地鼓起勇氣工作。苦難有多大，他的勇氣就有多大。

這就是尊者為什麼要講「慈悲的勇氣」。這是慈悲心和單獨運作的同理心之間的主要區別之一。沒有慈悲心的緩衝，同理心最終會變成自我壓力。所以，利他主義的各種形式，如愛、善心、慈悲等，最終變成根本的人類特質，不僅是為了他人，也為我們自己帶來力量。

戴安娜・查普曼・沃爾什：拉杰什，顯然你觸及到了敏感問題。這總是一個好跡象。我們正在觸及某種東西。現在沒有時間追究，但是我認為你已經說了，我們正在運用西方科學和東方冥想傳統架構作為很多複雜問題所在的標誌。你在尋找解開複雜問題的一種方式，釐清它們到底可以怎麼整合，而且出乎意料地引起一場激辯，這說明你的想法很好。

但是，現在我們要讓阿隆來讓大家感覺好一些。阿隆，給我們來點音樂好嗎？

阿隆・斯坦因：你不會要我唱歌吧（大笑）。

這裡談到的話題對我來說非常重要：我覺得把新想法引入世界需要極大的勇氣。做的時候不一定感受得到，以為只是往前跨出了一步，但是實際上那是非常勇敢的行動。

我對尊者談起我們的學院時，他聽著然後說：「非常好，這是自下而上的打底落實，是扎根。」我們將以許多不同的計劃、努力，實現這個夢想。尊者的話有如鼓勵。

麥桿就在我們腳下

阿瑟・查恩茨：過去二十多年，我除了積極參與心智與生命對話以外，還是教師、物理學研究者，和年齡十七到二十四歲的學生一起研究。我一直關心如何提供他們最好的教育。

瞭解西方教育的歷史很重要。在基督教的西方，教育是在修道院和主教座堂學校進行的。他們教授西方所實行的宗教學術傳統。但是大約在1200或1300年期間，一個新的潮流進入了拉丁文的西方世界，即希臘哲學。幾乎就像此刻這裡發生的事一樣：一種新科學，一種對原有秩序的新挑戰出現了。在希臘哲學中，

沒有造物主，而是強調理性思維和觀察。那時候還沒有實驗，但是，是科學的早期階段。

有幾百年的期間，教會不知道拿新的自然哲學怎麼辦，這種新的研究方式由柏拉圖、亞里斯多德，和其他偉大的希臘哲學家所提出。大家都知道伽利略，幾百年之後，他在法庭上因從事新科學受審，並且堅持他從觀察、實驗和推理中得到的異端觀點。

有一個美麗的故事，講的是中世紀在巴黎想學習希臘哲學的學生。他們的教授也想教希臘哲學，但是當時的教會禁止。希臘哲學不是標準課程的一部分，於是學生和教授就走上了街頭，他們把麥稈鋪在街上，就在主教座堂的學校外面席地而坐，教授和學習希臘哲學。

他們對興趣懷抱著熱忱，要找到一種方式來迎接新的挑戰，以及對世界的新理解。我覺得我們今天也應該明白，麥稈就在我們腳下。不同的只是，應尊者您的邀請，我們不是在修道院的外面，而是在佛教僧院的裡面，以更有智慧的方式擁抱未來。

教育失落的意義

阿瑟・查恩茨：在我談論高等教育中的冥想修習前，我想做幾點說明。第一點與我們所認為的高等教育的目的有關。

我剛才說到1200年的巴黎，人們面臨希臘哲學對教育和學術的挑戰。挑戰的結果是，在塞納河左岸麥稈街的附近，索邦大學誕生了。到了1600年前後，哈佛大學成立，只有寥寥幾名教授和學生，如今，二十一世紀，它是世界上最偉大的研究中心之一。但是，在這幾百年間，從1200年直到我們生活其中的二十一世紀，我認為有一些東西被遺忘了，現在很多人開始重新認識到這

一點。

哈利・劉易斯（Harry Lewis）是哈佛的領導人物之一，他於
1995年到2003年間擔任大學部教育學院院長。他寫道：「哈佛和
我們其他偉大的大學都失落了對大學教育根本目的的洞察。」他
說，大學已經忘掉了它們的主要目的是幫助學生「瞭解自己，去
尋找他們人生更大的目標，離開學校時是更好的人……不是學生
們沒有靈魂，而是大學沒有了靈魂。」[2]

耶魯法學院的前院長安東尼・克隆曼（Anthony Kronman）
也說，我們已經失落了教育的目的，即生命的目的是什麼。克隆
曼說：「學院或大學不只是傳遞知識的地方，而是探索人生奧秘
和意義的論壇。」[3]我們似乎忘記了崇高的目的與抱負。但是在
孟古德，你們沒有忘記。這些目標仍然清晰地在你們面前。

多年以來，我一直把寂天論師的這段話記在心裡：「此前諸
要目，佛為智慧說。故欲息苦者，當啟空性慧。」[4]我們致力於
要終結苦難，這是我們所有人現在都願意去做的，為達此目的，
我們應該發展出深刻的理解和智慧。

昨天在問答部分，尊者的很多學生來聽我們要講什麼。希望
我們的討論符合追求智慧的目的，而智慧將終結苦難。

讓我們秉持兩大傳統中的實踐和智慧，即佛教哲學、修行的
傳統和西方的科學傳統，為了終結苦難而共同努力。

我想談談我最喜歡的思索。你們都知道，愛因斯坦是我心目
中的英雄之一。他為人所知的是好奇、沉思、面對世界的奧秘，
長時間投入其中的能力。他說過：「誰若不再常駐於好奇之心，
不再沉浸於敬畏之感，就無異於雙目緊閉的行屍走肉。」

對我而言，這是一個道德立場：我們站在大自然和它的美面
前，我們感覺到美，沉浸於敬畏，我們把這種敬畏和奇異化為瞭

解、好奇和理解的渴望。為了做到這些，你需要有持續的注意力和想像力，用不同的方式想像世界，尋找新想法和創新的源泉。我認為所有這些都可以透過冥想修習加強。

最近在德里召開的心智與生命討論會上，我說到愛因斯坦為了尋找新想法而思考某個特定問題，有時候要想十年之久。這就是持續注意力的力量，威廉・詹姆斯寫過：「自動地把遊離的注意力一次又一次拉回來的能力，是判斷、性格和意志的根源。」當我們思慮容易渙散時，能夠把注意力一次次拉回來是非常重要的。詹姆斯說：「能夠改善這種能力的教育是非常優質的教育。但是，這個想法說起來容易，提出實際的執行方向很難。」[5]

在佛教和其他冥想傳統中，我們發現了自動持續注意力的方法和方式，能一次次地把注意力拉回來，就像卡巴金所說，「不須判斷」地、持續地把注意力帶回來。

冥想傳統中有一些我們已經遺忘了的目標，現在進入了美國卓越的研究中心。我們在學習冥想修行中的實用部分，並研究如何把它們引入世俗大學和學院的教育。

我們現在透過幾種方法，例如，透過「高等教育冥想心智聯合會」（Association for Contemplative Mind in Higher Education）來運作。目前已經有近千位成員。也許還有幾千位教授在全世界的其他學院和大學裡，探索著如何以科學為基礎，把冥想引入高等教育。

設計冥想課程

阿瑟・查恩茨： 現在，我在自己的教學工作中運用冥想修習已經十幾年了，在此期間我研究出了一套設計原則，可以讓尊者瞭解

當我用冥想修習教課時所抱持的想法。

我的第一個問題是，我在教什麼人？他們是年輕人、老人？他們知道冥想是怎麼回事嗎？我要教他們什麼？課程的內容是什麼？然後，我想達到什麼結果？我只想改善注意力？那是我的課程目標，或者我還要講授新的內容？如果是前者，我的目標只是要強化注意力。如果是後者，也許我要傳授一個新概念。您知道物理學有很多難懂的概念，我如何讓學生分析新的艱澀概念並且接受？我都是先確定教學目的，再來設計冥想修習的方法。

我認為，給學生一個合理的說明也很重要。這些是異乎尋常的課堂指導，不是簡單的標準授課，所以學生們必須瞭解為什麼這些方法是有價值的。這些指導必須明白易懂，學生們可以提問，然後我帶領他們慢慢地、不勉強地，展開冥想練習。我強調練習的時候，如果他們想要停止的話，隨時可以停止。然後，在他們經歷了整個過程，完成練習之後，我讓學生們有機會寫下自己的觀察，讓他們互相談論、也跟我談論他們從中發現了什麼。

我發現，冥想教學法的價值是，它似乎確實有益於注意力、情緒平衡，和其他某些意識特質的發展，對所有學生都有助益。如果能夠注意力更集中，情緒更穩定，內心更平衡，每個學生都會成為更好的學生。

此外，人們不常談論的是，冥想實際上也是一種理解和研究的方式。例如，在分析性的冥想中，你會明白一些以前並不真正理解的東西。它具有一種探究的特質：冥想時那一刻來臨，你一下子想通了，真正理解了。而且你不僅理解了，還讓理解內化，成為你看待世界的一種方式。

這需要強而有力的轉化，在我看來就是教育原則。教育遠遠不止是簡單的資訊傳遞：教育是要真正的理解，並且引領我們對

世界和自己的認識有真正的轉化。

我們也可以培養同理心、利他心和慈悲心的特質。詹姆斯・多堤談了這些。土登晉巴正在從事這個領域的規劃，艾莫利大學也在展開有關培養慈悲心的重要計劃。

我們知道這些對生命如此重要的特質可以成為教育的一部分。目前這些僅僅是在學生個人生活中進行的事，但是它理應屬於人類完整、全面的教育。

在這個領域的研究才剛剛開始。有成千上萬的人正在進行探索，但是我們還沒有大學層次的真正系統性研究。在較為年幼的層次有較多的研究，但是仍然需要更多的努力。我們對成人的注意力和情緒平衡有良好的研究，但是我們對高等教育中這方面的效果還沒有好好研究。這是未來需要做的。

有各種組織和活動支持高等教育中的這類研習。心智與生命研究所的夏令研究計劃專門針對教師、教授和研究者，讓他們試驗新課程、新方法、新的通訊等。

還有很多其他的可用資源。卡巴金和丹尼爾・高曼等人現在提供講座，講述他們的成功應用，互相分享細節，有短期的閉門修習計劃讓參與者學習冥想，以便將來能夠教導別人。

從幼稚園到高中（K-12）的冥想修習

阿瑟・查恩茨：前面我講的都涉及高等教育。這項工作我和同事們做了差不多有十五年，一開始只有屈指可數的幾個人，現在參與這個重要教育革新的人越來越多。

但是在大學進行研習的同時，我們也發現從幼稚園到高中有同樣充滿活力的運用，也就是說整個十二年級的兒童早期教育中

都有相關的運用。這引發了一連串有關倫理的問題，因為我教的是成人，雖然他們還年輕，但畢竟是成熟的成年人，他們可以自己拿主意了。年幼的孩子們則是由父母照顧的，所以運用冥想修習必須非常謹慎，必須是世俗性質的，而且盡可能在優質的研究支持下進行。

研究者和教育改革者正在幼稚園到高中階段，運用冥想方法培養注意力，促進利社會行為，以及，我們現在可以說，響應尊者倡導世俗倫理的呼籲。

我在此沒有時間談論正在進行中的十幾個計劃，所以今天我只舉一個例子。英屬哥倫比亞大學的金伯莉‧索奈特－萊克爾（Kimberly Schonert-Reichl）和她的同事們發展、評估了一個Mind UP的正念覺察力教育計劃。這個計劃針對三個領域，即正念覺察力、社會化學習和情緒學習。

這是她計劃中一個小小的例子：你如何向兒童介紹注意力訓練？至少在西方，特別是在一般機構、公立學校裡，必須以非常小心的方式進行。你可以把孩童們帶到戶外，讓他們聽蟲鳴、鳥叫、遠處的車聲，他們就會領悟到自己的內心必須非常安靜，才能夠聽到外在的聲音。這是非常自然的活動。

相較於成人的冥想練習，這些是孩童們自然而然會做的事情。有幾種類似的練習，實質上是正念覺察力修習的變形，可以讓孩子們以合適的方式開始簡單、入門的冥想訓練。

孩子們對這些修習有什麼看法？我不想用一堆圖表和數據說明，來唸幾段十到十二歲孩子自己的話好了。一個十一歲的孩子說：「深呼吸的時候，可以讓自己安靜下來，幫助頭腦清醒。」一個十歲男孩查理說：「當我生氣的時候，我就用學到的方法讓自己安靜下來。」

當他們被問到是否願意向朋友推薦這個活動時，有個孩子說：「我希望每個人都善良，這樣就不會緊張，不會有壓力。」孩子們自己從冥想中發現了益處。

現在，尊者，去年秋天您到紐約拜訪我們時，您強烈倡導世俗倫理，而現在它已經成為我們心智與生命研究所的真正源泉和焦點。

我們回去以後，理查·戴維森、土登晉巴和我，還有大約二十五位同事，將以研究科學家和教育工作者的身分一起探討世俗教育，以及將倫理、慈悲、善良、慷慨等美德引入教育的問題。

在金伯莉的正念覺察力教育計劃的三大領域之外，我確實感受到還需要有世俗倫理的重要成分。尊者您曾經說過：「我們今天需要的是邁向不訴諸於宗教，可以被有信仰和沒有信仰的人同樣接受的倫理，那就是世俗倫理。」[6]我們如何在人生中發展慷慨、慈悲和利他的內在特質？

在西方，蘇格拉底是一個偉大的榜樣，他過著嚴格的道德生活，並且教導他的學生也同樣遵循。但是，蘇格拉底最後因此被判死刑。他要求雅典青年提出問題，深入探究問題，向傳統挑戰，卻被視為是腐化年輕人。

我好像一直在講悲傷的故事：被審判的伽利略，被審判的蘇格拉底。顯然，當你提出一個沒有人提出過的重要問題時，並不總是能得到善意的反應。因此，你需要勇氣。

德蕾莎修女是我們要為學生培養的慈悲心和利他心的典範。我們不僅需要講述慈悲心，而且需要培養它以形成和發展出我們的特質，這樣我們自己就能體現那個我們期待看到的世界。但是我們如何能夠看到、並且成為讓世界更美好的改變力量？有沒有

世俗倫理的課程和教學法？

我們現在可以在幼兒認知實驗室研究兒童社會認知能力，這個研究顯示，我們的感受是真實的，即人類本質上是良善的，而且有利他和慈悲的能力。我們如何培養這些天賦的能力？如何訓練這種能力？現在有一些研究證明，兒童喜歡付出勝於接受，也有證據證明慷慨和慈悲心是與生俱來的。我們今天需要的是一種建立在這些人類內在特質上的課程和教學法。

我在結束時想說，我們現在站在一個偉大的機會面前。我們必須找到方法，在人類生命的每一個階段都培養和支持人性的發展，特別是那些我們認為最高層次的品德的發展。

我也想強調成人冥想修習對我來說，是一種瞭解的方式——去瞭解其本質不僅是傳統的、抽象的、科學的，而且也是轉化性的，它改變了我們對自己的認知，從而讓我們以充滿慈悲的方式瞭解世界。

倫理不只是一套我們必須服從的戒律，也是修習的成果，透過修習，我們徹底改變自身，因此當我們瞭解世界的時候，會用導向慈悲和愛的方式去瞭解。智慧和愛這兩道偉大的巨流可以匯合在一起，從而我們不會一刻或忘我們作為教育者的目的。

~~~~ 第15章 ~~~~

轉化的方法：教育和世俗倫理

達賴喇嘛尊者、格西阿旺桑天

面對當今世界眾多的挑戰，我們如何創造一個更慈悲、智慧的社會？在最後一章，格西阿旺桑天和達賴喇嘛尊者討論了將倫理引入現代教育的策略。格西桑天在現代教育系統和傳統西藏僧院系統中受過教育，是位於印度瓦拉納西的中央西藏研究大學的前副校長。他與幾所大學和幼稚園到高中的計劃密切合作，發展世俗倫理課程。格西桑天在本章講解了達賴喇嘛倡導的世俗倫理，或者所有宗教信仰者和無宗教信仰者所秉持的共同價值，如善良、慈悲、智慧和包容。他總結了佛教傳統中因應痛苦情緒、培養慈悲心的各種方法，強調我們理解緣起性空是實在真正本質的必要性。尊者最後發出了鼓舞人心的號召，指出必須採用這些理念，並將之付諸行動的急迫性，以面對我們現在的危機。

自發的善心：佛教的倫理觀念

格西阿旺桑天：現代世界的教育局限於傳播資訊，將某些外在領域的知識專業化。在傳統印度和西藏系統中，教育，梵文的 *śikṣā*，藏文的 *labpa*[1]，有一種轉化的意思。不幸的是，在現代印度，雖然他們保留了 *śikṣā* 這個詞，其內涵卻已幾近喪失。現在的印度教育系統差不多已經等同於現代西方世界的教育。

在世界各地，人們已經開始意識到，現代教育未能以更為完

整的方式，即同時提供智力和道德的訓練來教育學生。人們開始強烈覺得，急需一種不僅是發展優秀智力，還要發展善良心靈的教育。

尊者達賴喇嘛提出了世俗倫理這個美好的理念，幫助解決全球性的道德危機。現代社會的宗教是多元的，還有很多人是無信仰者，社會上還有相當多人雖然信仰某種宗教，但是對其信仰系統及所提供的倫理並不滿意。我們需要有一種世俗性的教育，不建立於任何宗教信仰系統，而是建立在普世的現實基礎上，能夠客觀地，以科學的方式呈現。

瞭解心智以及心智如何影響行動和行為者，是極為重要的。我們需要研發一張顯示心智特性的「地圖」：一方面，破壞性的精神因素是什麼，如何加以調整、減輕；另一方面，建設性的精神因素是什麼，有什麼樣的功能和影響，如何加以強化。

在我們共同的世界裡，很多人甚至不瞭解有這些不同的精神因素，不知道心智是怎麼運作的。例如，很多人認為憤怒是人個性天生固有的部分，生活中的憤怒表現是不可能改變的。有時候甚至有人說，憤怒是一種保護的方法，所以我們必須有憤怒。

這些誤解相當普遍，不僅普通人，連很多偉大的哲學家也有同樣的看法。例如，偉大的希臘哲學家亞里斯多德就說，在某些情況下，以合適的態度，表現某種程度的憤怒是可允許的。另一方面，斯多噶學派認為各種情緒都要拋棄[2]。他們相信即使正面的情緒也會造成痛苦，所以，各種情緒都應該被排除。

顯然，關於情緒和我們的精神系統，有很多錯誤的觀念和理解。所以，應當製作一張讓每個人都能瞭解心智是如何運作的心智地圖。負面心智的特性是什麼？正面心智的特性是什麼？有沒有解方可以減輕、並且最終消除負面的精神因素？

神經學研究的發現顯然證明，情緒是可以調整的。我們在過去幾天已經聽過這些研究發現。僅僅二十多年前還無法想像科學家會對心智進行研究，研究如何減少負面的精神因素，如何培養正面的精神因素，以及兩者對我們的生活、身體和健康的影響。現在，我們欣喜地看到，眾多領域的傑出科學家正在進行這類研究。同樣的，在正念覺察力、慈悲心及其對注意力缺乏、憂鬱症等問題的影響，這方面的臨床發現有助於證明，精神性問題可以透過訓練心智而得以改善。

為了把修習技巧介紹給更廣大的人群，應該用世俗和普世的語言推介世俗倫理。它不能像教一般課程那樣上課，而是要透過和老師的密切互動，使得轉化的的方法可以正確的傳達，價值也得以傳授。透過課程，初學的學生應該學會調整情緒，漸漸地，課程應該會為他們帶來精神狀態的一些轉化，這種轉化一定能為他們的社會行為帶來的改變，並且最終幫助他們成為更好的人。

應對痛苦的情緒

格西阿旺桑天：我想談談佛教的倫理學。佛教的概念、哲學和修行可以為世俗倫理教育提供很多東西。

西方的倫理學概念主要與行為相關。根據佛教，倫理學（梵文 *śīla*，藏文 *tsulthrim*[3]）涵蓋的範圍很廣，包括心智的倫理、語言的倫理，和身體的倫理。

達賴喇嘛：我想補充一點。佛教的倫理或道德哲學，在其核心、最根本的層次上，是以約束自己、不對他人造成任何直接或間接的傷害定義的。從一開始，理解倫理學的核心就植入了關切他人的苦難。

格西阿旺桑天：在佛教中，道德倫理的完善是在精神之路的極高層次上臻至的，只有在對終極實在達到直接理解以後才有可能。在隨後的過程中，任何殘留的煩惱精神元素都被消除，最細微的蒙昧也被消除，然後，在完全開悟以後，就進入了成佛的境界。

你在不同的層次上都會遭遇到痛苦的情緒。避開痛苦之源被認為是第一步，以及最容易應對痛苦情緒的方式。很多大師說過，尤其是對初學者而言，迴避痛苦的對象比採用解方容易得多。

達賴喇嘛：我必須再次說明，這只是在初級階段。必須強調第一步方法只是在初級階段所用的方法，這點很重要，否則大家就會以為關心倫理發展的佛教人士都在迴避一切。

在道德修行的本質上，如果你能夠為他人服務或幫助他人，你就應該去做。如果不能，你至少應該約束自己不施加傷害。如果你完全迴避痛苦的情緒，就不可能為他人服務。

格西阿旺桑天：是的，迴避只是初級的層次。第二個層次是透過訓練和修練調整情緒。例如，當別人激怒了你，有某些方法可用來思考和推理，在這種情況下為什麼你不應該憤怒，於是憤怒的反應就化解了。解方有很多種。

第三個層次是透過非超越性的方法來克制[4]。透過正念覺察力和集中注意力的訓練，以及後續的修行，你會達到一種感覺自己內心不再有煩惱情緒的層次。它們並沒有完全消除，但是由於非超越性途徑的協助，它們在很大程度上得到了緩解。

最後一個階段是透過超越方法消除負面情緒和負面精神因素。這時，你對終極實在有了直接的認知。於是，令人痛苦的精神力量在漸進的過程中被完全消解了。

達賴喇嘛：在我們所談論的世俗倫理的情境脈絡下，你可以透過

練習達到第二個層次。你不能避免引發痛苦情緒的條件，但是你調整自己的態度，理解和承受你和這些條件的關係以應對。

發展自發的慈悲

格西阿旺桑天：關於減少和消除破壞性精神因素，培養建設性精神因素，培養對實在的正確理解，在我們的訓練中有四個階段。

首先，理解應該來自於傾聽和學習，比如，來自於透徹學習慈悲心。然後，應該思考其結果、原因、條件，和慈悲的本質，以及培養慈悲心的客觀環境。

在通盤思考了這些後，你發展出培養慈悲心是有益的信念，便開始冥想修行的第三階段。在此階段，你經過持續的冥想，在不斷努力下培養出真正的慈悲心。

最後，你達到慈悲心變成自發、毫不費力的階段。不管發生什麼情況，你會自發地以慈悲的態度應對。

我們用類似的方式培養理解實在的智慧。可分為三個階段，先研究整個實在，然後衡量、思考實在的本質。然後進入冥想修行，經過很長時間後，你就會對實在有正確、完美的理解。

達賴喇嘛：一開始你傾聽、學習，然後，經過對它深思熟慮，進行一番整理後，在某個時候，它就成為你本質的一部分。這時你就達到了目標境界。

我認為，這就是第三個層次。這時不再需要費力：反應是自動自發的，是透過訓練、熟悉你自己，才能產生的。

格西阿旺桑天：是的。在最後階段，緣起性空的觀點變成你自己的觀點，而不再只是某種外在實在的知識。佛教大師們發展了許多訓練心智的方法，提供了詳盡的描述，以應對各種精神狀態的

過程，一步步導向深入認知階段，其極點就是完美領悟，或成佛。

雖然有一些方法可以讓你減少負面精神元素，但是，必須理解實在，才能完全消除它們。所以，佛陀和之後的佛教大師們提供了關於現象實在的許多哲學教導。儘管有各種流派，關於實在的本質，所有佛教觀點的核心皆主張緣起（互相依賴而發生）的原則。

所以，在佛教中，哲學不只是為了追求知識，實際上也與消除痛苦相關。很多大師強調，如果對實在的研究僅僅限於知識，那麼哲學的真正目的就弱掉了。所以，在佛教中，哲學和靈性是相互交織的。

雖然無常不是終極實在，卻是一種極為重要的實在。這是佛教哲學四法印之一。當佛陀教導無常，即萬象的暫時性時，當時印度的大多數非佛教哲學學派都非常嚴肅地反對他的觀點，認為完全和自然相矛盾。因為我們今天看到的山、房子、杯子、桌子等跟我們昨天、前天看到的一樣，它們怎麼可能是暫時的呢？他們說，這不符合我們的經驗。

我想今天已經不會有這樣的批評了，因為無常已經被科學家的發現所證實[5]。然而，只是在理智層面理解無常是不夠的：必須讓這種理解內化。如果沒有加以內化，它就沒有什麼益處。我們把萬事萬物看成恆常的觀點，應該以無常觀點取而代之。培養這種觀點——雖然它並不是最細微的實在，也會對我們的生活造成巨大影響。即使我們不可能直接體悟每個百萬分之一秒的變化，我們仍可以理解所有的萬象都是在流變之中，時時都在改變，事物沒有片刻是靜止不變的。培養無常的觀念會對我們的生活造成深刻影響，因為它會讓我們調整態度，例如，當某個和我

們很親近的人去世時，當我們失去財產或所擁有的物質時，在我們真正內化了無常觀念後，這些損失就不會對我們的生活造成負面衝擊。此外，我們對這些人事物的執著和偏執也會透過理解無常觀念而大為減少。

緣起或性空的觀念，即最細微的實在，打破我們把內在和外在的現象看成固有存在的看法，而所有痛苦的精神因素都是從這種看法中生成的。

如果不培養性空的觀點，負面精神元素只會受到壓制但是永遠不會根除或者斷絕，因為它們的根基仍然完好無損。根據佛教，所有的痛苦精神元素都產生於對待某個對象的不適當態度。而不適當的態度又產生於對此對象之實在的扭曲觀點，這是對實在之本質的根本性無知。這種愚昧無知即是把對象看成是實質或固有的存在，即獨立於其他現象的存在。出於這種不適當的態度，對象不是討人喜歡的就是令人厭惡的，由此導致執著或憎惡。

佛教認為，採取根據對實在的正確認知的轉化方法，從而達到高層次道德發展的可能性是存在的。對實在的認識，雖然不是透過直接的認知在最高層次發展出來的，但是對我們的精神狀態和行為有極大的影響。所以，佛教對世俗倫理和世俗教育的發展可以做出重要貢獻。而科學對正面、負面情緒及其轉化訓練的研究，必定也有益於世俗倫理教育。

科學和佛教的互動可以在世俗倫理、開拓知識領域方面發揮重要作用，並透過帶來精神與生活的和平而造福全世界的人，對此我很樂觀。

七十億人的世俗倫理：來自達賴喇嘛尊者的呼籲

達賴喇嘛：我想分享我為何認為我們迫切需要世俗倫理。現在我們在這裡，除了南印度的氣候濕熱以外，我們是相當舒適的。我們吃得飽，睡得好。但是與此同時，就在此時此刻，就在同一個地球上，有很多人面臨著飢餓或殺戮。

我們是社會性動物。如果世界一直是這樣，最終大家將面臨某些問題。七十億人類中的每一個個人，出於我們的利己觀念，也不能無視世界正在發生什麼事。這不是事實嗎？我們必須認真地想一想。特別是佛教徒，我們試圖為這個星球上所有眾生母親的福祉而虔誠祈禱[6]。如果我們人類，七十億人都變得更慈悲，更明智，相對的，動亂就會較少。另一個因素是人口在增長、氣候變遷和全球暖化問題很急迫，我們的問題只會越來越多。

幾千年來，人們把希望完全託付給宗教信仰。即使是二十世紀，在戰爭期間，對立的雙方都會禱告。有時候我會開玩笑地跟人說，上帝自己可能也弄糊塗了，祂應該護佑誰呢，這一邊還是那一邊，因為兩邊都在互相殺戮，還都向上帝祈求勝利。

最糟糕的是宗教本身在製造問題，分裂人類。如果你嚴肅而認真地對待宗教，每個宗教傳統都是談論愛、慈悲、寬恕、容忍、自律等價值，但是大部分的宗教信仰者其實不在意教義。這些是全世界偉大宗教的真諦，但是宗教卻已經腐敗不堪。

事實上，有很多人根本是無信仰者。即使他們說自己有信仰，說自己是基督徒、是佛教徒、是印度教徒的人，在真實生活中並不怎麼在意宗教修行和宗教的真諦。

相較之下，二十世紀的教育在很多地方是非常先進的。全世界對教育的重要性，都有共識，各地的人們都意識到教育是多麼

重要。教育帶來了一些真正美好的事物，包括科學知識。

有些歷史學家說，二十世紀的戰爭和暴力殺死了大約兩億人。在某種程度上，教育也幫助我們掌握了這種大規模毀滅人類生命的巨大力量。事實上，科學家也是「幫兇」，他們不是有意的，而是由於科學研究被應用於破壞性的用途。所以，科學也是人類苦難的巨大負面助力。

當我想到九一一之類的悲劇性事件，策劃者肯定非常非常的聰明。沒受過什麼教育的人做不出這種系統計劃，也無法執行破壞任務。所以，僅僅教育並不能保證人類會變得更好。

所以，唯一的希望是以更全面的方式來應對我們年輕一代的教育。不管一個宗教傳統有多麼偉大，它永遠不可能成為普世的宗教。我是佛教徒，所以我有些偏頗的。是的，我覺得佛教的方式是實際的，但是佛教永遠不可能成為所有人的宗教，這是事實。所以，我們唯一的希望在教育。

我感到非常高興的是，我的朋友阿瑟，正在教育學生學習善良和正念覺察力。其他科學家現在也明白，善良之心非常非常的重要。在教育中，如果從幼稚園到大學都包含了道德倫理的教育，我認為終究會改變人類的想法。透過這種方式，人類的行為將變得更為正面。

可是，如果道德教育是透過宗教信仰展開的，就會產生許多複雜的問題。所以我們沒有別的選擇，只能引入世俗倫理——即一種包容的世俗意識，用所有宗教共同、而且也包含非宗教觀念的架構和語言來對待倫理問題。我們不談論轉世，不談論上帝，不提天堂或佛祖，而只是試圖教育人們理解基本的人類價值的重要性，分享我們作為人類、生活在這個所謂家的小小星球上的共同渴望和經驗。

所有人都明白我們的世界不是快樂的世界。如果我們現在的狀態，我們現在的思想方法和生活方式繼續下去，這個世紀將會有更多問題出現。

我並不為自己擔心。現在我快七十八歲了，再過十年就是八十八歲，再過二十年就是九十八歲，然後我就可能不在這裡了。所以，所有問題都將由年輕的一代來面對。但是，作為人類一員，我們必須為未來的世代想想。他們和我們有相同的願望，相同的感覺，他們想要快樂的生活，不想受苦，就和我們一樣。我們年長的這一代透過經驗向下一代傳授更全面的進路，是我們的責任。

像我這樣的宗教人士，我們能夠做的只是合作和提供支持，而主要的貢獻，我認為應該來自科學家。你們的知識不是建立在信仰基礎上，而是立基於實驗和研究。這說明你們的一些知識是以真實存在的事實為依據。你們的解釋更容易被人們接受，特別是非宗教信仰者。所以，為了發展有效的世俗倫理，科學發現和科學合作是非常非常必要的。

從本週開始，我就提到這些會議有兩個目的。其一是擴展我們的知識。其二是學習如何貢獻使得世界更美好，人類更美好。

我們應該組織某種委員會或一小群人，開始發展完全世俗的倫理教育課程或架構。在公共教育領域裡教授世俗倫理的任何方式都必須基於對知識的理解，而不是基於宗教信仰。在課程中，首先要在學術上解釋清楚心智與情緒的來龍去脈，在這個階段，沒有必要深入對錯的道德概念，而只是說明情緒。然後解釋某些情緒對我們的內心和平、健康，對快樂的家庭、鄰里很不好。要把這些說清楚。

然後解釋如何處理這些情緒？這時候才引入道德倫理。首

先，你把它當作一個學術主題來學習，然後得出有些情緒十分有害，有些情緒非常有益的結論，現在你學著如何應對它們。有時候我把這稱為「情緒的衛生」，就像我們的身體要清潔衛生，情緒也需要清潔衛生。

在幼稚園裡，可以用簡單的方式教導。然後，在大學階段，你可以更深入並涉及其他內容：精神性因素、洞察力、單一注意力。這些都可以進一步發揮。阿瑟，你已經開始這樣做了，我有點嫉妒。你已經開始落實扎根，而我們這裡，包括藏人學校卻還沒有實施。你已經是先驅，太棒了！

我說這些，不是出於某種快樂的好奇心，不是想獲得某些新發現。不是的。我們面臨的是緊急狀況，別無選擇。賺更多的錢能夠解決這些問題嗎？不可能。更多的科技能解決這些問題嗎？在某些範圍內可以，但不可能完全解決。最終，問題是出自於這裡（尊者指著心），出自於我們內心。負面情緒和強大的聰明才智相結合會造成超乎想像的破壞、苦難。

一旦我們發展了世俗倫理的教育，宗教可以變得更扎實。所有主要的信仰傳統都可以用各自的不同哲學觀念來談論世俗倫理教育。透過這樣的方式，宗教傳統也可以更加成長鞏固。

我的書《超越宗教》[7]，在有些場合我提到書名其實不是我選的。當我第一次看到這書名，我覺得有些人可能會以為我談論的是一種比宗教更神聖、深刻的東西。但是，實際上這本書的主題是所有宗教傳統的基礎。宗教有時候會營造壁壘，而倫理則是普世的。

我們這裡的僧侶，這些學生，你們科學家，我們都是七十億人類中的一員。即使無法每天二十四小時都思考，那麼至少每天一次我們需要想想這些事情。我每次聽新聞，幾乎都會聽到一些

苦難的消息。如果我們把它當作正常狀態接受，而不去做點什麼改變，那麼我們還不是真正的人類。我們必須研究和追問其原因，尋求彌補的辦法。這是我們身為人類的責任。

附錄

與僧侶們的問答

在孟古德的每天下午，眾多僧尼會來參加和科學家的問答，這些僧侶中很多人是第一次接觸現代科學知識。他們討論了範圍廣泛的話題，包括宇宙學、神經科學和科學研究的本質。以下是這些問答的摘要，每個問題由一位僧人或尼姑提出，一位或幾位科學家回答。

問：

在佛教中，有一些辨別你是否是修行中的佛教徒的標準，那是作為佛教徒的某些前提條件。那麼作為科學家是什麼意思？說某些想法是科學觀點又是什麼意思？

答：

克里斯多夫·柯赫：從某個角度來說，如果一個高等學術機構給你某個科學領域的博士學位，你就是個科學家。但是從實際的角度來說，是這個具備正確動機的人付出大量的時間系統性地追求世界某個方面的知識。它需要學科訓練、精神上的敏捷，願意不斷地質疑自己的假設，以及質疑那些對自己的領域而言是神聖的假設。

理查·戴維森：作為科學家，他或她必須服從一些方法學上的規則，他或她的設想要經過實驗的檢驗，必須願意接受自己的想法在不符合科學驗證後被否決。科學家的特質，我認為就是運用特

定的方法以經驗事實驗證假設。

問：

　　作為科學家，從科學的觀點來看，你會如何定義宗教信仰、宗教觀點的構成？能不能把科學信念看成一種宗教？科學不是也有信仰和修練嗎？如果說科學不是一種宗教，那麼原因何在？

答：

約翰・杜蘭：這些都是大問題。首先，我不認為科學特別擅於告訴我們什麼是宗教。我不認為你應當指望科學家對於宗教本質具有專業知識；按照西方的定義，宗教不是科學研究的對象，也不屬於科學的領域。

　　我認為宗教非常複雜，主要與社群（community）有關，很難想像只有一個人的宗教。但是宗教主要與價值，以及圍繞著價值而形成的生活方式有關。我在此說的是有關宗教的一般性想法，而一旦你開始這麼做，就能明白這和我們通常定義科學有些不同。實際上，要清晰定義科學也很困難，在整個科學哲學領域，人們對此都爭論不休。

　　但是我想大多數人會同意科學也是社群性的，非常難以想像只有一個人從事科學。這是因為科學是系統性地追求有關世界的知識，包括我們自己也是被研究的對象，這種知識是建立在組織化探索的基礎上。所謂組織化的探索，我的意思是，科學是人們共同的努力，試圖產生可靠的知識。每個科學家都對新的知識做出貢獻，同時也對他或她的同事提出專業的懷疑和批評。在任何時刻，整個科學社群都是開放的，對社群其他成員提出的有關自然世界的觀念提出檢驗、提問和質疑。

米歇爾・比特波爾：我想補充說，當一個宗教社群共享價值，共

享賦予生命以價值的生活方式時，它通常依賴某種超越價值的東西：共同的世界觀。在宗教生活中，共同的世界觀通常採取起源神話的形式，即創世神話。這種神話透過給予其成員以共同的表達和象徵寶庫，而增加了宗教社群的一致性。

現在，在由科學主導的現代文化中，可以觀察到同樣的現象。科學家不只是一群想要為實際目的獲得精確知識的懷疑、探究社群。他們也需要一種一致性，向同行和大眾表達自己的科學發現的意義。通常，他們（多少有點含蓄地）認為為了達到這種一致性，他們必須抱持一種沒有經驗基礎的形而上主張。這種沒有根據的（但是在社會學意義上強而有力的）形而上主張叫做科學唯物論。換言之，我認為科學唯物論並不比任何其他存在論神話更值得正視。

問：

這是第二十六屆心智與生命研討會，也就是說，這些年你們在實驗室做了很多應用佛教技術的研究。我們非常感興趣你們發現了什麼，或許有助於我們在日常修行中加以利用。

答：

理查·戴維森：我們曾經問過尊者這個問題，有一次他是這樣回答的，他說這些修行實際有助於轉化大腦的方式，也可能對健康有所助益，這一點對提高修行動機有好處。並不是說他的動機需要提高，而是當我們升起菩提心的時候，不妨記住修行還提供了一些額外的好處。

培養善心和清明的心智不僅對你自己和他人有好處，而且事實上有益於你的身心健康，這樣你就能對別人更好，我想，瞭解這點能夠讓你保持修習動機。

最後一點是，隨著冥想科學的發展，我們或許能夠瞭解到，針對各種不同的人，有哪種修習方式更加有益。我想這也許對修行人也有用。

問：

由於複雜技術的發展，看起來現代科學事實上擴展了感官的能力。顯微鏡、望遠鏡擴展了感官的能力，使得原來肉眼看不到的東西也能看到了。

把這樣的科學探索方法引入僧院，使得僧侶也能利用這種感官能力的擴展，你們認為有益嗎？

答：

理查・戴維森：關於利用科學儀器擴展感官的能力，你的看法完全正確。科學進步就是藉由利用新的儀器來擴展我們能夠觀察的範圍。

你問我們能不能想像某個時刻，這些科學儀器可以用於僧院教育中。我相信你也一定很感興趣有機會使用這些儀器。

我可以想見，將來僧院裡可能會有一些科學儀器，比如磁振造影掃描儀，用來探索你們做某種修練時、大腦中發生的變化。你們也許觀察到了一些變化，但是那些變化沒有立即出現在你的體驗之中，但是當你更深入研究，你或許就會發現有些經驗對應著大腦中的變化，它可以被機器記錄下來。

馬修曾經到過很多不同的實驗室，在他和塔尼亞合作的計畫中，我認為他學到了一些同理心和慈悲心之間的區別。我認為如果你們也有做實驗的機器，你們會發現一些我們在場的人都很感興趣的東西。

問：

　　如果我們拿到一顆小粒子，我們能不能體驗到小粒子的味道和氣味？我們的五官對小粒子會有感覺嗎？我們有一個名詞，「主因」（substantial cause），一個粒子或原子能不能成為所有五官形式的主因？

答：

阿瑟・查恩茨：我們這兒有水。如果你把這水一分為二，然後再一分為二，讓水越來越少，到了某個時刻，水不再能沾濕你的手或不再有味道了。你不能在裡面游泳，不能喝它，但是它仍然有一個 H_2O 分子。這是一個水分子。感官性質需要有一定數量的分子，有某種體積。那樣你才能開始有和水相關的感官性質。

　　如果你想要有關於感覺性質的科學，這是一個重要的觀察。微觀粒子群，當它們變得越來越小時，會失去感官性質。這時候你只有一種定量的科學，其中的粒子不再有感官性質了。你只有一些測量值，這是一個定性和定量的問題。

問：

　　如果某個人的祖先代代都做冥想修行，如慈悲心或正念覺察力修行，那麼大腦的變化有沒有可能透過基因傳遞給下一代？所以一個新生兒，即使他或她完全沒有做過任何冥想修行，也能遺傳到大腦的變化？

答：

克里斯多夫・柯赫：如果有慈悲心的人更可能有孩子，那麼，就像其他的生物特性一樣，慈悲心就會「被選擇」，和它有關的遺傳因數就會傳遞給後代。

塔尼亞・辛格：表觀遺傳學有新的研究。例如，實驗顯示，如果

動物是由壓力過大的母親撫養，而她不能適當的照顧孩子們，那麼應對壓力的基因就不能恰當地啟動。這樣長大的孩子就容易壓抑和焦慮，不能好好的照顧他們的後代。如此一代影響一代，後代就同樣會有應對壓力的基因受到抑制的問題。所有這些都是由於先前世代的影響，這是一種充滿壓抑的生長環境。這種遺傳調整，也可以在更有益於健康的相反環境發生，它不只和壓力有關。兩種環境都可能是肇因。

表觀遺傳學的研究還顯示，如果動物受到制約而害怕某種氣味，那麼牠們察覺這種氣味的基因表現就會改變，而基因表現的變化會傳遞給下一代。

卡洛·沃思曼：這是一個非常精彩的問題，因為它觸及了生物學家對生物科學一個非常重要的認識。你所問的是繁衍問題，而繁衍不僅涉及基因，還涉及環境。

基因和環境在形成表型（phenotype）——即有機體的特性——的過程中互相作用，是一個非常重要的認識。由於特定的環境，基因可以某種方式產生一致的表現。如果改變環境，同樣的基因則會產生不同的表型。

問：

神經科學談論傳遞，訊息透過在神經網絡傳輸。想像有人在聽「把那個蘋果拿給我。」的敘述，這是一串字句組成的口頭陳述，這個陳述有內容，而內容和語義學有關。

在透過訊息的傳遞來交流的模式中，你覺得聲音的語義學內容是和此人聽到的一連串聲音分開來傳遞的嗎？在佛教的認識論中，語義學內容和字句之間有非常清楚的區分。字串可以用純粹的感官經驗來記錄，但是為了理解其內容，你必須加以解釋，而

解釋總是在思維的層面進行的。所以，在這個模式中，接收端的傳遞是兩個分開的、不同認知，還是都混在一起？

答：

理查・戴維森：大腦中有不同的神經網絡，各司感官處理和語義處理。例如，你大腦的某個區域受到損傷，影響了你從聲音中獲取意義的能力，但是你仍然保留了區分不同聲音的能力。

你可以十分準確地從聲音區分「蘋果」和「橘子」兩個詞，卻渾然不知道它們的意思。你的語義推斷能力受損了，但是你區分不同聲音的能力完好無損。

大腦確實是把官感和語義處理分開，並且是透過在不同神經網絡中運作而做到的。它們也在大腦的某些部分結合在一起；由於同樣的原因，盲人可以用手指觸摸紙面的微小凸點閱讀盲文，並從盲文的內容中獲取意義。從聲音獲得意義，和從觸摸獲得意義的語義網絡是同樣的。而這些網絡和處理感官訊息的網絡不同。

問：

如果大腦的一部分損壞，能用移植來取代嗎？

答：

理查・戴維森：有一些對帕金森氏症病人的研究資料。帕金森氏症是一種行動失調的疾病，相關研究是對做了腦組織移植的病人進行的，移植是為了改善病人的行動功能。但是這些腦組織不是直接取自別的大腦。整個過程是採集一個幹細胞，將其轉變成一個多巴胺神經元，然後將這個多巴胺神經元植回此人的大腦。這個研究還處於初期階段，是早期試驗性質的，但是科學家們正在對此進行積極的研究。

問：

　　多數科學家似乎認為精神運作過程最終可以還原為某種物理基礎。這種觀點的前提到底是什麼？

答：

克里斯多夫・柯赫：有兩個原因。首先，試想在過去的幾千年裡，人們被很多東西所困惑——閃電、疾病、生命是如何被創造出來的、頭腦裡的聲音等。在時間的長河裡，科學家們用一個又一個機制來解釋它們，而這些機制是可以用經驗驗證的。用電荷、細菌或病毒，或其他傳遞疾病的病原體，用大腦的機制等來解釋這些現象。很多解釋似乎在實際意義上能成立。於是我們漸漸習慣於這種想法：宇宙中的任何東西，包括意識，都是可以用宇宙中的某種機制解釋的。

　　其次，我們之所以認為大腦是精神運作過程的物理基礎，是因為有意識的心智跟大腦密切相關。如果我大腦某一部分受到損傷，我就缺少了意識的某個特定層面。如果有人在我頭上猛敲，我將完全失去意識。可是，如果我的肝臟或腎臟受到損傷，我並不會失去意識，我的感知並沒有改變，我不會失去自我認知。

　　因此，出於這兩個原因，多數科學家確信在大腦和心智之間，大腦和意識之間，有一種緊密的關係，就像一個硬幣的兩面，雖然仍有待證明。大腦是外向的一面，意識經驗是它內在的一面。

問：

　　根據科學觀點，基本上，大腦就是心智：身體和精神是相同的。以新生嬰兒為例，這個孩子的特性的所有原因必定是在受精卵內，而受精卵來自於父母。除了身體的特性，這孩子是不是還

繼承了父母的態度、精神特性和性格？你怎麼解釋同卵雙胞胎有相同遺傳卻有不同的性格這種情況？

答：

理查‧戴維森：事實上，證據顯示，許多性格特徵是遺傳設定的。有一些是透過基因傳遞的性格特點，但是遺傳從不超過孩子性格的50%。

那麼另外的50%是從哪兒來的呢？我們認為來自於兒童的不同經歷，從胎兒在子宮時就開始了。子宮內的環境對胎兒和大腦的發展具有極其重大的影響。很多產後的經驗也會左右兒童的發展。例如，生活環境就發揮了主要作用。

以同卵雙胞胎為例，重要的是，他們或許有相同的遺傳，但是兩個獨立個體所處的環境不可能一模一樣。即使在胎兒階段，兩個雙胞胎也沒有完全相同的環境，比如，兩個胎兒的血液供應就各有不同等。所以，從我們的觀點來看，兩個同卵雙胞胎即使是在子宮內也不可能有相同的環境，更不用說他們離開子宮之後了。他們的環境有微妙的差異，我們認為這些差異已經足夠說明我們所看到的不同行為。

塔尼亞‧辛格：我想發表一下意見，因為我就是同卵雙胞胎。我有一個雙胞胎姐妹，我們由相同的父母養大，在相同的一般環境裡成長。但是我可以告訴你，我們非常不一樣。我們就是你所說的那種情況。

就像理查說的，當你是同卵雙胞胎時，環境總是在你們倆之間製造不同。你的整個經歷和你的雙胞胎很不一樣，雖然從粗分層次看起來，環境相同、基因相同。

問：

科學已經可以辨識某些基本粒子。既然它們是以人類的方式辨識的，那麼從認知和技術上，你們根據什麼相信它們是基本的？在量子革命之後，我們怎麼能認定不會有另一個革命發現現在以為的基本粒子其實是複合的，可以進一步分裂？

答：

阿瑟・查恩茨：歷史確實已經證明，當你一步步深入探索，你會發現越來越小的粒子。這些粒子，比如電子，是沒有體積的。電子有一個影響範圍或影響的力，但是它不占空間。

夸克，就更難理解了，在量子場域，我們認為最好是把它們看成點粒子（point particle）。我們在這裡所看到一切具有延展性和大小的東西，都是那些沒有大小但是有關聯和作用力的實體的集合。這是一個很難理解的概念。所有具有延展性的事物是那些沒有延展性的事物構成的。它們沒有具體有形的性質（obstructive property）。如果你接近它，它就會轉向，但是如果你更接近，它沒有「裡面」，沒有我們所能見到的內部結構。這就是我們所說的基本粒子的「基本」的意思：它們沒有內部結構。

問：

如果你比較科學、科技和傳統修行，如瑜伽和以呼吸為基礎的練習，會看到傳統修行沒有任何負面的副作用。科學當然有其巨大的貢獻，但是它也有負面效應。你是怎麼看待科學在某一方面是有助於人類，而另一方面是具有破壞性的？

答：

約翰・杜蘭：著名的英國思想家培根（Francis Bacon）在現代科學的初始說過「知識就是力量」。培根認為知識有益於人類，人

類為了變得更強而去獲取知識。我認為他是對的。

所以，因為科學是知識，所以它是強而有力的。但是，隨著力量而來的可能的益處，也具有潛在的危險。我們從西方付出痛苦的代價才學到的教訓之一是，我們需要智慧和良好的價值觀把強而有力的知識應用於有用、正面的目的。

太多的知識與太少的智慧為我們帶來了無數問題。我個人還是傾向於不放棄科學帶來的可能益處，但是為了讓我們在得到益處的同時能避免潛在的問題，我們需要智慧。

馬修・李卡德：其實所有工具性的東西都是這樣。你可以用同樣的榔頭蓋房子或者拆房子。可以用錢購買武器，或者用錢為飢餓的人購買食物。

正如尊者說過的，智能本身是中性的。它和科學沒有什麼不同，但是一件工具的功能越大，它的風險和益處當然也就越高，所以我們需要智慧。

可是，有一些東西，就像慈悲心，卻沒有什麼危險。

卡洛・沃思曼：身為醫學人類學家，我曾經在十四個國家研究不同的傳統醫療實踐及其對健康的影響。我想要說的是，我們不應該在傳統形式的知識及其應用與科學及其應用之間劃一條分隔線。

科學是文化的一部分，而我們的傳統在科學中運作。我並不理所當然地認為我們知道你所提到的那些做法一定是好的，正如我也不認為科學就一定是好的。相反的，科學的任何實踐都必須根據其效果的正面、負面加以評價。

對談者簡介

第十四世達賴喇嘛丹增嘉措，西藏佛教及全世界尊崇的精神領袖。他生於西藏東北部一個小村莊的農民家庭，兩歲時被認證為他的前世、即十三世達賴喇嘛的轉世靈童。他於1989年獲諾貝爾和平獎，被尊為以慈悲及和平方式化解人類衝突的代言人。曾說過如果他不是出家僧侶，他會去當工程師。

米歇爾．比特波爾博士，法國巴黎國家科學研究中心研究主任，目前任職於現象學研究中心胡塞爾檔案館。他擁有醫學博士、物理學博士和哲學特許任教資格。

理查．戴維森博士，威斯康辛－麥迪遜大學的威斯曼中心（Waisman Center）精神健康研究所創建者和主任；威斯曼情感神經科學實驗室、威斯曼大腦造影和行為實驗室主任。他擁有心理學學士和博士學位。

索娜．迪密吉安博士，科羅拉多大學博爾德分校心理學與神經科學系副教授。她的研究使用以正念覺察力為基礎的行為治療來醫治和預防憂鬱症，著重於婦女孕期和產後的心理健康問題。

詹姆斯．多堤醫學博士，慈悲與利他研究教育中心創建者和主任，延緩計劃（Project Respite）創建者，史丹佛大學神經外科臨床教授。除了是神經外科醫生，他還是發明家、企業家、慈善家。

約翰．杜蘭博士，科學歷史學家、科學傳播者，對科學在更廣闊的世界中的地位有長久的興趣。他獲得英國劍橋大學科學史博士學位，2005年起擔任麻省理工學院博物館長，和科技與社會計劃

兼職教授。

溫蒂・哈森坎普博士，心智與生命研究所科學主任。她的學術興趣包括瞭解大腦如何代表主觀體驗，以及如何透過經驗轉化心智和大腦，使其更有效能。她的研究是觀察冥想過程中心智渙散和注意力的神經相關性。

土登晉巴博士，在西藏僧院接受經典教育並獲得格西拉然巴，是西藏傳統中的最高學位。此外他還擁有哲學學士和宗教學博士學位。1985年以來，他擔任達賴喇嘛尊者的主要口譯，並翻譯和編輯了多部達賴喇嘛的著作。

拉杰什・卡斯圖利蘭甘博士，印度班加羅爾國立高等研究院副教授。拉杰什是麻省理工學院認知科學博士、威斯康辛大學麥迪遜分校數學博士，並擔任 *India Together* 雜誌專欄作家。

克里斯多夫・柯赫博士，出生於美國中西部，在荷蘭、德國、加拿大和摩洛哥長大。他獲得德國圖賓根大學生物物理學博士。1986至2013年在加州理工學院擔任教授。2011年在華盛頓州西雅圖的艾倫腦科學研究所（Allen Institute for Brain Science）任首席科學家，2015年任所長。

格西達多南捷，1992年在美國喬治亞州亞特蘭大哲蚌寺洛色林學院取得格西拉然巴學位。他還是印度昌迪加爾潘傑布大學英國文學碩士。2010年起，擔任哲蚌寺洛色林學院高級常駐教師；2012年起任艾莫利－西藏科學計劃翻譯。

格西洛桑丹增那吉博士，美國喬治亞州亞特蘭大哲蚌寺洛色林學院創辦者兼院長，艾莫利大學宗教學系實踐教授。他於1994年獲得哲蚌寺洛色林學院（印度）格西拉然巴學位，1999年取得艾莫利大學博士學位。現任艾莫利－西藏合作計劃主任。

馬修・李卡德博士，佛教僧侶，在喜馬拉雅山區居住了四十年。

他擁有細胞遺傳學博士學位，並且積極參與冥想對大腦影響的科學研究。他將自己全部的著作收益以及主要時間捐獻給亞洲各地的慈善事業。

格西阿旺桑天，印度瓦拉納西的西藏研究中央大學前任副校長。印度總統於2009年頒發印度最高公民獎之一的蓮花士勳章給他，以嘉獎他在教育和文學領域的傑出服務。

塔尼亞・辛格博士，2000年獲得柏林自由大學心理學博士學位。2010年起，擔任馬克斯・普朗克人類認知和腦科學研究所社會神經科學系主任。她運用結合腦神經科學、心理學，精神生物學和經濟學的跨學科方法，研究人類社會行為的基礎。

阿隆・斯坦因，音樂家、教師，美國新墨西哥州聖塔菲的創新教育機構愛學學院創辦人。阿隆設計並指導「透過學習來學習」，是學院的核心課程和基本計劃。曾擔任芝加哥美國音樂學院（American Conservatory of Music）院長。

戴安娜・查普曼・沃爾什博士，1993至2007年任衛斯理學院第十二任院長，之前為哈佛大學公共健康學院健康與社會行為系教授兼主任。她曾任心智與生命研究所董事會、麻省理工學院理事會、凱撒家族基金會理事會成員。

賈娜・懷特，畢業於史密斯學院，是一位專門從事佛教與南亞資料的作家和編輯。學術出版品等身，其中包括根據心智與生命對話編著的《關懷經濟學》。她在著作中探索不同文化中的宗教、健康和家庭觀念。

卡洛・沃思曼博士，目前擔任艾莫利大學人類學系主任（Samuel Candler Dobbs Chair）兼比較人類生物學實驗室主任。卡洛擁有哈佛大學生物人類學博士學位，並在加州大學聖地牙哥分校學習過內分泌學，在麻省理工學院學習過腦神經科學。

阿瑟‧查恩茨博士，自1978至2012年任安赫斯特學院物理學教授；2012至2015年任心智與生命研究所所長。出版了《捕光》（*Catching the Light*）、《量子挑戰》（*The Quantum Challenge*）（合著），並編著《歌德的科學方式》（*Goethe's Way of Science*）（合作）等著作。

贊助機構

心智與生命研究所（The Mind & Life Institute）

　　心智與生命研究所是一個非營利組織，其使命是促進並支持對心智進行嚴謹、跨學科的科學研究，旨在制定策略以培養注意力、情緒平衡、善良、慈悲、自信和快樂。研究方法根植於一種綜合性的認知，將冥想實踐的第一人稱直接經驗與現代科學第三人稱相結合。心智與生命研究所的跨學科研究包括生物學、認知科學和社會學、冥想研究與實踐、哲學和人文科學，並認為只有透過綜合性研究才能準確瞭解心智的運作、冥想修習的助益，獲得精神與情緒健康的最佳模式。透過更透徹地瞭解人類心智和經驗，希望能夠減輕痛苦，促進人類福祉。

印度達賴喇嘛信託基金（The Dalai Lama Trust India）

　　第十四世達賴喇嘛尊者於2003年成立印度達賴喇嘛信託基金。信託基金旨在支持和促進西藏人民的福祉、西藏古老文明的文化遺產，推廣深植於其文化和人民的價值觀。在眾多慈善活動中，印度達賴喇嘛信託基金支持保護西藏文化，以及為年輕藏人提供發展領導能力和教育。該信託基金還尋求支持鼓勵在全球共同體中的普遍責任感和推動科學與宗教對話的行動。基金將培養不傷害（ahimsa）和非暴力視為個人成長和社會變革的強而有力方法。基金還為所有宗教和民族之服務不足的社區提供救濟和援助。印度達賴喇嘛信託基金的資金來源為創始人和公眾慈善捐

款，是根據1961年《印度所得稅法》的規定註冊的公共慈善信託基金。信託基金由創始人擔任主席的受託人委員會負責管理。

西藏檔案文獻圖書館（Library of Tibetan Works and Archives）

1959年中共全面占領西藏造成的大規模破壞使西藏文化處於危險之中。許多學習中心、古代手稿和文物，以及無數西藏文化的其他遺產被以現代化之名而掠奪或摧毀。第十四世達賴喇嘛尊者意識到即將到來的威脅和局勢的不穩定，構思並建立了西藏檔案文獻圖書館（LWTA），以恢復、保存、保護和推廣西藏文化。LTWA收藏的西藏文物、雕像、手稿、唐卡（傳統立軸繪畫）、相片，以及其他各類資源對西藏文化貢獻卓著。LTWA不僅是圖書館、博物館和檔案館，同時也是學術機構，定期舉辦文化教育課程和講座、學術會議、工作坊和系列講座，提供更廣泛的學習和知識分享途徑，並且提供有助於學者、研究人員、學生和感興趣的大眾之間進行知識交流的環境。

科學遇見佛法（Science Meets Dharma）

1998年，達賴喇嘛尊者請瑞士里肯西藏研究所（Tibet Institute Rikon）幫助實施一個新想法：為印度西藏流亡僧院的僧侶和尼姑提供科學教育。里肯西藏研究所為此建立了「科學遇見佛法」計劃。在計劃的第一個階段（2001-2011），南印度有八座僧院開設了科學課程。在此期間，科學教育成為達賴喇嘛尊者發起的僧院改革的一部分。2012年以來，這項教育計劃由僧院自己組織。科學會見佛法計劃繼續透過指導當地教師，創建新的教學大綱和準備教材來支持僧院。此外，這個計劃每年在帕拉庫毗（Bylakuppe）和孟古德（Mundgod）的兩大僧院舉辦為期一週的

培訓。2015年以來，計劃主要工作集中在印度和尼泊爾的各僧院舉辦科學推廣工作坊。

僧侶學科學（Science for Monks）

十五年來，在達賴喇嘛尊者的要求下，僧侶學科學致力於實現尊者將科學教育引入僧院教育的願景。作為西藏檔案文獻圖書館和薩格家族基金會的合作者，僧侶學科學計劃致力於在印度、尼泊爾和不丹的西藏僧院發展科學教育。透過研究所、工作坊、展覽、研討會、研究調查和教師訪問，他們的課程將東西方智慧聯繫起來，把科學帶進僧院，把佛教智慧帶給科學世界和更廣泛的人群。僧院裡的科學中心現在正成為西藏流亡社區學習和領導力的基石，僧侶學科學則為這些中心提供資金以發展他們的工作。新的僧院科學中心對所有僧尼和大眾開放，並且逐步提高設計和展開活動的能力，以促進學習、對話和探究。

艾莫利－西藏科學計劃（Emory-Tibet Science Initiative）

艾莫利－西藏科學計劃（ETSI）始於2006年，當時達賴喇嘛尊者邀請艾莫利大學與西藏檔案文獻圖書館（LTWA）合作，開設一個專為西藏僧侶設計的綜合性、持續的科學課程。ETSI的最終目標是透過教育未來的科學合作者，以此溝通這兩個互補的知識體系，這些合作者可以為身心科學的新發現做出貢獻。在試驗計劃階段（2008-2013），艾莫利大學的教師透過六週的夏季強化課程在印度達蘭薩拉培訓了九十多名僧尼，教他們生物、腦神經科學、物理和數學。從2014年開始，ETSI在三大僧院（色拉、甘丹和哲蚌）進入為期六年的實施階段。這個計劃包括由艾莫利和其他大學的教師教授的夏季強化課程，本地教師帶領的全

年課程，翻譯編輯雙語教科書和製作教學影片，以及進一步的課程改進。其他僧院學術機構的僧尼也可以透過免費提供的教學材料參加ETSI的課程。透過艾莫利和西藏檔案文獻圖書館的翻譯，ETSI推出藏語科學詞彙辭典，並且協助丹增嘉措科學學者計劃，該計劃選派僧侶在艾莫利大學接受為期兩年的科學教育。完成之後，丹增嘉措科學學者將返回印度擔任當地僧院的科學教師，讓科學教育計劃得以長期持續。

譯者致謝

在將《哲蚌寺對話錄》中譯本呈現在讀者面前之時，我們感謝達賴喇嘛尊者，感謝尊者邀請我們觀摩旁聽了在哲蚌寺舉辦的這次對話會。這樣的對話不僅是東方佛教和西方現代科學的衝撞溝通，也是傳統和現代的互動交流。旁聽東方佛教哲人和當代西方科學家的對話，改變了我們對東西方文化交流的態度，改變了我們對宗教和科學的認知，對傳統和現代性的認知。就在旁聽對話會的時候，我們就真切地希望能夠和更廣大的中文讀者分享這次對話會。現在，記錄這次對話內容的中譯本終於出版了，我們感謝達賴喇嘛尊者給予我們這個機會。

感謝達賴喇嘛辦公室和西藏檔案文獻圖書館館長格西拉多在對話會期間給予我們的多方協助和支持。

感謝達賴喇嘛尊者的譯員土登晉巴先生對本書中譯本的支持。

感謝聯經出版公司發行人林載爵先生出版此書。作為譯校者，我們衷心感謝林主編為中譯本所付出的繁重工作和大量心力，和聯經的合作是我們非常愉快而富有成效的難得學習機會。沒有聯經的協助，《哲蚌寺對話錄》中譯本不可能出現在讀者面前。

我們還要感謝位於紐約的 The Tibet Fund 和 Peaceful Friendship Association 的全力支持。

注釋

導言

1 哲蚌寺、甘丹寺，以及在卡納塔卡邦帕拉庫毗重建的色拉寺為藏傳佛教格魯派的主要僧院。中國占領西藏後的1950年代，甘丹寺被毀，哲蚌寺和色拉寺嚴重毀壞。這三座僧院後來部分重建，繼續使用，但僧人人數比以前大為減少，而且被中國政府密切監視和約束。在西藏的哲蚌寺現有約300名僧人，以前全盛時期有近一萬名僧人。印度哲蚌寺有約2300名僧人。

2 有關以往的心智與生命對話，及相關出版品，參見https:///wwwmindandlife. org.

3 有關這些問題的精彩論述，見David McMahan, The Making of Buddhist Modernism (Oxford and New York: Oxford University Press, 2008); 以及Donald Lopez, Buddhism and Science (Chicago: University of Chicago Press, 2008).

4 Lopez, *Buddhism and Science.*

5 José Ignacio Cabezón, "Buddhism and Science: On the Nature of the Dialogue," in *Buddhism and Science*: *Breaking New Ground*, ed. B Alan Wallace (New York: Columbia University Press, 2003), 47.

6 正如亨廷頓（C.W. Huntington）所說，這種選擇性的借鑑會有效「清除掉佛教冥想的宗教核心……當清除完成之後，佛教不再是一個完整的宗教，不再是其本身。」C. W. Huntington Jr. "The Triumph of Narcissism: The ravāda Buddhist Meditation in the Marketplace," *Journal of the American Academy of Religion* (2015): 1-25, doi:10.1093/jaarel/lfv008.

7 Lopez, *Buddhism and Science*, 216.

8 見Thupten Jinpa, "Science As an Ally or a Rival Philosophy? Tibetan Buddhist Thinkers' Engagement with Modern Science," in *Buddhism and Science: Breaking New Ground*, ed. B Alan Wallace (New York: Columbia University Press, 2003), 71-85.

9 Cabezón, "Buddhism and Science,"50.

10 見Thomas Kuhn, *The Structure of Scientific Revolutions* (Chicago: University of Chicago Press, 1962).

11 有關表觀遺傳學領域的更多資訊，見Nessa Carry, *The Epigenetics Revolution* (New York: Columbia University Press, 2013) .

12 Richard Feynman, *The Meaning of It All: Thoughts of a Citizen-Scientist* (Reading, MA: Perseus Books, 1998), 28.

13 宣稱可以完全客觀的方式來收集證據這一點，在本次對話中受到質疑（見第 1、8章）。

14 見 "Cosmology and Psychology: Macrocosm and Microcosm" in Rupert Gethin, *The Foundations of Buddhism* (Oxford and New York: Oxford University Press, 1998), 119-126.

15 人們認為科學家通常只相信公開發表了的發現。大量科學研究是建立在相信同行們確實做過他們所宣稱的實驗，並取得了結果的基礎上。儘管如此，理論上這些宣稱可以透過重複實驗來證明。

16 認知腦神經學家、哲學家和心智與生命研究所的共同創辦人佛朗西斯科·瓦瑞拉（Francisco Varela）強烈主張將嚴格的第一人稱研究方式納入科學研究，特別是有關意識的研究範圍。1990年代初，他和其他人提出腦神經現象學的想法，該研究領域旨在結合可靠的第一人稱訊息和第三人稱訊息，以促進對人類心智的理解。見Francisco Varela, Evan Thompson, and Eleanor Rosch, *The Embodied Mind: Cognitive Science and Human Experience* (Cambridge, MA: MIT Press, 1992); Wendy Hasenkamp and Evan Thompson, eds., "Examining Subjective Experience: Advances in Neurophenomenology," *Frontiers in Human Neuroscience*, special issue, vol. 7 (2013), http://journal. frontiersin.org/researchtopic/1163/examing-subjective-experience-advances-in-neurophenomenology.

17 Dalai Lama, *The Universe in a Single Atom: The Convergence of Science and Spirituality* (New York: Morgan Road Books, 2005), 134.

18 有關西藏僧院教育的歷史和實踐，見George Dreyfus, *The Sound of Two Hands Clapping*(Berkeley: University of California Press, 2003).

19 引自 Willian A. Graham, *Beyond the Written word: Oral Aspects of Scripture in the History of Religion* (Cambridge: Cambridge University Press, 1987), 74.

20 有關西藏僧院辯經的更多資訊，見Dreyfus, *Sound of Two Hands*, 195-291.

21 未經簡縮的對話和其他心智與生命對話，可在該研究所的YouTube頻道上觀看。

22 此數據來自於PubMed數據庫中標題或內容簡介中包含「冥想」（meditation）這個詞的出版品數量。

第1章

1 例如，見Arthur Zajonc, ed. *The New Physics and Cosmology: Dialogues with the Dalai Lama* (Oxford: Oxford University Press, 2004).

2 阿瑟此處指的是克耳文勳爵1900年一場講座的開頭：「動力學理論認為熱和光都是運動的方式，現在這個理論的優美和明晰，正被兩朵烏雲籠罩著。」這次講座的加長版後來出版，即Lord Kelvin, "Nineteenth Century Clouds over the Dynamical Theory of Heat and Light," *The London, Edinburgh, and Dublin Philosophical Magazine and Journal of Science* 2, no. 7 (1901).

3 更多關於量子力學的討論見第2章。

4 在量子物理學中，觀察者作用的重要性將在本章稍後討論。

5 量子計算建立於疊加法則上。例如，傳統電腦的存儲由「位元」（bit）組成，每個位元可以是一個1，或者是一個0。因此，有兩個位元的傳統電腦以四種狀態之一的方式存在：00、01、10或者11。然而，量子電腦由所謂量子位元的序列組成。單一的量子位元可以代表一個1、0，或者這兩個量子位元狀態的任何疊加。因此，兩個量子位元的量子電腦可以同時處於這四種狀態（00、01、10、11）。這就使得它的計算能力比傳統電腦強大得多。

6 亦見第2章，尊者在該章討論了有效認知的概念。

7 1960年代，幾位物理學家提出希格斯場（Higgs field），是宇宙中一種普遍而根本的場域，它賦予基本粒子質量。希格斯玻色子是一種非常不穩定的粒子，幾乎瞬間就可以衰變成其他粒子，是希格斯場最微小、可探測到的粒子激動。支持希格斯場存在的實驗證據非常難以獲得，因為希格斯玻色子是高速粒子碰撞的極罕見產物，而這種高速粒子碰撞只有在CERN的大型強子對撞機（Large Hadron Collider）才能進行。2013年，希格斯玻色子在2012年的實驗得到證實，提供了希格斯場存在的第一個可驗證的證據。舉世慶祝這個科學里程碑的發現，它對於我們理解物理實在是一個至關緊要的進展，或許也解釋了為什麼粒子具有質量。

8 Albert Einstein, *Einstein's Essays in Science*, trans. Alan Harris (Mineola, NY: Dover Publications, [1934]2009).

9 Galileo Galilei, "The Assayer," in *Discoveries and Opinions of Galileo*, trans. Stillman Drake (New York: Doubleday, [1623]1957).

10 時間和空間的同時性理論只有在接近光速（約每秒3億公尺，或每秒18.6萬英里）時才有意義。

11 David Bohm, *The Special Theory of Relativity* (New York: W. A. Benjamin, 1965), 177.

第2章

1 在量子物理學中，奇是粒子的一種性質，它描述強相互作用和電磁相互作用中粒子的衰變，而粲是粒子中粲夸克數和粲反夸克數之間的差。

2 Niels Bohr, *Atomic Theory and the Description of Nature* (Cambridge: Cambridge University Press, [1934], 2011), 119.

3 可參考第8章米歇爾關於關聯性和因果關係的討論。

4 B. Allen Wallace, trans., *Düdjom Lingpa's Visions of the Great Perfection*，Vol. 2 (Boston: Wisdom Publications, 2015), 99-100.

5 緣起是佛教中很多分支，特別是藏傳佛教中觀學派的一個基本概念；它認為所有現象都是產生於對其他現象的依賴，因此其固有存在是空性。這不是一種虛無主義的觀點，而是對世界上存在著種種現象的事實的一種理解方式。理解這一點也是走向開悟之路的第一步："One who sees dependent arising sees the four truths." 龍樹論師《中觀根本論》24.40，Mark Siderits and Shōryu Katsura譯，*Nāgārjuna's Middle Way*，Classics of Indian Buddhism series (Boston: Wisdom Publications, 2014).

6 佛教四聖諦是（1）苦諦，即人生是苦；（2）集諦，即苦來源於無知；（3）滅諦，即苦可以消除；（4）道諦，消除痛苦的途徑。

7 Francisco Varela, Evan Thompson, and Eleanor Rosch, *The Embodied Mind: Cognitive Science and Human Experience* (Cambridge, MA: MIT Press, 1992).

8 有關現代科技中利用量子理論的更多討論，見第1章。

9 例如見Peter Bruza, Kirsty Kitto, Douglas Nelson, and Cathy McEvoy, "Is There Something Quantum-Like about the Human Mental Lexicon?" *Journal of Mathematical Psychology* 53 (2009): 362-377；Jerome Busemeyer and Peter Bruza, *Quantum Models of Cognition and Decision* (Cambridge: Cambridge University Press, 2012).

10 梵文 (Skt.) *tathātā*; 藏文 (Tib.) *de zhin nyi*(Wylie *de bzhin nyid*).

11 見第3章關於世界的物質組成的早期佛教思想的更多討論。

第3章

1 歷史上的印度－西藏佛教四大流派是毘婆沙宗（Vaibhāṣika）、經部（Sautrāntika）、唯識派（Cittamātra, 即Mind Only)，和中觀派（Madhyamaka）。

2 見圖1.6和更多有關第二性質的討論。

3 威利轉寫 *rdzas rdul phra rab*.

4 四世紀時，瑜伽行唯識學派一位非常有影響力的佛教論師世親，在唯識二十頌（*20 Stanzas*）中也提出了同樣的論點。雖然提婆論師在兩個世紀前提出了同樣論點，世親論師的論點更為後人所知。

5 從五世紀到十三世紀，位於北印度的那蘭陀是佛教的重要學術中心，經常被歷史學家依據其性質而稱為大學。那蘭陀吸引了那個時代最偉大的學者，是一個知識中心，它不僅是祈禱和冥想修行之處，也是辯論高深經文和哲學傳統的地方。那蘭陀和印度其他佛教學術中心被毀以後，在西藏得以重建，並被納入當時已有的文化和信仰系統中。

6 佛法（Buddhadharma），字面意義為「佛教宗教」（Buddhist religion）。

7 早期佛教學者所持的這種「原子論」觀點，非常接近笛卡兒在十七世紀初提出的關於實在的觀點（即笛卡兒主義），認為宇宙中存在的所有一切都是由物質的細小「微粒」所組成。這兩種觀點實際上都是化約論，認為物質可以不斷分裂為更小的部分，成為物質世界最終的基礎材料（building block）。

8 參見Mark Siderits and Shōryū Katsura譯，*Nāgārjuna's Middle Way*，Classics of Indian Buddhism series (Boston: Wisdom Publications, 2014).

9 七世紀的著名佛教思想家月稱論師等人把終極真理（勝義諦）稱為「沉默的真理」。

10 見第2章對valid cognition的更多討論。

11 藏文 *ten ching drel war chung wa* (威利轉寫 *rtencing 'brei bar 'byung ba*)。

12 見第4章關於佛教經典中大腦和心智關係的更多討論。

13 參見宗喀巴 *A Lamp to Illuminate the Five Stages: Teachings on Guhyasamāja Tantra*, trans. Gavin Kilty, Library of Tibetan Classics (Boston: Wisdom Publications, 2013).

14 威利轉寫 *gtum mo*。這是一種密宗修練，讓冥想者可以透過產生「內熱」而提高體溫。

15 見Dalai Lama, *Beyond Religion: Ethics for a Whole World* (Boston: Houghton Mifflin Harcourt, 2011).

第4章

1 笛卡兒二元論認為，非物質的心智和物質的身體有完全不同的本質，但是仍會有因果互動，也就是說，精神事件可以造成物質事件，反之亦然。對這一觀點的挑戰，叫做「互動主義問題」，解釋在物質和非物質之間的因果過程如何發生。笛卡兒相信這個互動是由松果體（大腦中心一個花生米大小的腺

體）所調動的，但是他始終不能令人信服地解釋非物質的心智到底怎樣影響大腦這個物質系統。

2 「這（身體能量）是意識之巔」。Nāgārjuna's *Five Stages*, Toh 1802, Degé Tengyur vol. ngi (rgyud 'grel), verse 3, folio 45a.「這（身體）能量是六種運作著的意識之巔，是根本。」Lakshmi's *Clear Meaning Commentary on*（*Nāgārjuna's*）*Five Stages*, Toh 1842, Degé Tengyur vol. chi (rgyud'grel), folio 199a. 本章的英語譯文除另註明者外，均為格西南捷所譯。

3 輪迴是指出生和再生的無窮循環，人可以透過達到解脫和涅槃而擺脫輪迴。人輪迴中的身體，即作為人類的肉身，是這個單一生死循環中的物質軀體。

4 「就如它們互為原因，同樣，它們也互為結果。」Dharmakīrti (法稱論師) 的 *Prāmaṇavārttika*, Toh 4210, Degé Tengyur vol. ce (tshadrna), verse 44, folio 109a.「既然因是一起作用的，它們引起的果也在一起。」Dharmakīrti's *Pramanavarttika*, Toh 4210, Degé Tengyur vol. ce (tshadrna), verse 63, folio 109b.

5 佛教哲學區分主因和助緣。主因是本身轉變為某種現象的因素。例如，一棵植物的主因可以是其種子。助緣是在現象發生中發揮作用的所有其他因素。對植物而言，助緣可以是土壤、陽光、水等。

6 「若自身不是意識，則不能成為另一意識的主因。」法稱論師的 *Prāmaṇavārttika*, Toh 4210, Degé Tengyur vol. ce (tshadrna), verse 166, folio 113b。

7 「因對其感覺影響了心智，故說心智依賴於物質。」法稱論師的 *Prāmaṇavārttika*, Toh 4210, Degé Tengyur vol. ce (tshadrna), tshad-ma grub-pa,verse 43, folio 109a。

8 例如八密（一種佛教經典）之一，*The Tantra Known as the Ornament of Precious Immortal Birth (Dpal sgrub pa chen po bka' brgyad kyi ya gyal bdud rtsi rin po che 'khrungs pa 'i rgyan zhes bya ba'i rgyud)* 描述了佛教靈修大師的殊勝功力。至今尚無英譯版本。

9 「身體和心智互相跟隨。」引自 Gyaltsab-je 的 *Rnam'grel thar-lam gsal-byed* (*Collected Works*, vol. cha) 對法稱論師 *Prāmaṇavārttika* 的評注。

10 在阿闍黎無著（Acharya Asanga）的經文《大乘阿毗達磨集論》（*Abhidharma-samuccaya*，即 *Compendium of Knowledge*), Toh 4049, Degé Tengyur vol. ri (sems tsam) 中描述了這個系統。

11 「看到了對象的是心智，看到了它（對象）的特性的是精神性因素。」彌勒的《中邊分別論》（*Madhyānta-vibhāgaśāstra*，即 *Differentiating the Middle and the Extremes*), Toh 4021, Dege Tengyur vol. phi (sems tsam), chapter 1, verse 9, folio 40a.

第 5 章

1 克里斯多夫指的是「冰凍毒癮者」（frozen addicts ）一案。1982年夏天，加州某醫院急診室接受了六個年輕病人，他們顯示出突如其來的早期帕金森症的跡象，他們完全癱瘓了，不能行動，不能說話。病人後來自訴，他們在癱瘓狀態下仍然有意識，但是不能和家人或醫療人員交流。在使用了通常醫治帕金森症的一種藥物以後，其中一個病人重新獲得了行動能力。不久就得知，這些病人都用了非法實驗室製造的同一批海洛因，而這批海洛因在合成過程中意外地受到了一種有毒副產品的汙染。這種物質叫做MPTP (l-methyl-4-phenyl-l,2,3,6-tetrahydropyridine)，它選擇性地損壞了大腦中對行動能力非常重要的多巴胺神經元。失去多巴胺神經元是帕金森症的原因。見J. William Langston and Jon Palfreman, *The Case of the Frozen Addicts: How the Solution of a Medical Mystery Revolutionized the Understanding of Parkinson's Disease* (Clifton, VA: IOS Press, 2014).

2 見第10章關於注意力形式的更多討論。

3 大腦半球切除術，是一種罕見的手術，通常用以緩解廣泛分布某個半腦而其他治療方法無效的嚴重癲癇症。

4 十九世紀德國哲學家叔本華寫道：「沒有什麼比研究動物學和解剖學能更確切辨認動物和人類現象的本質。」*Philosophical Writings*, ed. Wolfgang Schirmacher (New York: Continuum, 2005),233.

5 例如，蜜蜂的「搖擺舞蹈」是一種特殊的8字形動作，透過這種動作，覓食的蜜蜂可以把有關食物或水資源或構築新巢的地點的方向和距離訊息，傳遞給蜂群中的其他成員。

6 關於這個理論，見Masafumi Oizumi, Larissa Albantakis, and Giulio Tononi, "From the Phenomenology to the Mechanisms of Consciousness: Integrated Information Theory 3.0," *PLOS Computational Biology* 10, no. 5 (2015): elOo3588. 這個理論和泛心論關係的評論文章和訊息，見Giulio Tononi and Christof Koch, "Consciousness: Here, There and Everywhere?" *Philosophical Transactions of the Royal Society B* 370 (2015): 20140167.

7 威利轉寫為 *rnam shes*。

8 Charles Darwin, *The Formation of Vegetable Mould Through the Action of Worms* (Middlesex, UK: Echo Library, [1896] 2007),3.

第6章

1 泰戈爾是出生於孟加拉的著名詩人、作曲家和作家。1913年獲得諾貝爾文學獎，是獲得此獎項的第一位非西方作家。他和聖雄甘地的通信，收錄於 Sabyasachi Bhattacharya, ed., *The Mahatma and the Poet: Letters and Debates between Gandhi and Tagore* 1915-1941 (New Delhi: National Book Trust, 1997).

2 有關那蘭陀，見第3章注釋5。

3 阿闍黎，指學問精深的宗教學者和導師。

4 陳那論師是世親論師的學生，一個著名的佛教邏輯學家。

5 藏文 *tsé ma*（威利轉寫 *tshad ma*）。

6 拉杰什在此所說的觀念，其最廣泛的形式即泛心論（見第5章）。克里斯多夫問及是否就像 iPhone 或者網際網路。正如他的解釋：「我們正開始理解任何有意識的系統所需要符合的重要數學、邏輯、實驗條件，不管那是人類大腦或胎兒，或者是網際網路。這類正式的理論，至少在原則上，能讓我們測量意識，或者製作一個意識測試表。」拉杰什所說的是同樣的努力，要發展出一個理論，使得我們能理解產生意識需要什麼，意識在多大程度上依賴生物學或其他的物質基礎。

第7章

1 威利轉寫 *chos nyid*。

2 關於笛卡兒二元論的更多討論，見第4章注釋1。

3 關於意識的物質基礎，見第5章。

4 梵文 *cittamātra*；藏文 *sem tsam pa*（威利轉寫 *sems tsam pa*）。

5 Dakpo Tashi Namgyal, *Clarifying the Natural State* (Hong Kong: Rangjung Yeshe Publications, 2004), 56-57.

6 克里斯多夫·柯赫，*Consciousness: Confessions of a Romantic Reductionist* (Cambridge, MA: MIT Press, 2012), 23.

7 馬修所說的是2012年在科羅拉多州丹佛舉行的第一屆國際冥想研究討論會上有關意識的討論。聽眾中有一位佛教修行者說，她的上師似乎能不透過明顯的交流，甚至也不透過隱蔽的交流，就能瞭解她的思想，她好奇科學如何解釋這種現象。沃爾夫·辛格，是有關大腦意識問題研究方面居於領導地位的神經科學家和理論家，她回答說：「如果有可靠的證據證明這一類的讀心術確實發生過，能夠在一定距離之外，不借助儀器，詳細地讀出別人的思想，那麼神經科學真的遇到大麻煩了，因為我們根本想不出這到底怎麼做到。如

果這種事情真的能得到證明，那我們就麻煩了。」

8 Ian Stevenson，*Twenty Cases Suggestive of Reincarnation*, 2nd ed. (Charlottesville: University of Virginia Press, 1980).

9 Pim van Lommel, Ruud van Wees, Vincent Meyers, and Ingrid Elfferich, "Near-Death Experience in Survivors of Cardiac Arrest: A Prospective Study in the Netherlands," *Lancet* 358, no. 9298 (2001): 2039-2045, doi:1O.1016/S0140-6736 (01)07100-8.

10 另見 Marie Thonnard, Vanessa Charland-Verville, Serge Bredart, Hedwige Dehon, Didier Ledoux, Steven Laureys, and Audrey Vanhaudenhuyse, "Characteristics of Near-Death Experiences Memories as Compared to Real and Imagined Events Memories," *PLOS ONE* 8, no. 3 (2013): e57620, doi:1O.1371/journal. pone.0057620.

11 關於意識的原因和條件的更多討論，見第4章注釋5。

12 藏文 bakchak，（威利轉寫 bag chags）。

13 威利轉寫：zhig pa。

第8章

1 Christof Koch，*The Quest for Consciousness: A Neurobiological Approach* (Greenwood, CO: Roberts, 2004).

2 Daniel Dennett, *Sweet Dreams: Philosophical Obstacles to a Science of Consciousness* (Cambridge, MA: MIT Press, 2005).

3 Gerald Edelman and Giulio Tononi, *A Universe of Consciousness: How Matter Becomes Imagination* (New York: Basic Books, 2001).

4 這是克里斯多夫在第5章提到的 "explanatory gap"。

5 Christof Koch, *Consciousness: Confessions of a Romantic Reductionist* (Cambridge, MA: MIT Press, 2012), 119.

6 「原因就是這樣一種東西，有了它，就有結果出現；消除它，結果也隨之而去。」見 Galileo Galilei, *Discorso intorno alle cose che stanno in su l'aqua o che in quella si muovono*, in *OPere I* (Torino, Italy: UTET, [1612] 1964), 425. English translation from S. Ducheyne, "Galileo's Interventionist Notion of 'Cause,' *Journal of the History of Ideas* 67 (2006): 450.

7 Nathalie Depraz, Francisco Varela, and Pierre Vermersch, eds., *On Becoming Aware: A Pragmatics of Experiencing*, Advances in Consciousness Research series,

book 43 (Philadelphia: John Benjamins, 2003),120.

8　Koch, *Consciousness, 23.*

9　Edmund Husserl, *Ideas: General Introduction to Pure Phenomenology* (New York: Routledge, [1913] 2012).

10 這是佛教哲學和印度教哲學中常用的一個比喻，用來比喻人如何從錯誤的現實中得到真實的經驗。就像拉杰西在第6章中說，「你面前實際上有一條繩子而你可能看成了一條蛇，但是你不能說你沒有看到蛇。對蛇的實際經驗是不受懷疑的。」塔尼亞‧辛格在第11章中也談及了這個想法並解釋說，這些經驗不僅發生在心智中，也發生在大腦中：「我不喜歡蜘蛛。當一隻假的蜘蛛出現在我身邊時，我的杏仁核做出反應，我會尖叫躲開，而不去意識到這隻蜘蛛根本不是真的，只是一個玩具。杏仁核不在乎這是真的還是假的。它沒有經過我的理性智慧。」

11 Ludwig Wittgenstein, *Tractatus Logico-Philosophicus, 5.633.*

12 Swami Nikhilananda, trans., *The Principal Upanishads* (Mineola, NY: Dover Publications, [1963] 2003),3.8.11.

13 Bertrand Russell, *Mysticism and Logic: And Other Essays* (New York: Longmans, Green, 1919), 136.

14 Claire Petitmengin, Anne Remillieux, Beatrice Cahour, and Shirley Carter Thomas, "A Gap in Nisbett and Wilson's Findings? A First-Person Access to Our Cognitive Processes," *Consciousness and Cognition* 22 (2013): 654-669, doi:1O.1016/j.concog.2013.02.004.

15 Mathieu-la，稱呼後面加一個「拉」是藏語中表示尊敬的用法。

16 威利拼寫 *bsdus grwa*。

第9章

1　關於杏仁核的更多討論，見第10、11章。

2　Edward Taub, Gitendra Uswatte, and Rama Pidikiti, "Constraint-Induced Movement Therapy: A New Family of Techniques with Broad Application to Physical Rehabilitation-A Clinical Review," *Journal of Rehabilitation Research and Development* 36 (1999): 237-251, http://www.ncbi.nlm.nih.gov/pubmed/10659807.

3　Sharon Begley, *Train Your Mind, Change Your Brain: How a New Science Reveals Our Extraordinary Potential to Transform Ourselves* (New York: Ballantine Books,

2007).

4 「理查德‧戴維森：探索健康的心智」，由Krista Tippett採訪，*On Being* podcast, June 14,2012, http://www.onbeing.org/program/investigating-healthy-minds-richard-davidson/251

5 「身體和心智互相跟隨」，見第4章，注釋9。

6 *Bodhicitta*，即菩提心，意為「開悟的心智」。

7 引自Barry Boyce的〈心智的兩大科學〉，*Shambhala Sun*, September 2005.

第10章

1 關於詹姆斯－朗格情緒說（James-Lange theory of emotion）的更多資料，見特刊*Emotion Review* 6，no.1 (2014)。

2 William James, *The Principles of Psychology Volumes I and II* (Cambridge, MA: Harvard University Press, [1890] 1981).

3 David Havas, Arthur Glenberg, Karol Gutowski, Mark Lucarelli, and Richard Davidson,「Cosmetic Use of Botulinum Toxin-A Affects Processing of Emotional Language,」*Psychological Science* 21, no. 7 (2010): 895-900, doi: 10.1177/0956797610374742.

4 同上。

5 最早暗示情緒位於額葉皮質的實例是現在很著名的費尼斯‧蓋吉（Phineas Gage）。1848年，25歲的蓋吉帶著工人們在佛蒙特炸石建造一條新鐵路，一次爆炸中，一根長度3英尺7英寸（1.1公尺），直徑1.25英寸（3.2公分）直徑的鐵棍穿過了他的一側面頰，從頭骨飛了出去。他奇蹟般地活了下來，康復後恢復如常，只是遭受了極大的腦損傷。他的朋友和家人注意到他的脾氣性格變了，有些相關報告指出，這種變化非常大。現在認為類似的故事很多是誇張的，尤其是在蓋吉死後。但是此案畢竟改變了以前認為情緒只能在大腦的深層結構中處理的觀點，因為蓋吉的傷勢涉及到前額葉皮質。現在神經科學家相信情緒和前額葉皮質相關，也和帕佩茲描述的很多其他構造相關，這些構造經常被稱為邊緣系統（見圖10.2）。

6 理查德‧戴維森指的是「棉花糖實驗」，是史丹佛大學在二十世紀60到70年代所進行的一系列有關「延遲回報」的心理學實驗。關於這實驗影像記錄最新的複製，見 http://www.youtube.com/watch?v= Y04 WF3cSd9Q 。

7 例如，Jamie Hanson, Brendon Nacewicz, Matthew Sutterer, Amelia Cayo, Stacey Schaefer, Karen Rudolph, Elizabeth Shirtcliff, Seth Pollak, and Richard Davidson,

"Behavior Problems after Early Life Stress: Contributions of the Hippocampus and Amygdala," *Biological Psychiatry* 77, no. 4 (2015): 314-323.

8 第25屆心智與生命對話會於2012年10月在紐約市洛克菲勒大學舉行。

9 For more information, see *PLOS ONE: Stress-Induced Depression and Comorbidities: From Bench to Bedside* (January 200g), http://collections.plos.org/depression-and-comorbidities.

10 Antoine Lutz, Heleen A. Slagter, Nancy B. Rawlings, Andrew D. Francis, Lawrence L. Greischar, and Richard J. Davidson, "Mental Training Enhances Attentional Stability: Neural and Behavioral Evidence," *Journal of Neuroscience* 29, no. 42 (200g): 13418-13427, doi:10.1523/JNEUROSCI.1614-09.2009。

11 Melissa Rosenkranz, Richard Davidson, Donal Maccoon, John Sheridan, Ned Kalin, and Antoine Lutz, "A Comparison of Mindfulness-Based Stress Reduction and an Active Control in Modulation of Neurogenic Inflammation," *Brain, Behavior, and Immunity* 27, no.1 (2013): 174-184, doi:10.1016/j.bbi.2012.10.013。

12 同上。

13 Ricardo Dolmetsch and Daniel Geschwind, "The Human Brain in a Dish: The Promise of iPSC-Derived Neurons," *Cell* 145, no. 6 (2011): 831- 834, doi:10.1016/j.cell.2011.05 · 034.

第11章

1 在佛教中,「八正道」是指離苦得樂的路徑。這個路徑包括正見、正思維、正語、正業、正命、正精進、正念、正定。「正」在這脈絡中,是指巧妙(skillful)或明智(wise)。因此,「正見」意指按照現實的真實來理解世界,看到實在的真實本質,知道苦的原因和脫離苦的條件。「正見」經常被視為此路徑中其他要素的基礎。

2 見第10章更多有關注意力研究的內容。

3 Stephanie Preston and Frans de Waal, "Empathy: Its Ultimate and Proximate Bases," *Behavioral and Brain Sciences* 25 (2002): 1-72

4 Olga Klimecki and Tania Singer, "Empathic Distress Fatigue Rather Than Compassion Fatigue? Integrating Findings from Empathy Research in Psychology and Social Neuroscience" in *Pathological Altruism*, ed. Barbara Oakley, Ariel Knafo, Guruprasad Madhavan, and David Sloan Wilson (Oxford: Oxford University Press, 2012).另見Tania Singer and Olga Klimecki, "Empathy and

Compassion," *Current Biology* 24, no. 18 (2014): R875-R878.

5 Olga Klimecki, Susanne Leiberg, Matthieu Ricard, and Tania Singer, "Differential Pattern of Functional Brain Plasticity after Compassion and Empathy Training," *Social Cognitive and Affective Neuroscience* 9, no. 6 (2013): 873-879.

6 關於佛教空的概念的更多討論，見第2、3章，尤其是第15章。

7 例如，有大量研究顯示，化學作用和荷爾蒙是影響母親依戀孩子的重要因素。其中一例是本章稍後將討論的神經肽催產素。

8 除了動機、激勵和成癮之外，多巴胺系統也受運動的影響，見第5章注釋1。

9 這個實驗的設計、結果和應用在最近的心智與生命研究所的書中有大量討論：Tania Singer and Matthieu Ricard, eds., *Caring Economics* (New York: Picador, 2015)。

10 丹尼爾‧高曼是情緒和社會智能領域的前驅者。他多年任職於心智與生命研究所的董事會。著作等身，包括 *Destructive Emotions* (New York: Bantam Doubleday, 2003).

11 預設網絡（包括中間前額葉皮質和後扣帶皮層）是神經科學中引發極大興趣的話題。這個網絡中的活動被廣泛地連結到心智游移，以及通常在心智游移中體驗到的某些特定的認知過程，例如記憶、計劃和有關自我的思想。

12 更多有關愛因斯坦的相對論見第1章。

第12章

1 見附錄中和僧侶對話的摘錄。

2 Jon Kabat-Zinn, *Full Catastrophe Living: Using the Wisdom of Your Body and Mind to Face Stress, Pain, and Illness* (New York: Random House, [1990] 2013).

3 Jon Kabat-Zinn, *Wherever You Go, There You Are* (New York: Hyperion, 1994),4.

4 Zindel Segal, Sidney Kennedy, Michael Gemar, Karyn Hood, Rebecca Pedersen, and Tom Buis, "Cognitive Reactivity to Sad Mood Provocation and the Prediction of Depressive Relapse," *Archives of General Psychiatry* 63, no. 7 (2006): 749-755, doi:10.1001/archpsyc.63.7.749.

5 關於悲傷的更多討論，見第11章。

6 Willem Kuyken, Sarah Byford, Rod Taylor, Ed Watkins, Emily Holden, Kat White, Barbara Barrett, Richard Byng, Alison Evans, Eugene Mullan, and John Teasdale, "Mindfulness-Based Cognitive Therapy to Prevent Relapse in Recurrent Depression," *Journal of Consulting and Clinical Psychology* 76, no. 6 (2008): 966-

978, doi:10.1037/a0013786.

7 關於冥想修行者的更多討論，見第10章。

8 Zindel Segal, Peter Bieling, Trevor Young, Glenda MacQueen, Robert Cooke, Lawrence Martin, Richard Bloch, and Robert Levitan, "Antidepressant Monotherapy vs Sequential Pharmacotherapy and Mindfulness-Based Cognitive Therapy, or Placebo, for Relapse Prophylaxis in Recurrent Depression," *Archives of General Psychiatry* 67, no. 12 (2010): 1256-1264, doi:10.1001/archgenpsychiatry. 2010.168.

9 Jacob Piet and Esben Hougaard, "The Effect of Mindfulness-Based Cognitive Therapy for Prevention of Relapse in Recurrent Major Depressive Disorder: A Systematic Review and Meta-Analysis," *Clinical Psychology Review* 31, no. 6 (2011): 1032-1040, doi:10.1016/j.cpr.2011.05.002.

10 Sona Dimidjian and Sherryl Goodman, "Nonpharmacological Interventions and Prevention Strategies for Depression during Pregnancy and the Postpartum," *Clinical Obstetrics and Gynecology* 52, no. 3 (2009): 498-515; Sona Dimidjian, Sherryl Goodman, Jennifer Felder, Robert Gallop, Amanda Brown, and Arne Beck, "An Open Trial of Mindfulness-Based Cognitive Therapy for the Prevention of Perinatal Depressive Relapse/Recurrence," *Archives of Women's Mental Health* 18, no. 1 (2014): 85-94, doi:10.1007/s00737-014-0468-x.

11 Alan Stein, Rebecca Pearson, Sherryl Goodman, Elizabeth Rapa, Atif Rahman, Meaghan McCallum, Louise Howard, and Carmine Pariante, "Effects of Perinatal Mental Disorders on the Fetus and Child," *Lancet* 384, no. 9956 (2014): 1800-1819, doi:10.1016/S0140-6736(14)61277-0 。亦見第11章。

12 關於塔尼亞的研究的更多討論，見第11章。

13 Sona Dimidjian, Sherryl Goodman, Jennifer Felder, Robert Gallop, Amanda Brown, and Arne Beck, "Staying Well during Pregnancy and the Postpartum: A Pilot Randomized Trial of Mindfulness-Based Cognitive Therapy for the Prevention of Depressive Relapse/Recurrence," *Journal of Consulting and Clinical Psychology* 84, no. 2 (2016): 134-145, doi:10.1037/ccp0000068 。

14 戴安娜‧查普曼在談到達賴喇嘛透過這些對話而影響了相關領域時，把冥想科學的發展與孟古德街道兩旁大樹的生長作比較：「過去四天，您的出席對我們的討論有極其深刻的影響，您的深度參與，您的聆聽和您的問題的原創性，我們都深深地被您感動，為此我們感謝您，為您的精力和適應力而驚嘆。今天，有了這些來自修行和研究領域、臨床和教育方面，以及廣泛的社

會干預方面的報告，我們看到了您促進和悉心栽培的一些成果，就像這個定居點道路兩旁幾十年前種下的樹木，今天這裡的居民可以享受它們的陰涼和美麗，甚至不知道當初是誰種下了這些樹。晉巴拉告訴我，他還記得少年時代曾經很辛勞的照顧這些小樹苗，讓它們成長為今天的參天大樹。」

15 Lord Kelvin, "Electrical Units of Measurement" (lecture, Institution of Civil Engineers, London, May 3,1883)

第13章

1 關於母子聯繫的更多討論，見第11章。

2 Charles Darwin, *The Descent of Man: Selection in Relation to Sex* (London: Penguin Books, [1871] 2004) .

3 *Metta*的修行方式是重複默念經咒，目的是在內心生起對自己和他人的善意和慈愛。*Tonglen*是一種「給與取」的修行，在吸氣時觀想自己把他人的苦痛取來，在呼氣時觀想自己把愛和快樂傳遞給別人。這兩種修行都是要培養慈悲和利他的動機。

4 有關冥想教育的更多討論，見第14章。

5 有關科學嚴謹性的更多討論，見第12章。

6 有關這個研究的更多訊息，見第11章。

7 達賴喇嘛畢業典禮演講，艾莫利大學，1998年5月11日。

8 關教育的更多討論，見第14章。

9 DalaiLama，*Ethics for the New Millennium* (New York: Riverhead Books, 1999).

10 DalaiLama，*Beyond Religion: Ethics for a Whole World* (Boston: Houghton Mifflin Harcourt, 2011)。

11 威利轉寫*blo sbyons*。

12 見 See Matthew Killingsworth and Daniel Gilbert, 'A Wandering Mind Is an Unhappy Mind,' *Science* 330, no. 6006 (2010): 932, doi:10.1126/science.1192439。

13 有關過勞的更多討論，見第11章。

14 威利轉寫*nges 'byung*，意思是「確切的衍生」。

15 威利轉寫*yid dbangs gy ibyams ba*。

16 威利轉寫*gzhan sdug bsngal la mi bzod pa*。

17 威利轉寫*lam rim chen mo*。這段經文有很多種譯文，如Tsongkhapa, *The Great Treatise on the Stages of the Path to Enlightenment,* trans. Lamrim Chenmo Translation Committee (Boston: Shambhaḷa [Snow Lion], 2000)。

18 關於同理心壓力的更多討論，見第11章。

19 人類的鏡像神經元系統是神經科學中正在討論和爭執很多的議題。這個大腦系統最初是在猴子身上發現的，是位於額下迴的一套神經元，它在下述兩種情況下發出神經訊息，（1）當猴子進行有目標的任務時，如拿取食物時；（2）當牠看著另外一隻猴子進行同樣任務時。在實行一個動作和觀察這個動作時都能激發這些神經元，這事實曾被用來解釋人類模仿能力的神經基礎。於是，具備「鏡像」能力的大腦區域就說明我們有理解他人行為的能力。雖然這個研究領域很新，仍然有很多爭論，但是很多人相信，鏡像不僅參與了行為，也參與了情緒。例如，當我們看到別人在經歷諸如恐懼或快樂的情緒時，我們類似的大腦系統也被激發，就像也在體驗同樣的情緒一樣。

20 Jennifer Mascaro, James Rilling, Lobsang Negi, and Charles Raison, "Compassion Meditation Enhances Empathic Accuracy and Related Neural Activity," *Social Cognitive and Affective Neuroscience* 8, no. 1 (January 2013): 48-55, doi:10.1093/scan/nsso95.

21「頑者如虛空，豈能盡制彼？若熄此瞋心，則同滅眾敵。何需足量革，盡覆此大地？片革墊靴底，即同覆大地。」譯注：此為如石法師的中譯。

第14章

1 這個想法和阿瑟、米歇爾指出的現代物理學中的理論共鳴，即實在在本質上是內在相關聯的（見第1章和第2章）。

2 Harry Lewis, *Excellence Without a Soul: Does Liberal Education Have a Future?* (New York: Public Affairs, 2006)

3 Anthony Kronman, *Education's End: Why Our Colleges and Universities Have Given Up on the Meaning of Life* (New Haven, CT: Yale University Press, 2007).

4 Śāntideva (寂天論師)，*Bodhisattvacaryāvatāra* (《入菩薩行論》) 9.1, trans. Kate Crosby and Andrew Skilton (Oxford: Oxford University Press, 1995) 。譯注：漢譯本為如石法師所譯《入菩薩行論》。

5 William James, *The Principles of Psychology Volumes I and II* (Cambridge, MA: Harvard University Press, [1890] 1981) .

6 Dalai Lama，*Beyond Religion: Ethics for a Whole World* (Boston: Houghton Millin Harcourt, 2011), xiii-xiv 。

第15章

1 威利轉寫 *slab pa*。

2 斯多噶學派是古希臘的哲學流派之一，它用形式邏輯、一元論物理學、以及最重要的，自然主義倫理學，對世界做出統一的叙述。斯多噶學派相信用自我控制克服破壞性情緒，主張為了充分理解logos，即普遍理性，應該做一個沒有偏見的思想者。

3 威利轉寫 *tshul khrims*。

4 佛教認為，痛苦源自行為和煩惱的心智。有各種方法可減少煩惱，但是要達到完全離苦，只有在消除了令人痛苦的精神因素及其根源，即對內外世界終極實在的無明以後才有可能。消除它們的方法是透過充分培養智慧，理解終極實在，即固有存在的空性。理解空性的道路被視為超越性的道路，因為它引領向脫離輪迴。其他的路徑，引領向更高的境界但不是極樂世界，稱為非超越性的路徑。

5 關於物理學和無常的更多討論，見第1章。

6 如格西洛桑丹增那吉在第13章中所叙述的，佛教培養慈悲心的一個方法是想像在歷史上的某一刻，在很多世的生活和轉世之中，每個人都曾經一度是你的母親。

7 Dalai Lama，*Beyond Religion: Ethics for a Whole World* (Boston: Houghton Mifflin Harcourt, 2011)。

生命講堂

哲蚌寺對話錄：達賴喇嘛與科學家談心智、正念覺察力
和實在的本質

2021年5月初版　　　　　　　　　　　　　　　　　定價：新臺幣500元
有著作權・翻印必究
Printed in Taiwan.

編　　著	Wendy Hasenkamp	
	Janna R. White	
譯　　者	丁　一　夫	
審　　訂	李　江　琳	
叢書主編	林　芳　瑜	
內文排版	立全電腦公司	
封面設計	視覺設計部	

出　版　者	聯經出版事業股份有限公司	副總編輯	陳　逸　華
地　　　址	新北市汐止區大同路一段369號1樓	總編輯	涂　豐　恩
叢書主編電話	(02)86925588轉5318	總經理	陳　芝　宇
台北聯經書房	台北市新生南路三段94號	社　長	羅　國　俊
電　　　話	(02)23620308	發行人	林　載　爵
台中分公司	台中市北區崇德路一段198號		
暨門市電話	(04)22312023		
台中電子信箱	e-mail：linking2@ms42.hinet.net		
郵政劃撥帳戶第0100559-3號			
郵撥電話	(02)23620308		
印　刷　者	文聯彩色製版有限公司		
總　經　銷	聯合發行股份有限公司		
發　行　所	新北市新店區寶橋路235巷6弄6號2樓		
電　　　話	(02)29178022		

行政院新聞局出版事業登記證局版臺業字第0130號

本書如有缺頁，破損，倒裝請寄回台北聯經書房更換。　　ISBN　978-957-08-5765-8 (平裝)
聯經網址：www.linkingbooks.com.tw
電子信箱：linking@udngroup.com

國家圖書館出版品預行編目資料

哲蚌寺對話錄：達賴喇嘛與科學家談心智、正念覺察力和
實在的本質/ Wendy Hasenkamp、Janna R. White編著 . 丁一夫譯 . 初版 .
新北市 . 聯經 . 2021年5月 . 384面 . 15.5×22公分（生命講堂）
譯自：The monastery and the microscope: conversations with the Dalai Lama on
　　　mind, mindfulness, and the Nature of Reality
ISBN　978-957-08-5765-8（平裝）

1.佛教哲學　2.宗教與科學　3.藏傳佛教

220.11　　　　　　　　　　　　　　　　　　　　110005085